WORDSEARCH

This edition published in 2024 by Arcturus Publishing Limited
26/27 Bickels Yard, 151–153 Bermondsey Street,
London SE1 3HA

AD005715NT

Printed in the US

1

- ◊ ANNIVERSARY
- ◊ OPINIONS
- ◊ CALF
- ◊ OPPORTUNITY
- ◊ EAGLE
- ◊ PLOVER
- ◊ EARRING
- ◊ RETRIEVER
- ◊ GIRLS
- ◊ RIBBON
- ◊ GLOW
- ◊ STARS
- ◊ HAIR
- ◊ SYRUP
- ◊ HORDE
- ◊ THREAD
- ◊ MEDAL
- ◊ WATTLE
- ◊ NUMBER
- ◊ YEARS

```
F L A C S W Q S P V B G Y
H A I R O D Z N O O I N T
V R A L E D R O H F U I I
W E G R N I E I T L S R N
Y A P T B O L N P O J R U
S S T B W N G I F T D A T
K Y O T U K A P L O V E R
O N R M L D E O K F Z E O
C I B U A E Y T H B T V P
S E K E P M H E S R O K P
R N R W E A U L I I I X O
A H Y D X K R E W L Y L K
T F A N N I V E R S A R Y
S L O B G E B O Z Q U Y J
Y U S P R V I O F P G V Z
```

2

- ◊ BUTTON
- ◊ NEEDLE
- ◊ CHALK
- ◊ PINS
- ◊ COTTON
- ◊ REELS
- ◊ CUTTING
- ◊ SELVEDGE
- ◊ DUMMY
- ◊ SEWING
- ◊ EDGING
- ◊ SILK
- ◊ GARMENT
- ◊ SPOOL
- ◊ HOOKS
- ◊ TACKING
- ◊ LACE
- ◊ THREAD
- ◊ MODEL
- ◊ YARN

```
G N I G D E K E V N L P M
S L E E R N G B K L H R B
T M O D E L U D H U C J A
C C Z P T T D P E O Q Y G
O U M V T H J D V V O F V
T W T O G O R G U U L K S
T R N T N D X E L M Y E S
O E A J I I N H A X M L S
N L I H K N T V C D T Y I
H O C G C Q G U E S X G L
Z O J Y A G A R M E N T K
Y P S S T P F S F W Y F L
A S B N E E D L E I P F A
R R B A I R W Q N N H G H
N F P U Q P U S B G D V C
```

3   RODENTS

◊ AGOUTI   ◊ JERBOA

◊ BEAVER   ◊ LEMMING

◊ CAVY   ◊ LEVERET

◊ CHINCHILLA   ◊ MARMOT

◊ COYPU   ◊ MICE

◊ DORMOUSE   ◊ MUSKRAT

◊ GERBIL   ◊ MUSQUASH

◊ GOPHER   ◊ PRAIRIE DOG

◊ HAMSTER   ◊ RABBIT

◊ HEDGEHOG   ◊ SQUIRREL

```
R E H P O G O H E G D E H
C U H L R L E V E R E T G
H A M S T E R R T M R B N
I R E V A E B I L Q M A I
N M F Z M I B L H P A P M
C B T K L B K S W R R P M
H O Z X A Z A J U A M D E
I Q Y R S U W A E I O V L
L N W P Q N Y X M R T L E
L I D S U Z K U M I B Z C
A C U S I V S O Y E K O E
C M V I R K U V S D A H A
H A R V R S C H I O K V F
I P V A E I T U O G A E D
U I T Y L Q M I C E E V Q
```

4   SMART PHONE

◊ ALARM   ◊ NETWORK

◊ ANTENNA   ◊ RINGTONE

◊ BILLING   ◊ ROAMING

◊ CAR KIT   ◊ SIGNAL

◊ DIGITAL   ◊ SIM CARD

◊ DIRECTORY   ◊ SKINS

◊ GAMES   ◊ SMART

◊ GPRS   ◊ TEXTING

◊ HEADSET   ◊ TOP-UP

◊ MEMORY   ◊ VIBRATOR

```
R T G C A G C S K D E M P
V G F S M J Y N R Y Z C I
I N Y R B Z C G M P J G B
B I A M L Q S E M A G E X
R L Y R O T C E R I D G S
A L D R A C M I S I S N N
T I K R A C N T G K I I H
O B Y W Z G E I X K M T L
R V A R T S T L S E S X Q
B D N O D A W M M O I E H
A L N A L M O O F U G T T
A E E M H F R Q B Z N R J
X H T I F Y K M M D A G M
R W N N T O P U P M L W N
H R A G O L R G S L R H G
```

5   WINES

- ALSACE
- BLANC
- CAVA
- CHAMPAGNE
- CHARDONNAY
- COTES DU RHONE
- DRY
- HOCK
- KAUTZ
- MERLOT
- NAPA
- PAARL
- RIOJA
- ROSE
- ROUGE
- SEMILLON
- SHIRAZ
- SPARKLING
- SYRAH
- VINEYARDS

```
C A O A T O L R E M H I W
T V P U N Q N I O Q N C I
Z A R I H S R W C S C B V
N C H A M P A G N E E A A
C O T E S D U R H O N E J
S P A R K L I N G P S B J
A X A C N A L B E Y V V S
U J O R N T B G R R I P S
K H O A K W U A Q Z N A F
A Z F I A O H Q A K E A I
U C H A R D O N N A Y R W
T N O L L I M E S G A L H
Z E C A S L A R D U R T M
I M D B X F B R F X D U O
X Q Y P M Y Y F L F S S G
```

6   PLUMBING

- AIR-LOCK
- BASIN
- BATHWARE
- COLD
- FLUX
- FORCE
- HEATING
- HOT
- O-RING
- PIPES
- PLUG
- PUMP
- RESTRICTOR
- SOAK-AWAY
- SOLDER
- TANK
- TAPE
- TOILET
- VALVE
- WATER

```
F O C M T C K Z X H Y I B
L Z P D I C O M P Y K C X
U B R G O L P R V O D H B
X T V L N I B T E T P K U
E O R J P I N A Y T Y Y Q
R I G E C I T A N K A A H
A L S W S K R A T W C W V
W E M A H T B E E S O A E
H T B G N I R O D H L K F
T N T A P E R I S L D A K
A P S G I D V L C A O O S
B P U K U O D V J T C S P
E L H M E C R O F H O V I
P Y O P P Q D U K C S R Q
B M T H P V A L V E V J H
```

7 CAMPING

- AXE
- BACK YARD
- CAMPGROUND
- COOK
- COUNTRY CODE
- FLAME
- FLAP
- FLASK
- HATCHET
- KETTLE
- MALLET
- MAP
- MARSHMALLOWS
- MAT
- POTS
- RAIN
- ROOF RACK
- RUG
- TENT
- TORCH

```
T F S E V A J O R R A U Q
W E X Y V H A Y O P E Z E
A A N G L D O O S T O P D
K E T T L E F Y C S P P O
O D N U O R G P M A C M C
A A X D A Y K N O N R X Y
H A T C H E T O I T J K R
R S K B F H F O K A L T T
D B O M X L C S R A R E N
G T O E A H A R P T W L U
X U C P V L L M O S A L O
U B R L F O N I E T H A C
V P A M I Y R Q B C B M V
S W O L L A M H S R A M O
P D R A Y K C A B T T T X
```

8 TOOLS

- AUGER
- CHISEL
- CHOPPER
- DRILL
- FORCEPS
- GOUGE
- HANDSPIKE
- HATCHET
- JIGSAW
- PLANE
- PLIERS
- PUNCH
- ROLLER
- SCISSORS
- SCREWDRIVER
- SHOVEL
- SICKLE
- SPRAYER
- TROWEL
- T-SQUARE

```
S T K N V Z J V A O H P L
C X U A T M N V G V C I L
H A N D S P I K E O N Z I
F M C T Q C F N R Y U K R
A C J S U H I R A P P G D
E U I C A O R S L S A J E
L Y G R R P Z A S H D C L
K Z S E E P N S T O N H E
C M A W R E G F R V R I W
I N W D X R W O Q E Q S O
S S P R A Y E R O L L E R
X T H I T E H C T A H L T
S O C V N Q H E X Z G N S
P L I E R S S P B G U P B
H I E R G P K S D T M S W
```

9 **WINDOWS**

- APERTURE
- BAY
- BOW
- CLEAR
- DORMER
- FASTENER
- JAMB
- LIGHT
- LOUVRED
- MULLION

- PANE
- PATTERNED
- PUTTY
- ROSETTE
- SASH
- SHUTTER
- SILL
- STAINED
- TRAVERSE
- WINDOW

```
W P B D E N R E T T A P A
S U I B X D S O R A L U R
S A M P G T O T S M Z T S
L A S E N N U R V E H T R
J K B H P K O A M P T Y E
K O W L C G X V K E W T N
W Y O R P M C E A G R M E
P B D A H A W R D U J Q T
C W N E P Z I S G O Q P S
Y E I L N E T E B B W U A
U A W C E I R H W D E L F
B A B V K Q A T G O L U A
M U L L I O N T U I D G G
Y T R E T T U H S R L U K
G B L O U V R E D G E L D
```

10 **DENTISTRY**

- BITE
- CANINE
- CHAIR
- DECAY
- DENTINE
- DENTIST
- DENTURES
- DRILL
- ENAMEL
- FLOSS

- GUMS
- INCISORS
- MOLARS
- MOUTH
- NURSE
- ORAL
- ROOT
- TARTAR
- TEETH
- TOOTHPASTE

```
T S X U E C S Y J I Y C T
M A K S U C D A N Z N O Q
D O R J Z J F C G Z O Y E
E U L T F U T E P R V L T
N Z L A A Y S D I F V G R
T U D T R R I L T Z Q E S
U M T K G S T M O R H T R
R D E N T I N E O H F T O
E G H L D K E J T X Q E S
S Z R D K H D U H L R Q I
C A N I N E O I P L S N C
G B E N A M E L A I S O N
U I I C J H U X S R O R I
M D Q T J L C D T D L A S
S V X T E E T H E G F L C
```

11 — PAIRS OF THINGS

◊ BLOOMERS   ◊ PANTS

◊ BOOTS   ◊ PINCERS

◊ CASTANETS   ◊ PLIERS

◊ CHOPSTICKS   ◊ SANDALS

◊ CULOTTES   ◊ SHEARS

◊ CYMBALS   ◊ SHORTS

◊ GLASSES   ◊ SOCKS

◊ GLOVES   ◊ STOCKINGS

◊ MARACAS   ◊ TIGHTS

◊ MITTENS   ◊ TRAINERS

```
F Z M E Y S T O O B Z X A
P K C K B O R T S C F E A
C S N A R K S T H F S F X
U J T M S T P O P E C S M
L P L H R T P R S L R I J
O E L O G S A S T E T T S
T D H I T I A N C T D S G
T S X I E L T N E F K R N
E U C M G R I N D T T A I
S K C O S P S G I A S E K
S M A R A C A S L Z L H C
V E F N H G X G O O Q S O
B A T R A I N E R S V S T
D S S R E M O O L B E E S
J G S L A B M Y C A Z L S
```

12 — SPAIN

◊ ALHAMBRA   ◊ MADRID

◊ ALICANTE   ◊ MAJORCA

◊ ANDALUSIA   ◊ MALAGA

◊ BILBAO   ◊ OVIEDO

◊ CADIZ   ◊ PYRENEES

◊ CASTILE   ◊ SANTANDER

◊ GRANADA   ◊ SEVILLE

◊ IBIZA   ◊ TOLEDO

◊ JEREZ   ◊ VIGO

◊ LOGRONO   ◊ VITORIA

```
B A C H H E K Y I S L R M
N C A I R O T I V B B O F
O B Z N I K P N I K X Q A
N Z M E W W I L A Z W X I
O Q I V U O B N E C M H S
R O I S D A L L A A I H U
G G C E O C L D J S G L L
O D I E I I A O I B I Z A
L V J N V N R M A D R I D
O C H E A C A S T I L E N
J A S R A A R B M A H L A
E D G Y D N O D E L O T R
R I D P R M F C T N G Y P
E Z X P X M A L A G A C G
Z R E D N A T N A S Q Y O
```

13

PASTA

- BAVETTE
- CAVATELLI
- FIDEOS
- FILINI
- FIORI
- GNOCCHI
- LUMACHE
- MAFALDE
- ORZO
- PIPE
- QADREFIORE
- ROTINI
- SPIRALINI
- TELLE
- TORCHIO
- TRENNE
- TRIPOLINE
- TROFIE
- TUBETTI
- ZITI

```
O P E X C S S I I Q A E Z
Z E G D X B F L B T L P E
R P E N L I A B P L I T Q
O I R I O A E V E I O Z E
E P O R I C F T E R Z I J
N L I G T F C A C T S L V
I U F J T A O H M P T L G
L M E G E R I N I F R E J
O A R H B O S R V I O T V
P C D O U T A M N D F A Y
I H A T T L R I W E I V P
R E Q W I I L E A O E A Q
T D Z N A I N K N S I C G
G I I E F R F I A N O W H
D J B D W Y M I Q M E P Y
```

14

BIRDS

- AUKLET
- AVOCET
- CAPERCAILLIE
- COURSER
- CRANE
- EGRET
- FRIGATEBIRD
- GANNET
- GREBE
- HOBBY
- MAGPIE
- MALLARD
- NIGHTHAWK
- OYSTER-CATCHER
- PETREL
- PIGEON
- PIPIT
- PUFFIN
- QUAIL
- REDSTART

```
Y O O J T S G C N A U T J
L Y J E F W E B E Z E U K
E S D Q N J B W V N E V W
R T R R M A E E N O C P A
T E E E I A R A L E A P H
E R C R D B G C K G P W T
P C O W G S E P B I E K H
Y A U K L E T T I P R V G
B T R Q X K K A A E C X I
B C S U D T P S R G A L N
O H E A L E F U S T I Z K
H E R I W C M D F S L R Z
T R Q L O O L S K F L F F
P I P I T V B K D H I O W
A O M D R A L L A M E N Z
```

GYM WORK OUT

- BAR-BELL
- BENCH
- DANCE
- DUMBBELLS
- EXERCISE
- FITNESS
- HORSE
- INSTRUCTOR
- JOGGING
- MASSAGE
- PRESS-UPS
- PULLEYS
- SAUNA
- SHOWER
- SPINNING
- STEPS
- SWIMMING
- TRAMPOLINE
- WEIGHTS
- YOGA

```
E C N A D S S Y E L L U P
Q S P E T S P I N N I N G
F E J R O T C U R T S N I
S H N O U L Q E S I G N G
L R O I G U L P J S G C Y
L E S R L G L L P G E G E
E W W R S O I L E Z D R T
B O I S S E P N E B M K P
B H M X T X R M G Y R P Z
M S M W H E E G A S S A M
U I I C G R B T K R A N B
D Y N T I C S S E N T I F
X E G M E I G G U A G O Y
B M O R W S Q A N T F O T
O C I F O E S U B V G I U
```

H WORDS

- HAMPER
- HANDY
- HARLEQUIN
- HAZEL
- HAZILY
- HELLO
- HEMP
- HERBS
- HIDDEN
- HIEROGLYPHIC
- HI-FI
- HILARIOUS
- HILLY
- HINDRANCE
- HONEY
- HUFFILY
- HUGELY
- HUMILIATE
- HUNTER
- HYMNAL

```
H J L Y L A N M Y H K R A
P A V Q H J P H T P Q C P
H A Z I L Y D A T N I M H
H U G E L Y E N O H E I Z
C E I H L L C D P H N U Z
R E P M A H H Y P D A B X
R V V H H I L A R I O U S
E K V T A G N A H H C U J
T A K Q O R N E E D T V Y
N N Z R X C L R D R E L L
U J E O E L B E N D L O I
H I V M O S H H Q I I F F
H O G Q J H X W H U I H F
C I T L S I Y M V H I R U
E V E T A I L I M U H N H
```

17 HARD WORDS

- ADAMANT
- AUSTERE
- BRAVE
- COURAGEOUS
- DIAMOND
- DURABLE
- EXACTING
- FLINTY
- GRANITE
- INDURATE
- NUMB
- RESOLUTE
- RIGID
- RIGOROUS
- ROCKY
- SEVERE
- SOLID
- STOUT
- STUBBORN
- UNCOM-PROMISING

```
D M S U O E G A R U O C L
U I G N I T C A X E P U A
N S G R Y P Y Y U S B C T
C R T I A K M T K J P R Q
O E F N R N Y B V C Z I T
M S T E Z X I T T H O U J
P O T A V E N T S N O R N
R L D U R A B L E T U G R
O U I E M U R E S S K M O
M T V A K O D B E U M P B
I E D T F L I N T Y G L B
S A F F N T L T I L H M U
I V Q P D N O M A I D P T
N K J F A U S T E R E B S
G H R I G O R O U S O J V
```

18 HOUSE BUILDING

- BEAMS
- BEDROOM
- CAVITY
- DOORS
- DRIVE
- FLOORS
- GARAGE
- GARDEN
- JOISTS
- LOUNGE
- MORTAR
- OVERSITE
- PATIO
- PURLINS
- ROOF TILES
- ROOF TRUSS
- SLABS
- WALLS
- WATER
- WINDOWS

```
H X H S E A N E D R A G B
O I Y W V G W V D O O R S
X N K O I N V W Q E P W E
J B E D R O O M G M D C T
C J P N D S G N R O Y V I
A S N I L R U P Y R S B S
V T F W D O R Z O T E R R
I S Q O L O Y O U A Q S E
T I M K V F F Y M R X B V
Y O Q T Z T T S S B Y A O
I J J C I R R S R O O L F
W A L L S U Q L D K I S P
V Q E Z G S W N W A T E R
A S Y A Z S E G A R A G F
M D L Q D Y G K X S P J G
```

19

GERMANY

- BAVARIA
- BEHRING
- BERLIN
- BRATWURST
- BREMEN
- FRAULEIN
- HALLE
- HAMBURG
- KASSEL
- MANNHEIM
- RHINE
- ROSTOCK
- SCHLOSS
- SCHWITTERS
- STEIN
- TAUNUS
- TEMPELHOF
- UNIFICATION
- ZUGSPITZE
- ZWIRNER

```
V X H F A N B U O W E L K
I S C F I M A N N H E I M
Z J C L B G N I R H E B J
M N R H B F E F D K L Y W
N E U S W A X I X V E N F
B I C F D I V C G U S I O
B R E M E N T A C T S E H
F R H T H I Y T R G A L L
D H A V S M H I E I K U E
B I L T G V M O A R A A P
T N L Z W I R N E R S R M
C E E G R U B M A H I F E
K C O T S O R S U N U A T
L S S O L H C S D T G C T
X B Z U G S P I T Z E M K
```

20

HERBS AND SPICES

- ANISE
- BALM
- BASIL
- CARAWAY
- CELERY
- CHERVIL
- CHIVES
- CORIANDER
- DILL
- FENNEL
- LOVAGE
- MARJORAM
- PARSLEY
- PEPPERMINT
- ROSEMARY
- SAGE
- SAVORY
- SPEARMINT
- TARRAGON
- THYME

```
R Y G G T Q A T G D Z Q U
N Z Z R C E S N Q B I H U
C E L E R Y E I E A A L O
Y H F B B T V M G L N R L
A R T A V Q I R D M H S M
L F S S G U H A S A G E A
L I V R E H C E E C Y F R
L O U D Q A J P W W E E J
S A V O R Y S S B N L M O
N O G A R R A T N A S Y R
T T W P G B B E Q N R H A
X A A P Q E L G D I A T M
Y R O S E M A R Y S P S B
R E D N A I R O C E T S P
B E P E P P E R M I N T F
```

21 CATS

- ASIAN
- BENGAL
- BIRMAN
- BOMBAY
- EGYPTIAN MAU
- HAVANA BROWN
- KORAT
- KURILAN
- LAPERM
- MANX
- NEBELUNG
- OCICAT
- ORIENTAL
- PERSIAN
- RAGDOLL
- SIAMESE
- SOMALI
- SPHYNX
- TABBY
- THAI

```
F B L A P E R M S G L E J
E I X N Y H P S O N X S M
L R A A F E O E M N N E M
A M E E G K H Y A A T M F
T A J S W U A M L S F A Y
N N C K Y R V P I I A I P
E G Y P T I A N M A U S B
I V O H R L N E A N X L E
R X C J N A A B P Y J L N
O X I T T N B E Y E Y O G
K Y C H K M R L B B A D A
O N A P R S O U L B B G L
R I T E I J W N Q X M A O
A J O A G Z N G A S O R T
T Z N F L Y S Y A Y B Z Z
```

22 SWIMMING POOL

- BATHING
- BRAWN
- BUTTERFLY
- COLD
- CRAWL
- DIPS
- DRAIN
- FENCE
- GUEST
- LIFE GUARD
- POSERS
- RAFT
- SHALLOW
- SLIDES
- SPLASH
- SUNSHINE
- SWIM SUIT
- UMBRELLA
- WADING
- WATER

```
R T S E U G N I H T A B P
G E B E N I H S N U S L L
B U T T E R F L Y L P S S
L T B A R D S N I R N P H
O G T T W W W D G R O L A
S Y G A F A E I G N L A L
V W N D R S B P W I F S L
K Z I B X E I S F X Z H O
R M D M Z D R E P J G D W
S N A Z S E G L T F U H C
E I W T S U H E A F J L J
C A Q O A T I E C R A W L
O R P R F X Q T R N D R X
L D D A E M L G V Q E L A
D S A L L E R B M U F F V
```

23

GROUP NOUNS

- ARRAY
- BALE
- BATCH
- BUSINESS
- CAST
- CLAN
- CLASS
- CREW
- EXALTATION
- HERD
- MOB
- MURDER
- PACK
- PARLIAMENT
- PARTY
- POD
- POOL
- RAFTER
- SURFEIT
- TRIBE

```
W O V B Y A T P I I K E Y
E B A L E I H U A S H U M
R X U B E O G A G P X Z I
C C I F L R P W U E T I M
D R R Q T O O I G S R V N
T U Y P D T C L A S S P O
S S T P Z Y Z C X Z S A I
I Z O Y A K T W B I E R T
B O M R S R L A O L N L A
L H R I S N T E C Q I I T
P A C K H C T Y B F S A L
C Z E C H E R E D R U M A
L R A F T E R H T F B E X
A J L I V M H D H D V N E
N F J V Y P O K K I T T N
```

24

CLOTHING

- ANORAK
- APRON
- BOOTS
- BOWLER HAT
- BRASSIERE
- FEDORA
- GLOVES
- JEANS
- LEG WARMERS
- SARI
- SHIRT
- SHOES
- SHORTS
- SINGLET
- SOCKS
- SWEATER
- TANK TOP
- TIGHTS
- UNDERPANTS
- VEST

```
D A D E T A H R E L W O B
S U S H R U B B C V E S T
F S G T S E O H S S I V R
P R J S H B I M I R R P S
O E E E H G L S L P A M T
T M Z R A O I A S N S C N
K R X C J N R T E A V S A
N A S K C O S T C S R K P
A W R L D W N S S I A B R
T G E E E S R K B N N T E
B E F A H E R E O G O D D
G L T I E L Z R O L R H N
O E R A R B A P T E P U U
R T M L E K A P S T A E E
S E V O L G A E A M O L R
```

25

HARVEST TIME

- APPLES
- BEET
- BINDER
- CAULIFLOWERS
- CIDER
- CORN
- HOPS
- HUSK
- MEADOW
- NUTS
- OATS
- ONIONS
- PEAS
- PODS
- RYE
- SILO
- SORTING
- STUBBLE
- SUPPER
- TRACTOR

```
I  B  R  T  V  M  Z  D  C  O  P  N  O
T  R  A  C  T  O  R  W  A  A  I  L  U
J  I  O  T  P  K  D  A  U  T  I  H  L
Z  R  M  I  E  C  N  R  L  S  V  M  I
N  J  H  V  Z  E  E  E  I  H  D  V  L
U  G  U  U  Q  P  B  D  F  T  Y  O  W
T  S  S  V  P  L  G  I  L  W  H  F  P
S  N  K  U  O  N  J  C  O  M  H  G  G
F  O  S  P  I  X  O  D  W  R  O  X  B
D  I  J  T  F  V  A  G  E  M  P  U  Y
D  N  R  A  U  E  D  K  R  T  S  H  B
Y  O  Z  U  M  B  R  N  S  J  R  Y  E
S  A  E  P  B  M  B  R  E  D  N  I  B
X  C  M  F  E  T  Q  L  Z  O  A  V  L
S  E  L  P  P  A  E  A  E  Y  X  L  D
```

26

ASTRONOMY

- ABERRATION
- AGN
- COMA
- CRAB NEBULA
- DARK MATTER
- EARTH
- ECLIPSE
- EPOCH
- EQUINOX
- EUROPA
- INCLINATION
- MARS
- MOON
- NEPTUNE
- ORION
- SATURN
- SETI
- STAR
- SUNS
- VENUS

```
A  S  M  B  N  R  U  T  A  S  U  I  R
P  M  S  U  W  O  Z  G  F  Z  N  A  A
O  O  G  C  L  R  I  I  F  C  T  L  I
R  N  V  P  U  W  Q  R  L  S  N  U  C
U  R  M  A  C  A  V  I  O  C  O  B  N
E  Q  E  V  Z  V  N  S  E  T  I  E  E
K  Q  Z  T  V  A  U  U  E  S  T  N  P
N  N  U  F  T  N  G  S  R  O  A  B  T
E  O  I  I  E  A  P  A  X  W  R  A  U
H  P  O  V  N  I  M  C  H  M  R  R  N
F  N  O  M  L  O  H  K  O  V  E  C  E
S  H  Y  C  B  L  X  I  R  M  B  Y  X
S  U  E  Q  H  T  R  A  E  A  A  Q  A
M  D  N  J  K  U  A  G  N  Z  D  J  W
Y  K  X  S  O  P  B  Q  Z  B  J  N  O
```

27

- ◊ ANAGRAM
- ◊ MIND
- ◊ BRAINTEASER
- ◊ NONOGRAM
- ◊ CODES
- ◊ NUMBER
- ◊ FIGURE
- ◊ PLAY
- ◊ FILL
- ◊ PUZZLE
- ◊ FIT
- ◊ QUIZ
- ◊ FUN
- ◊ SOLUTIONS
- ◊ GAME
- ◊ STORYWORD
- ◊ IMAGINE
- ◊ SUMS
- ◊ LINK
- ◊ THINK

```
V K Y R D F I T S Y M X X
S G K N I L E O A F R R U
W R N E O T L L L J N M A
W F I D N U P J Z M Q J K
O B H N T I Q F A Z G S L
R V T I W U G R E C U E T
F W O M R M G A E O M P V
B N H E S A E O M B S G X
S F R M N R C I F I M P F
F Y U A U G O M U A T U S
I S E G R O D P N I U W N
L Z I U Q N E B I G P U E
L F V R A O S U U M G E P
T B R A I N T E A S E R J
S F S T O R Y W O R D L F
```

28

PETER PAN

- ◊ CLOCK
- ◊ MR SMEE
- ◊ CURLY
- ◊ NANA
- ◊ DARLING
- ◊ NARRATOR
- ◊ FANTASY
- ◊ NEVERLAND
- ◊ GEORGE
- ◊ NEWFOUNDLAND
- ◊ GREEN
- ◊ NIBS
- ◊ JOHN
- ◊ NURSERY
- ◊ JUNGLE
- ◊ STORY
- ◊ KENSINGTON
- ◊ SWORD
- ◊ MARY
- ◊ WENDY

```
S S M G P G Y L A I N N F
M W N E E R G D D E I L W
N I O O N L W N N B M U K
O O O R U A A A S E Z V Y
T G S G D L R L X F W Q R
G A Z E R R C D Y R A M O
N E L E A U B N Y E Y R T
I L V T R Z J U R L P S S
S E O L N Y P O E G F M O
N R Y R E V H F S N G E X
E A C L O C K W R U Y E Y
K L N A D B I E U J A C D
F M N S D W G N N H O J R
N A D G N I L R A D N C G
N X A Y S A T N A F M N G
```

29 GEMSTONES

- ◊ AGATE
- ◊ OLIVINE
- ◊ AMBER
- ◊ ONYX
- ◊ ANDALUSITE
- ◊ OPAL
- ◊ BERYL
- ◊ PEARL
- ◊ GARNET
- ◊ QUARTZ
- ◊ HIDDENITE
- ◊ RHINESTONE
- ◊ JADE
- ◊ RUBY
- ◊ JET
- ◊ SPHENE
- ◊ KUNZITE
- ◊ SPINEL
- ◊ MALACHITE
- ◊ TOPAZ

```
E U K H H U D W N Q V R J
N N Z O L I V I N E O U F
O L A X X U D I X O H J Q
T E Z E G K B D K M P T A
S N T C T V E E E H K G
E I Z I J I T E A N U N A
N P U A H T S R V N I M T
I S S O P C L U Z S B T E
H I I N P O A I L E Q G E
R U B Y Q O T L R A Z A H
U V Y X U E P D A W D R V
J G M R A W A A E M O N L
C A B E R Y L J L J R E A
I B D R T E N E H P S T Y
H B V E Z L B T U S A H Q
```

30 MOUNTAINS

- ◊ ACONCAGUA
- ◊ MAKALU
- ◊ ANNAPURNA
- ◊ MATTERHORN
- ◊ ARARAT
- ◊ MERU
- ◊ BEN NEVIS
- ◊ MONT BLANC
- ◊ EL CAPITAN
- ◊ MONTE ROSA
- ◊ ELBRUS
- ◊ MOUNT OLYMPUS
- ◊ EVEREST
- ◊ MOUNT RAINIER
- ◊ FUJI
- ◊ SNOWDON
- ◊ KAMET
- ◊ TEIDE
- ◊ KENYA
- ◊ WEISSHORN

```
G A L G B Q K V C B F V S
I S N S I V E N N E B R U
E O O A A R A R A T E L P
L R D P A L X T J I R H M
B E W P B M S Q N A B T Y
R T O T J E N I A N A E L
U N N G R U A Y U R U I O
S O S E O R N P L U G D T
M M V T T E Q Z A P A E N
M E F N K M K M K A C Y U
N H U D T A B C A N N I O
L O J G M E B K M N O T M
M T I E N A T I P A C L E
M A T T E R H O R N A U X
D D W E I S S H O R N Q H
```

31 **MOTORING**

- BRAKE
- CHOKE
- CORNER
- CRASH
- CROSSROADS
- CYLINDER
- DEFROST
- DIESEL
- DRIVER
- ENGINE
- GREASE
- HYDRAULICS
- JUNCTION
- MECHANIC
- MIRROR
- MOTOR
- RADIATOR
- SIGNAL
- STEERING
- VALVES

```
M U G N I R E E T S A T V
O N S C R O S S R O A D S
T O I E D V R E N I G N E
O I C K V P O J E X L O S
R T R L G L T S N T T C L
O C A Y B J A K I V I A C
R N S B O R I V E L N R I
R U H A E R D S U G C E N
I J A N E H A A I D X D A
M Y R V S E R S I E R N H
B O I T R D T E P F C I C
C R E G Y R S K E R A L E
D L A H K E K O S O U Y M
A T F K L Q Z H L S N C H
S G R G E O B C S T Y B M
```

32 **SWISS PLACE NAMES**

- BASEL
- BERN
- CHUR
- GENEVA
- GRAUBUNDEN
- HERISAU
- JURA
- KONIZ
- LAUSANNE
- LIMMAT
- LOCARNO
- LUCERNE
- REUSS
- SCHWYZ
- URI
- VAUD
- VEVEY
- WINTERTHUR
- ZUG
- ZURICH

```
G C M I N C M B X T W N I
N D H E R I S A U V D N A
E W L J O U K C V H U A J
D S I J H O O R H E A M U
N P M N Q C N B W W V A T
U F M U T G I E P G Y E A
B G A R N E Z R E O C Z Y
U O T U E T R N U E H O Z
A K E L N D E T I Z U N Y
R Q N T N V H Q H D R R H
G L R W A K K B C U W A O
B B E E S A I H F O R C Z
D O C S U O R Z X N H O I
T S U U A S E U U F F L K
R Y L F L B S C J G F H V
```

33

COUNTRIES OF THE WORLD

◊ ANGOLA
◊ MACEDONIA

◊ CANADA
◊ MONACO

◊ DENMARK
◊ NEPAL

◊ DJIBOUTI
◊ NETHERLANDS

◊ GABON
◊ QATAR

◊ IRELAND
◊ SLOVAKIA

◊ ITALY
◊ SYRIA

◊ KIRIBATI
◊ TUNISIA

◊ LATVIA
◊ VENEZUELA

◊ LITHUANIA
◊ WALES

```
S T A Y O S X Y E J M A D
D L J I Y C L T H Z W J F
N A X R S J A O G V I K N
A C I D E I U N V B R L O
L A E A L V N A O A O Q B
R N I I A I G U M M K K A
E A R N W P T N T D J I G
H D E A O I E A N G O L A
T A L U U D L I B A J Q W
E E A H A B E A H I A A V
N V N T E J J C P T R H D
N P D I T A L Y A E B I Z
V B S L F N G R W M N G K
L N Q H E C C Y K X V X U
A I V T A L E U Z E N E V
```

34

GRAPE VARIETIES

◊ ALBARINO
◊ ORTEGA

◊ BUAL
◊ PINOT BLANC

◊ CINSAUT
◊ PINOT NOIR

◊ EHRENFELSER
◊ RIESLING

◊ FIANO
◊ SYRAH

◊ KERNER
◊ TEMPRANILLO

◊ MALBEC
◊ VERDEJO

◊ MALVASIA
◊ VIDAL BLANC

◊ MERLOT
◊ VIURA

◊ OPTIMA
◊ ZINFANDEL

```
V Y N P T U A S N I C X O
Z I Z W I B O A Y A O Q J
U O D Z U N K P R R R D E
Z N I A M C O E T U A G D
U I L O L A P T R I I H R
T R N X N B L M N N M V E
O A C F F A L V O O E A V
L B E P A R G A A Q I R R
R L B F H N I E N S O R S
E A L S I H D E T C I Y M
M A A J Z A N E S R L A P
T E M P R A N I L L O O B
H Z L S B E F O N Y I V E
E H R E N F E L S E R N P
Z T P I N O T B L A N C G
```

35   ELECTRICAL

◊ BULB   ◊ LIVE

◊ CABLES   ◊ PLUG

◊ CHASE   ◊ POWER

◊ CONDUIT   ◊ ROSE

◊ CURRENT   ◊ SLEEVE

◊ DUCTING   ◊ SOCKET

◊ EARTH   ◊ SPUR

◊ GRID   ◊ SWITCH

◊ INSTALLATION ◊ TUBING

◊ LIGHT   ◊ UNITS

```
X S E K S C T D L L V J I
S N L W A M I I U N I T S
Q O O A T R G E R D J V G
S B C I G H C H A S E U E
Z L K K T V S A N L L T U
G W E N E A E B B P X R V
N J Y E N T L G E L G D Z
I K C V V B I L W A E G D
T E R R N E U U A Y R S O
C U R R E N T L D T V T E
U U T R E W O P B N S S H
D L O H C T I W S P O N B
T U B I N G T X U R U C I
P M X N V F Z R I R V J L
T N N H G Q A Z Y I L B E
```

36   DRUIDS

◊ BELTANE   ◊ MAGIC

◊ CELTIC   ◊ PRIEST

◊ CEREMONY   ◊ RITUALS

◊ CLOAK   ◊ SACRIFICE

◊ GROVES   ◊ SAMHAIN

◊ HEALING   ◊ SECRETS

◊ HOLLY   ◊ STORIES

◊ IMBOLC   ◊ SYMBOLS

◊ INCANTATION ◊ TEMPLE

◊ LUGH   ◊ WISDOM

```
Z V X K X O T S M G L J L
I B F U A K S T C J U F H
S M W B X A E O E A G L W
A A B D V O I R M M H L C
M S C O E L R I G S P S E
H Q E R L C P E H D S L R
A V D C I C E S C L M O E
I O M T R F F N A R C B M
N H L A G E I U A Q C M O
D E R J G X T C A T S Y N
C A M X N I R S E B L S Y
J L Y T R G C G Q H E E I
L I N C A N T A T I O N B
A N Y L L O H S E V O R G
T G W I S D O M E O C P Z
```

37 DRINKS

- ◊ BEER
- ◊ BRANDY
- ◊ CIDER
- ◊ COCOA
- ◊ HERBAL TEA
- ◊ JULEP
- ◊ LAGER
- ◊ LEMONADE
- ◊ MEAD
- ◊ MILK
- ◊ OUZO
- ◊ PERNOD
- ◊ PERRY
- ◊ PORT
- ◊ PUNCH
- ◊ RUM
- ◊ SCOTCH
- ◊ TEQUILA
- ◊ VERMOUTH
- ◊ VODKA

```
M H Q O Z D Y P X K N C K
B E M A N A M D M Y O N H
U R D I L X A W N C L I G
H B B J L I K E O A O X R
T A L K X K U A Y R R E P
U L A K D O V Q U Y D B T
O T G I E N G S E I V R V
M E E Z L S N H C T O C S
R A R Q E X C D C P P T S
E D A N O M E L J E L R O
V I X O C H I U R F O M Z
M O U M Z H L N B G X E U
R P D M I E O E A E D A O
H C N U P D E Q O H P D Y
F C I U I R I L O S R U M
```

38 HUES

- ◊ APPLE
- ◊ AUBURN
- ◊ BLONDE
- ◊ BRONZE
- ◊ BROWN
- ◊ CYAN
- ◊ ECRU
- ◊ FERN
- ◊ GINGER
- ◊ GREEN
- ◊ HELIOTROPE
- ◊ IVORY
- ◊ JADE
- ◊ JET
- ◊ LIME
- ◊ NAVY
- ◊ RUST
- ◊ TAWNY
- ◊ TEAL
- ◊ TURQUOISE

```
I B S T C E I B Z C H E Q
N V S A O P N H Q N I L X
E C O A J O A R L M R P Z
E D O R C R V N U Z K P K
R C E L Y T Y L H B E A P
G I N M N O N Z Q J U F T
E R I W I I A F R Y E A H
G S O I V L Y N G R W U F
S R I D H E C M N N L R G
B Q P O D H T V Y L U C G
I R A N U J S G I N G E R
F X O C K Q U E H T T Q H
B L O N M J R P D E Z N I
B O Y S Z S W U J A G H T
R J X L A E T E T O J A T
```

39   CREEPY-CRAWLIES

◊ BEDBUG   ◊ HEAD

◊ BEETLE   ◊ LARVA

◊ BLOODWORM   ◊ LEGS

◊ BUMBLE BEE   ◊ MILLIPEDE

◊ CENTIPEDE   ◊ MITE

◊ CHITIN   ◊ NEST

◊ COCKROACH   ◊ THORAX

◊ DRONE   ◊ THRIP

◊ FROGHOPPER   ◊ VAPOURER

◊ GNAT   ◊ WOODLOUSE

```
L D L X L C P P L D G U F
C R N E S T H D I M I T E
D O D V G C I I R R A L O
F N C O X S O O T V H I O
V E M K F D W P R I E T W
I E U I R D H A T R N E O
C B R M O O L X E E M D O
Q E A O G A A R F Y A E D
B L L Y H R U C H E Q P L
E B F Q O O R E H L P I O
D M H H P E A C T T K T U
B U T A P D J A G E L N S
U B V S E D N E J E R E E
G H J C R G G K G B L C O
E P E D E P I L L I M H H
```

40   HALLOWE'EN

◊ BATS   ◊ PAGAN

◊ BLACK CAT   ◊ PARTIES

◊ CANDLES   ◊ PUMPKIN LAMP

◊ CHARMS   ◊ RITUALS

◊ COVEN   ◊ SABBAT

◊ DEVIL   ◊ SPECTRAL

◊ EERIE   ◊ SPELLS

◊ FROGS   ◊ TOADS

◊ IMPS   ◊ TRICK OR TREAT

◊ MASKS   ◊ WARLOCK

```
A R H Z L S C E N U H A X
D I D I Z M G A J I M P S
H C V C F R G V V P Z L T
T E E R W A R L O C K A P
D A O T P H K P K S C D M
Z G E E E C A R J K C N A
S J H R O R I L C S A C L
B S Y K T T A A G A N S N
Q Z D I U R L W E M D P I
U Y E A T B O S X I L E K
D S L C O A C K A U E L P
Q S E T R T B O C B S L M
E P N K L S B G V I B S U
S E J M R L A Q C E R A P
E I R E E I M X J J N T T
```

41 COMPOSERS

- ARNE
- ARNOLD
- BACH
- BARBER
- BERLIOZ
- BIZET
- DELIUS
- ELGAR
- GLUCK
- GRAINGER
- HAYDN
- HOLST
- LISZT
- PURCELL
- ROSSINI
- STRAUSS
- TCHAIKOVSKY
- VERDI
- WAGNER
- WOLF

```
V I N M H P H G L I Y U R
E W U C D M A T Z U K J E
F V A C M R W C S D S W B
K B D G N Y M R F L V Q R
W C A E N D Y A H A O O A
O P U H L E E K O C K H B
L U A L S F R O S S I N I
F R W T G T W C R R A S A
B C P Z V G R A L K H U S
I E M S E U C A H N C I D
Z L R I R F E T U X T L E
E L C L D C P W M S O E L
T G R A I N G E R N S D G
H D M I M O S J R A L O A
G N G J O U Z A A U R B R
```

42 IRONING

- CHORE
- COTTON
- CREASES
- CUFFS
- DAMP CLOTH
- FLATTEN
- FLEX
- LINEN
- MATERIAL
- NYLON
- PLEATS
- PRESSURE
- REVERSE
- SCORCH
- SEAMS
- SLEEVES
- SOLEPLATE
- STAND
- STEAM
- TROUSERS

```
B O F Z B V M N N Z Y E C
H T O L C P M A D A A C G
W O N A A W B H X G S D T
Y U J V L T I V C E O V E
P L E A T S T U V R C C R
X X N E N I L E I A O X U
S N E H U W E S N L T C S
W O N T O L R R O A T Z S
C P L Y S Y O E A I O D E
U S W E L D H S V R N N R
F M D F P O C U W E L A P
F A L R M L N O P T R T S
S E T D K B A R N A B S P
X S T E A M S T R M K Z E
O P V X S E S A E R C H J
```

43

◊ ADVENT ◊ PROTESTANT

◊ ASHURA ◊ PURIM

◊ BODHI ◊ ROSH HASHANAH

◊ CONFUCIANISM ◊ SADEH

◊ EASTER ◊ SEDER

◊ GITA JAYANTI ◊ SHINTO

◊ HAJJ ◊ SUKKOT

◊ HOLI ◊ TIRAGAN

◊ LENT ◊ UGADI

◊ OBON ◊ YULE

```
G L H S I B O V A U P F Q
U R O S H H A S H A N A H
T N E V D A R T C N I I I
M J R G O R J G O Y K D W
N Y E M B R X J N K O A H
C I D H E D A S F F K G Y
P C E T R A S H U R A U Q
D N S P U R I M C A L P S
Y A G J G I Q Q I E G O S
E G I T A J A Y A N T I I
C A O N N I X R N N R Q C
X R B E Q L T F I O A U G
X I O L S O X H S N V M F
T T N V U H S A M N R P U
W T N A T S E T O R P F A
```

44

◊ ASSAM ◊ HUNAN

◊ BADULLA ◊ INDIA

◊ CAMEROON ◊ INDONESIA

◊ CAMOMILE ◊ JAPAN

◊ CEYLON ◊ JASMINE

◊ CHINA ◊ MATCHA UJI

◊ DOOARS ◊ NINGCHOW

◊ GINSENG ◊ RATNAPURA

◊ GREEN ◊ RUSSIAN

◊ HAPUTALE ◊ TAIWAN

```
W G N E S N I G H D C L S
S O R A T N A P U R A T R
S H H N L S U W A D E A A
M A T C H A U J I N X Q O
E P N J G V U E F A I L O
P U O D H N L U N P T H D
H T O J G I I A A H Q O C
U A R R M R N N I Z K S S
N L E O B J D T S D D A N
A E M P A A O I S S N O J
N A A B D S N W U P L I J
C T C L U M E L R Y I J A
A A D R L I S F E M K Z P
C D R L L N I C H A X F A
V Q M Z A E A A S S A M N
```

45

LOOK

◊ CONSIDER ◊ OGLE

◊ ESPY ◊ PEEP

◊ EXAMINE ◊ SCRUTINISE

◊ EYE ◊ SEE

◊ FOCUS ◊ STARE

◊ GAPE ◊ STUDY

◊ GAZE ◊ SURVEY

◊ INSPECT ◊ TAKE IN

◊ LEER ◊ VIEW

◊ OBSERVE ◊ WATCH

```
P A K Z A R E H F R F P S
P E E P U E Y J C O X I M
S T U D Y D I J C T L C S
E K O X P I N U E Z A G H
N L H T K S S K L B I W H
H L G F T N P S T A R E W
G M X O O O E G C B J E S
A I E F E C C M I I I N Q
P E D C P K T I M V G I Q
E B C Y W R P W F O U M C
L V W U E T K N I E K A T
E Z S H Z V M V X K T X F
E Y E R E V R E S B O E S
R E S I N I T U R C S F E
V E H A C W K E S P Y E E
```

46

INDOOR GAMES

◊ AIKIDO ◊ KUNG FU

◊ BASKETBALL ◊ MAH-JONG

◊ BILLIARDS ◊ MARBLES

◊ BO-PEEP ◊ PELOTA

◊ BRIDGE ◊ POOL

◊ CANASTA ◊ ROULETTE

◊ CHESS ◊ SCRABBLE

◊ DRAUGHTS ◊ SEVENS

◊ I-SPY ◊ SNOOKER

◊ KARATE ◊ VOLLEYBALL

```
R E Z T H S R S B F M R V
K S F R S C Z R Z D E E J
B X T E H Y I I Y T F K H
C O H H M D E C T C R O L
L C P S G G G E A H H O S
B L M E E U L R I L O N C
I S A L E U A R K P B S R
L N H B O P E R I G B A A
L E J R T U L P D H C T B
I V O A H E F K O C S O B
A E N M I S K G A A P L L
R S G T S X C S N R Q E E
D U W G P E L A A U A P J
S M Y W Y W C U Q B K T D
T Z V O L L E Y B A L L E
```

47

◊ XANTHINE   ◊ XHOSA

◊ XAVIER   ◊ XIPHOID

◊ XEBEC   ◊ XMAS

◊ XENARTHRA   ◊ XYLAN

◊ XENIAL   ◊ XYLEM

◊ XENON   ◊ XYLENE

◊ XENOPHOBIC   ◊ XYLOPHONE

◊ XEROGRAPHIC   ◊ XYLOPIA

◊ XEROPHYTE   ◊ XYRIS

◊ XERXES   ◊ XYSTUS

```
E L V G G V M R E I V A X
Y N H X W D X E Y P R F Q
D B E Q H A E F L H O S C
X X M L F O N G T Y C I I
X E E Q Y V I R R E X R H
I N R N B X A V B Y D Y P
P O U X O N L E L T F X A
H P O Z E H X O C N W H R
O H T X S S P C K F P C G
I O D I V I N O A U S L O
D B D J A W X Y L A N X R
X I J E Z S U T S Y X E E
M C X A N T H I N E X N X
A S O H X L Y A Q P A O L
S E T Y H P O R E X S N I
```

48

M WORDS

◊ MADDEN   ◊ MIASMIC

◊ MAFIA   ◊ MICHAEL

◊ MAGICAL   ◊ MITTEN

◊ MARMALADE   ◊ MIZZEN

◊ MASSIVE   ◊ MOHAIR

◊ MEATY   ◊ MONEY

◊ MEDIUM   ◊ MORSE

◊ MELODIOUS   ◊ MUMMY

◊ MEMORY   ◊ MUSTY

◊ METERED   ◊ MUZZLE

```
M E O D C N M H T C H H N
Q I L D E S Y H Q B B D A
M E T Z T D T M A F I A M
Q E Z T Z Y A Y L K R M I
H I L W E U E L E I L A A
M M V O E N M E A O A G S
M E Q S D Y V H H M Y I M
U M R C V I O M C I R C I
M O R S S M O M I M D A C
M R M S M N E U M T M L M
Y Y A K E T M F S Y U I I
J M D Y E N U F C D I W H
Y M D R X R S Y R B D I C
J L E S S Z T P W Z E F C
O D N L X R Y S K Q M A J
```

49   CHESS

◊ BISHOP   ◊ GIUCCO PIANO

◊ BLACK   ◊ GRANDMASTER

◊ BOARD   ◊ KARPOV

◊ BYKOVA   ◊ KING

◊ CASTLE   ◊ KNIGHT

◊ CASTLING   ◊ MOVES

◊ CHESS   ◊ PAWN

◊ FIANCHETTO   ◊ QUEEN

◊ FISCHER   ◊ ROOK

◊ GAMBIT   ◊ RUY LOPEZ

```
N Q E W K F V N B I E R N
W K T H G I N K E C C R H
A A O H A C M W A E E X D
P X G O I J Z S Y T U A G
W G P N R O T G S U M Q E
N G O I I L Y A W E J L J
E T H B E K M D W V H Q V
A I S I G D S E V O M C Q
V B I G N I L T S A C N I
O M B A D R Y A Z M Q J N
K A R P O V R E H C S I F
Y G F I A N C H E T T O S
B I G I U C C O P I A N O
D R A O B Z E P O L Y U R
B O W A X E L O B L A C K
```

50   WEDDING

◊ ALTAR   ◊ KISS

◊ BRIDE   ◊ LUCKY

◊ BUTTONHOLE   ◊ MARQUEE

◊ CHAMPAGNE   ◊ MARRY

◊ CHURCH   ◊ REGISTER

◊ GARLAND   ◊ SPEECH

◊ GARTER   ◊ TIARA

◊ GROOM   ◊ TOASTS

◊ HAT   ◊ USHER

◊ HUSBAND   ◊ WIFE

```
E R B F P L D D I L M B G
F O L M H N H J Q V M I R
I P E F A H U C A O B T B
W X Q L T R C N O G E R R
N Z R N O Y Q R W R I K O
Z A C R A H G U U D S O Y
G O I E S R N H E H Z K E
H B I T T S E O A E C G C
D G B S S A O B T U S Q I
A R A I T T R S L T U Y R
L M K G A R T E R N U Q N
T I E E O Y Z R H T W B O
A T H R R D N A B S U H F
R E N G A P M A H C U J E
J W M A R R Y S P E E C H
```

51 TUNNELS

- AKI
- BOSRUCK
- FREJUS
- HAKKODA
- HANNA
- HARUNA
- HIGO
- HOKURIKU
- IWATE-ICHINOHE
- KAKUTO
- LAERDAL
- PFANDER
- ROKKO
- SCILIAR
- SEIKAN
- SIMPLON
- TAUERN
- VAGLIA
- VEREINA
- WUSHAOLING

```
X A C R A I L I C S C U J
I L W N W S J U R O K K O
B K N S U E I S N S C K D
M A A Y S I W M W J U U C
H V O B H K A Z P N R L W
R E E U A A T D Q L S H A
E R O Q O N E J O S O R N
D E R G L A I F O K B N U
N I E Q I N C T U Y K W R
A N E L N H H R C S L A A
F A G I G W I F K U G D H
P A T W R K N Z L J P W R
V K A K U T O N R E U A T
O Y O V X V H I S R G D E
F F L A D R E A L F M I X
```

52 ISLANDS OF THE WORLD

- ALDERNEY
- ARUBA
- CRETE
- CUBA
- ELLESMERE
- FIJI
- IRELAND
- JAVA
- KHARG
- MALTA
- MAURITIUS
- NANTUCKET
- NEWFOUNDLAND
- RHUM
- SARK
- TAIWAN
- TOBAGO
- TRINIDAD
- VICTORIA
- ZANZIBAR

```
Z T Y O E R E M S E L L E
C R E T E I R E L A N D X
G I N E Y H J O I M R I M
A N R J H Q F I G Y U K A
I I E A Y O W A F A T H U
R D D W J T B D V E B V R
O A L V F U Q D K T Q O I
T D A T R O G C E Z D U T
C X V A Y V U G A D M W I
I U M A L T A N T N S M U
V Z B O N V Z A D S K D S
J A V A Z I I R P L H B P
Z T N S B W N H H B A M I
D T M A A U C V S O R N I
V H R N O D G R P Z G E D
```

53

◊ AERIAL   ◊ QUARTER

◊ ARTICULATED   ◊ ROLLING

◊ COMPANION   ◊ ROOF

◊ ETRIER   ◊ ROPE

◊ FOLDING   ◊ SCALE

◊ HOOK   ◊ SIDE

◊ JACK   ◊ STEP

◊ JACOB'S   ◊ STERN

◊ KITCHEN   ◊ STILE

◊ LOFT   ◊ STRAIGHT

```
S Y T T L R G F T V D L B
C Y F S O E N K R E X A A
A O I B S T I C T O T I A
L D O X S R L A R X B R G
E R D T Y A L J S K V E F
P W E H C U O H B I Z A K
V R V G C Q R G O T L O Z
N E N I U O A B C C O L E
O J T A P D M Z A H V G I
F R L R M N Q P J E Q N U
A O M T I K A O A N E I R
Q Z O S V E A F M N L D Y
O B T R X K R O P E I L V
R E W E R B N A T H T O U
P L Z Y Z E R I H Y S F N
```

54

◊ AN NAFUD   ◊ KARA KUM

◊ ARABIAN   ◊ LIBYAN

◊ ATACAMA   ◊ MOJAVE

◊ CHIHUAHUAN   ◊ NEGEV

◊ DASHT E LUT   ◊ NUBIAN

◊ DEATH VALLEY   ◊ SAHARA

◊ GIBSON   ◊ SIMPSON

◊ GOBI   ◊ SONORAN

◊ GREAT VICTORIA   ◊ SYRIAN

◊ KALAHARI   ◊ THAR

```
A R S N K R N A R A H A S
I S Z F U A R A H A N O F
R I C H I B R G I B S O N
O M F R O K I A U U O Z D
T P Y H E A H A K T N N E
C S D Q Y L M W N U U A A
I O A A R A B I A N M U T
V N S A C H I B O G W H H
T Y H A N A R O N O S A V
A T T L O R V E J Q Y U A
E A E I G I G R W P A H L
R K L B B E V A J O M I L
G U U Y V Y D P O U D H E
A C T A D U F A N N A C Y
W Q U N P E H Y H D R P U
```

55   COINS

◊ ANGEL   ◊ KRUGERRAND

◊ BEZANT   ◊ NOBLE

◊ COPPER   ◊ OBOL

◊ CROWN   ◊ POUND

◊ DIME   ◊ REAL

◊ DOUBLOON   ◊ SIXPENCE

◊ DUCAT   ◊ SOU

◊ FARTHING   ◊ STATE

◊ GROAT   ◊ THALER

◊ GUINEA   ◊ THREEPENNY BIT

```
W N I O Z J B I F N S F E
C K B K G U I N E A C O V
R O A O X L T P H V O E U
O P S B X Y N G U F B T S
W O A O V T N A Z E B A W
N N D L L I G S J A U T V
O U N R H O O J N K D S W
B P A T E H Z G V L I E H
L T R O P P E T Q L M C R
E A R G K L P U E D E N E
F C E D K W J O N W O E L
Q U G R O A T U C X R P A
C D U E X D O I J N B X H
T H R E E P E N N Y B I T
O C K D O U B L O O N S C
```

56   BOYS' NAMES

◊ ABEL   ◊ GLEN

◊ ALFRED   ◊ HENRY

◊ ARNOLD   ◊ JERRY

◊ CLEMENT   ◊ KURT

◊ DENNIS   ◊ NIGEL

◊ EDGAR   ◊ NOEL

◊ ELVIS   ◊ PETER

◊ FRANCIS   ◊ RORY

◊ FREDERICK   ◊ SCOTT

◊ GENE   ◊ TONY

```
O U T M S P E T E R O R Y
M L E O D U K N O E L G R
O E N D N B K E J T N J R
I G X A E Y G M G C K G E
Z I O K C I R E D E R F J
N N L H Y Q A L R M E R V
A R N O L D K C V N K J C
L F S B T L X H E N R Y M
F E A N E Y U G A Z Z S A
R R L B R Y H U H K V X U
E X A V U E C I I B N N S
D E N N I S G Y V E P C R
G F B O C S U U L V O D R
A N G I A I O G D T G X L
R B A X M F S V T R U K W
```

GASES

- ⋄ ACETYLENE
- ⋄ ARGON
- ⋄ BROMINE
- ⋄ BUTANE
- ⋄ CHLORINE
- ⋄ COAL GAS
- ⋄ FLUORINE
- ⋄ HALON
- ⋄ HELIUM
- ⋄ HYDROGEN
- ⋄ IODINE
- ⋄ KRYPTON
- ⋄ METHANE
- ⋄ NEON
- ⋄ NITROGEN
- ⋄ OXYGEN
- ⋄ OZONE
- ⋄ PROPANE
- ⋄ RADON
- ⋄ XENON

```
B B E C A N E G Y X O W F
U Y Z N O R G A N V S C L
T Z D P I A P R A D O N U
A F W N L R L G N U R S O
N H H Y D R O G E N N V R
E N A H T E M L A D I H I
P R O P A N E Z H S T E N
N O E N Q M N A O C R L E
H Q S P S O Z P P V O I J
C A C E T Y L E N E G U Q
J G O P O N D V W O E M E
Z S Y M R U O O T Z N N A
B R O M I N E N I D O I D
K B N O G R A Z E Z F D X
Y N O L A H E Y O X T O U
```

TENNIS

- ⋄ ACE
- ⋄ ALLEY
- ⋄ BLAKE
- ⋄ BLOCK
- ⋄ CHOP
- ⋄ DEMENTIEVA
- ⋄ DEUCE
- ⋄ FORTY
- ⋄ GRIP
- ⋄ KUZNETSOVA
- ⋄ LET
- ⋄ MYSKINA
- ⋄ OUT
- ⋄ SERVE
- ⋄ SERVICE
- ⋄ SET
- ⋄ SHARAPOVA
- ⋄ UMPIRE
- ⋄ UNDERSPIN
- ⋄ WIN

```
A N I K S Y M N R N G H H
L W E S E G B I E I G F U
B E M G R J U W R P U B R
C K H F V A S A I S K L T
T U O E E J C V P R S A X
D A V E I T N E M E D K I
I E K A Y E G L U D G E E
G C C Z B L P R E N R G C
C H O P B D Y U I U S G I
A L L E Y G C J K P U E V
Z R B P H E P V C I G J R
K A V O S T E N Z U K V E
S K L S A V O P A R A H S
A M R Z E F K H B L T Y J
T V K A Y T R O F K Y J J
```

59 RHYMES AND STORIES

- ◊ ALICE
- ◊ BO PEEP
- ◊ DR FOSTER
- ◊ GENIE
- ◊ GIANT
- ◊ GOLDILOCKS
- ◊ GRETEL
- ◊ HANSEL
- ◊ JACK HORNER
- ◊ JACK SPRAT
- ◊ MARGERY DAW
- ◊ PETER PAN
- ◊ PINOCCHIO
- ◊ PRINCESS
- ◊ PUSSY CAT
- ◊ RED HEN
- ◊ RED RIDING HOOD
- ◊ SINBAD
- ◊ WENDY
- ◊ WITCH

```
M S Y D N E W M F D R J W
L H G G R E T E L P E Y K
P E T E R P A N I U D B O
D R S W N L O N R S R K T
R A I N Y I O A L S I W A
F C X N A C E L G Y D A R
O Y Z E C H R I I C I D P
S R K H W E S C A A N Y S
T Q I I N U S E N T G R K
E O T N B W S S T F H E C
R C S K C O L I D L O G A
H P D Y U Q P O N K O R J
K K D C L H G E Q B D A H
J A C K H O R N E R A M F
A D T R E D H E N P U D P
```

60 ROCKS AND MINERALS

- ◊ AGATE
- ◊ BASALT
- ◊ CHALK
- ◊ CHERT
- ◊ COAL
- ◊ DOLOMITE
- ◊ FELDSPAR
- ◊ FLINT
- ◊ GABBRO
- ◊ GNEISS
- ◊ .GYPSUM
- ◊ JASPER
- ◊ MARBLE
- ◊ MUDSTONE
- ◊ PUMICE
- ◊ SCHIST
- ◊ SERPENTINE
- ◊ SHALE
- ◊ SLATE
- ◊ TUFF

```
L Q O D K F E F E N E C U
E T A L S Q E L O T T I H
E Z J B S L A A V E A U A
V E A A D H J G N N G X I
H R S S S P I I X Q A H T
M M P A R R T G A B B R O
G A E L D N L S S I E N G
R E R T E H U U S H T E O
M A N P F K T T C F I L H
D U R O L F N E R T M B V
L E S X T I Z C K S O R L
S P F P L S C I A I L A E
Z U N F Y Y D M Y H O M I
U G K B U G O U U C D U O
K L A H C T Z P M S D Y I
```

61 ARCHERY

- ◊ AIMING
- ◊ ARROW REST
- ◊ ASCHAM
- ◊ BELLY
- ◊ BOWMAN
- ◊ FAST
- ◊ FLETCHER
- ◊ HOLD
- ◊ NOCK
- ◊ PLATE
- ◊ POUNDAGE
- ◊ RED RING
- ◊ SHAFT
- ◊ SHOT
- ◊ SIGHT
- ◊ STACKING
- ◊ TARGET
- ◊ TORQUE
- ◊ UPPER LIMB
- ◊ YEW

```
S T C N B V D T E G R A T
F S I G H T T Z N F Y F I
A E W E Y N Z I U N A P L
S R L X P O K J U H D F H
T W M A H C S A S I Y Y F
U O X T A K I L H O R L Q
P R R T W M Q X O M E L O
P R S Q I U G V T T R E H
E A A N U N U Z C E G B O
R G G K A E K H D A Y C L
L Z L M V I E R D C P J D
I B W H P R I N Y T I U B
M O T H T N U T E T A L P
B E O C G O P A G Q X Q A
Z D C W P E Q A E G P O V
```

62 BIBLE

- ◊ AARON
- ◊ ADAM
- ◊ ANGELS
- ◊ CANAANITE
- ◊ ESAU
- ◊ EVE
- ◊ EVIL
- ◊ GOD
- ◊ GOLD
- ◊ GUILT
- ◊ HELL
- ◊ JACOB
- ◊ JAMES
- ◊ JESUS
- ◊ MARK
- ◊ MATTHEW
- ◊ REDEEM
- ◊ SAMUEL
- ◊ STAR
- ◊ TORAH

```
V O W E O G W G I F Y I E
C J B C S T O J B L O M S
N I M E E D E R N O A P A
N G M Y R F H U X D C Q U
L A H C D E D R A T S A U
J E Y A L K L F O O T M J
G U I L T Q O M A R K A T
D F I S L E G N A A J R N
Y V F L B D L V M H K Q L
E G O T N E M A T T H E W
M C T X U F H U S T W X B
J D P M A S A U K F I I O
D L A N O R A A Q I A Z M
D S U S E J V X I L J O J
E T I N A A N A C Z E V E
```

63   **CATTLE BREEDS**

◊ ABERDEEN ANGUS
◊ ALDERNEY
◊ ANKOLE
◊ AYRSHIRE
◊ BRAHMAN
◊ CATTABU
◊ CATTALO
◊ DEVON
◊ DEXTER
◊ DURHAM

◊ GALLOWAY
◊ HIGHLAND
◊ HOLSTEIN
◊ JERSEY
◊ LIMOUSIN
◊ LONGHORN
◊ LUING
◊ RED POLL
◊ TEESWATER
◊ WHITE

```
F B R A H M A N Z R D E N
C A T T A B U Z E E B L T
V B R H D M A T Y T S O Q
C F R E S I A L E X U K R
C U V T D W G D N E G N L
D O H A S P N F R D N A E
N N K E H A O A E H A P G
F A E G L N Y L D O N Y A
E T I H W R T B L L E C L
O R G W S O K Y A S E A L
I I J H F H W V R T D T O
H A I W G G Q E F E R T W
G R O H V N J Z Z I E A A
E N I S U O M I L N B L Y
K C B R D L U I N G A O R
```

---

64   **RANK AND FILE**

◊ ABLE SEAMAN
◊ ADMIRAL
◊ AIR MARSHAL
◊ BRIGADIER
◊ CAPTAIN
◊ COLONEL
◊ COMMANDER
◊ COMMODORE
◊ CORPORAL

◊ GENERAL
◊ INSPECTOR
◊ LEADING SEAMAN
◊ LIEUTENANT
◊ MAJOR
◊ MIDSHIPMAN
◊ PILOT OFFICER
◊ PRIVATE
◊ SERGEANT

```
A L A H S R A M R I A L H
M R L G O G E N E R A L E
I I E J R W P G H R N C L
D E A C E U R O I C O E L
S M D J I M S M H M N A L
H C I J D F D G M O R I C
I O N S A A F O L O E A D
P M G E G F D O P U P J U
M M S R I O C R T T G P Q
A A E G R Y O E A O R O K
N N A E B C N I V I L Z H
V D M A K A N E V I K I Q
S E A N N X M A X S S F P
L R N T R O T C E P S N I
Z P A B L E S E A M A N D
```

65 PAPER TYPES

- ◊ BAKING
- ◊ BLOTTING
- ◊ BROWN
- ◊ CARBON
- ◊ GREASEPROOF
- ◊ GREEN
- ◊ KITCHEN
- ◊ LEGAL
- ◊ LITMUS
- ◊ NEWS
- ◊ PARCHMENT
- ◊ TISSUE
- ◊ TOILET
- ◊ TRACING
- ◊ VELLUM
- ◊ WALL
- ◊ WAXED
- ◊ WHITE
- ◊ WRAPPING
- ◊ WRITING

```
K U Z V O E N X W T C M D
N N E G P T E F H O X U K
G B F U V K H Q I I D L B
G R B Y S A C L T L L L B
R O E W X S T L E E O E F
E W F E R J I H A T Q V W
A N A V N I K T T G U K B
S W P S U M T I L E E N A
E R T R C X N I E E E L K
P A R L A G K L N W A H I
R P A K R Q B S S G A S N
O P C J B Y P E W P S L G
O I I L O F Q M H F P F L
F N N P N D E X A W E I N
V G G P A R C H M E N T T
```

66 TOMATO VARIETIES

- ◊ AURORA
- ◊ BIG BOY
- ◊ CHIQUITA
- ◊ FLORIDITY
- ◊ GALINA
- ◊ GARDEN PEARL
- ◊ GOLDEN GEM
- ◊ GREEN ZEBRA
- ◊ JULIET
- ◊ LATAH
- ◊ LIMMONY
- ◊ MILLEFLEUR
- ◊ MONEYMAKER
- ◊ PLUM ROMA
- ◊ RED BERRY
- ◊ SAN MARZANO
- ◊ SNOWBERRY
- ◊ SUNGOLD
- ◊ TUMBLER
- ◊ YELLOW PIGMY

```
N Q L R E K A M Y E N O M
A F R M I L L E F L E U R
T Y A O N A Z R A M N A S
I C E G Y R R E B W O N S
U L P L R E L B M U T I Y
Q Y N L L E J X T X Y L N
I T E G U O E Y C B O A O
H I D Q O M W N J U B G M
C D R H U L R P Z R G G M
U I A A A L D O I E I X I
Z R G T U B G E M G B E L
P O Q A R L K T N A M R Q
K L D L O G N U S G Y Y A
D F Y R R E B D E R E I Z
V W T H A J U L I E T M U
```

67 **CONTAINERS**

◊ BASKET
◊ BATH
◊ BOWL
◊ CARRIER BAG
◊ CASKET
◊ CRATE
◊ DECANTER
◊ DRUM
◊ FLAGON
◊ GOBLET

◊ GRAVY BOAT
◊ IN-TRAY
◊ LOCKET
◊ MAILBAG
◊ PURSE
◊ SACHET
◊ SCUTTLE
◊ TEA CHEST
◊ TIN CAN
◊ VACUUM FLASK

```
V E T N R I M I T E I M I
V T I G B W L A L A B C I
G A N B V J K A I A Z S H
O R C T S C U T T L E B F
B C A U A X L H E S B V L
L H N Z U O C B U E N A A
E N Q Y U M B A S K E T G
T N C H B T F Y M V T C O
L W O B E M T L V E J T N
I S M K U I S E A A R U P
N H S R N E V C K S R Z U
Y A D T W I H N W C K G R
C A R R I E R B A G O X S
D A D U S A C H E T Y L E
Y K J T H R E T N A C E D
```

68 **PIRATES**

◊ BUCCANEER
◊ CABIN BOY
◊ CANNON
◊ CAPTAIN
◊ CHEST
◊ CORSAIRS
◊ CUTLASS
◊ EYE PATCH
◊ GOLD
◊ HIGH SEAS

◊ HISPANIOLA
◊ JEWELS
◊ OCEAN
◊ PIECES OF EIGHT
◊ PLANK
◊ PLUNDER
◊ RAIDER
◊ TREASURE
◊ VESSEL
◊ YO HO HO

```
R E D I A R H T K O B K P
S A E S H G I H S U N Z I
V L P P I E S E C E H X E
E E M L V J P C Q K H A C
S D I U N C A T N N X C E
S T D N O N N A C A G C S
E S R D E G I S R L E A O
L R F E D L O G X P Y B F
C I R R A N L L Z S E I E
U A V K U S A I L Y P N I
T S P C F Q U E O O A B G
L R R T V M W R C H T O H
A O J N A E K H E O C Y T
S C M F J I D H X H H G I
S T K X Q M N I O O Q E K
```

69　ROPES

- BRAID
- BRIDLE
- BUNTLINE
- CABLE
- CORD
- CRINGLE
- DRAGLINE
- GUY
- HALTER
- HALYARD
- HOBBLE
- LASHING
- LASSO
- NOOSE
- RATLINE
- RUNNER
- STAY
- TETHER
- VANG
- WARP

```
U R Y K K V W O U F M B N
F U O J W D R A G L I N E
G N B U N T L I N E F C L
D N E M Q N A D N D P O B
D E L J M O S R I S L R B
W R B P R O S U G A R D O
U D A V I S O N K W R C H
D D C Y V E I G G T A B Z
Y B R R L H M N E C W R J
I A A Z S A A T B R A Z P
A S T A V V H R G I J U T
X L L S C E I F O N N Y Z
Q O I S R D X V D G Q R X
L O N A L G U H A L T E R
R F E E T I G Y N E C N B
```

70　CAR MANUFACTURERS

- ASTON MARTIN
- BENTLEY
- BUGATTI
- CHRYSLER
- CITROEN
- DAIMLER
- HONDA
- ISUZU
- JAGUAR
- LANCIA
- NISSAN
- RENAULT
- ROLLS ROYCE
- SAAB
- SKODA
- SMART
- SUBARU
- SUZUKI
- TOYOTA
- VOLVO

```
A V Z V S D C Q R Y J R W
N K O K B S N J D V A B T
W A O L M P S U Z U K I R
U D S A V U Q M G G L K E
A R R S T O Z A O G A H N
S T A O I O J U H O N D A
E A Z B L N Y F S L C A U
Z X A Z U L I O B I I I L
P Y E B Z S S T T F A M T
A S T O N M A R T I N L K
Y P B C P H O Q O A S E Z
B E N T L E Y O L Y G R Z
P I M V N Y F F Y X C U U
R E L S Y R H C E H M E B
O A R W D J K W Y U O I A
```

71 WEATHER

- CHART
- CHILL FACTOR
- CLOUD
- DRY
- FAIR
- FOG
- GALE
- HAZY
- HOT
- HURRICANE
- ICY
- LOCALLY
- METEOROLOGY
- MIST
- RAIN
- TEMPERATURE
- TYPHOON
- VISIBILITY
- WET
- WIND

```
W T U N I B B Y D A Z F E
Z E S U G E C C P B M N H
C V R O F O G I L I A N J
H C I U R G V O S C D N G
I H V S T I C T I G N E Y
L A T Y I A A R N E L A G
L Z C Y L B R F W E T C O
F Y R L P U I E E I T Y L
A D Y P H H Z L P E E R O
C C H A R T O G I M M E R
T W L D T A C O Z T E P O
O G I O H T C O N M Y T E
R A I N U D C J M L D H T
S S T D D D R Q W V O F E
R T Z K R P G B F T V H M
```

72 DICKENS CHARACTERS

- BILL SIKES
- BULLS EYE
- BUMBLE
- CODLIN
- FAGIN
- FRED TRENT
- MAGWITCH
- MARLEY
- NANCY
- PIP
- POTT
- ROGER CLY
- SCROOGE
- SKIMPIN
- SMIKE
- STRYVER
- TINY TIM
- TOOTS
- VUFFIN
- WALTER GAY

```
S Z S E K I S L L I B Y S
M H D C E P S F N X A K L
I D H L I V T R B G I S R
K F R P U P O Y R M C E B
E A H F R G O E P R V U F
M S F B E Q T I O Y L M R
H I T R N L N O R L X A E
N H C I A I G T S F H G D
T L T W M E S E H G P W T
Y T Z O B I Y I J B S I R
V E O X U E T K D K Y T E
F Y D P M Y M Y S C K C N
T V U A B Q R H N V A H T
L C O D L I N A N I G A F
M A R L E Y N H Y A T I C
```

73   ASTROLOGY

- ARCHER
- CAPRICORN
- CHART
- CONJUNCTION
- CUSP
- FISHES
- GEMINI
- GOAT
- HOUSE
- LEO
- LIBRA
- MOON
- OPPOSITION
- PLANETS
- RAM
- READING
- SCALES
- TWINS
- VIRGO
- WHEEL

```
S E J C N H J R I O W P Y
E S C A L E S X A P O U R
H U L P G F E O S P I E H
S O F P P N H E T O N L L
I H N H J O G W E S I L X
F M B R G I Y Z N I M L F
O O E G O T G O A T E I R
P O R E H C R A L I G B J
S N I W T N I E P O S R M
U U H R M U F R A N Z A I
C D A O L J W L P D R V K
R H R S T N H T R A I P E
C Z A X K O E Y B R C N Z
W C X H B C E D G T I J G
G Y W H Q X L O H C G O C
```

74   NINE-LETTER WORDS

- FRANKFURT
- HABITABLE
- HUNGARIAN
- JAILHOUSE
- JOCUNDITY
- LACHRYMAL
- MAGNESIUM
- NAVIGABLE
- NORTHERLY
- OBFUSCATE
- OWNERSHIP
- PREVENTED
- QUAINTEST
- STRINGENT
- TRANSMUTE
- ULULATION
- UNLIMITED
- WINDBREAK
- YESTERDAY
- ZOOPHOBIA

```
Y L R E H T R O N J E Y L
F R A N K F U R T L L E A
O J Z O O P H O B I A S C
W A H A B I T A B L E T H
N I N H G F G V N Z N E R
E L N D A I U O T E E R Y
R H T D V J I S G T M D M
S O W A B T Z N C R O A A
H U N G A R I A N A G Y L
I S W L P R E V E N T E D
P E U X T U Q A E S K E V
F L J S Y G T S K M O V S
U M X L Y T I D N U C O J
X W R Q Q U A I N T E S T
D E T I M I L N U E T T D
```

75 COOKERY TERMS

- A LA CRECY
- AL FORNO
- AU BEURRE
- BROUILLE
- CHANTILLY
- DIABLE
- DORE
- EN DAUBE
- ESPAGNOLE
- FARCI
- FLORENTINE
- FORESTIERE
- GARNI
- JARDINIERE
- JULIENNE
- LYONNAISE
- MACEDOINE
- MOCHA
- MORNAY
- PAYSANNE

```
N F F C U N N E M O C H A
Y E S H X L A L F O R N O
O N S A E I E L B A I D E
F I L N L N Y I P E W E R
O T Y T U A I U L U K N R
R N O I I W C O P K I N U
E E N L K C N R D K W A E
S R N L I G R B E E B S B
T O A Y A B W A V C C Y U
I L I P B P V G F H Y A A
E F S Q L A A V Z J D P M
R E E H E R Y A N R O M O
E R E I N I D R A J R X S
I L C I E N D A U B E K Z
F T W J U L I E N N E Z F
```

76 US PRESIDENTS

- ADAMS
- ARTHUR
- BUSH
- CLEVELAND
- FILLMORE
- GRANT
- HARRISON
- HAYES
- JACKSON
- JOHNSON
- KENNEDY
- MONROE
- NIXON
- PIERCE
- POLK
- REAGAN
- ROOSEVELT
- TAFT
- TAYLOR
- WASHINGTON

```
F G A N R Z X T A S V X K
W K P O Q G E I N W E N W
A C H S U B L C J A O O V
S X L I V S W Y R S R O G
H E S R Y D E N N E K G M
I E Y R V N P H P Z I O D
N R R A O P O H R S N P U
G O S H H J N I O R O E A
T M M A T O H B O I S W R
O L A I A G K E S R K R T
N L D N A L E V E L C O H
J I A P O L K A V E A L U
T F A T Q N G J E E J Y R
X P O N L A V W L L U A R
N O X I N N E P T O Y T G
```

77 'COLD' START

- BLOODED
- CANVASSING
- CASE
- CASH
- CATHODE
- CHISEL
- CREAM
- FEET
- FISH
- FRAME
- FRIGID
- FUSION
- GELID
- HEARTED
- SORE
- STORAGE
- SWEAT
- TURKEY
- WATER
- WEATHER

```
N T C W N P C D S U D S K
O J S A G T A J Y E D O U
I G W M S I N V T M I R X
S P E D W E V R U H G E M
U D A B M R A R R S I C Z
F E T M K E S T K A R H R
W D A Y H O S S E C F I W
Q O R Q E B I P Y R U S E
F O E W G Y N D A W B E A
Y L T V A G G M D Z F L T
C B A Q R A E J B I H A H
R R W Y O S L I G S L F E
E D O H T A C U I Z E E R
A J V S S N B F Y E X E G
M J P Y L O E F T F V X I
```

78 PETS

- CAT
- DOG
- DUCK
- FERRET
- FROG
- GOAT
- GOLDFISH
- GOOSE
- HAMSTER
- HORSE
- MONKEY
- MOUSE
- PARROT
- PUPPY
- PYTHON
- RABBIT
- RAT
- SPIDER
- TERRAPIN
- TORTOISE

```
V V N H J B P J Z H F Z L
Y C E M T E R R A P I N G
W E A S P I D E R R G A Z
B C K T U G J H A Y S T M
N F R N O O S K B R J R R
T A R A O I M P B F O S V
K P T O F M Y J I Y V D E
K C U D G T X N T T Y T D
S V L R H O R S E E O V X
P O G O D D B S K R T K L
G U N P W M D I T R O Z S
U L P D Z G O O S E R T D
K L A P H G I Q Y F R T T
P O P J Y S Z H R Y A U Y
P G Y R E T S M A H P E T
```

79

◊ ALDERGROVE
◊ HOLYWOOD
◊ ANTRIM
◊ LARNE
◊ ARMAGH
◊ LISBURN
◊ BALLYMENA
◊ LONDONDERRY
◊ BANGOR
◊ MOURNE
◊ BELFAST
◊ NEWRY
◊ COLERAINE
◊ NEWTOWNARDS
◊ DOWN
◊ OMAGH
◊ DUNGANNON
◊ RATHLIN ISLAND
◊ FERMANAGH
◊ TYRONE

```
L O N D O N D E R R Y S N
M C H G A N A M R E F E H
O D O O W Y L O H E W E B
U B E L F A S T N T L P H
R U Q L R H U I O I D G O
N C B N G Y A W S R A Q E
E T E A R R N B O M N Y V
N U M W E A U G R C E Y O
W O E L R R N A V S M X R
O N O D N A Z F Q I Y A G
D C S X B E R P R X L C R
M I R P V X J T X J L H E
R A T H L I N I S L A N D
I N O N N A G N U D B L L
E E O O Q E N O R Y T A A
```

80

FIGURES

◊ 10000184
◊ 577175
◊ 10887
◊ 59411
◊ 17997468
◊ 680895
◊ 20209
◊ 7645709
◊ 203266
◊ 78561047
◊ 211989
◊ 787710
◊ 2731796
◊ 794854
◊ 323434
◊ 9009119
◊ 5081567
◊ 901776
◊ 56816301
◊ 9887851

```
7 5 8 7 6 5 1 8 0 5 6 9 2
7 8 9 5 0 1 6 5 7 8 1 0 4
1 7 8 4 3 0 1 2 0 6 3 2 9
7 8 9 0 1 7 7 8 7 2 7 1 2
3 7 7 4 6 1 9 5 6 7 1 0 2
2 8 2 9 8 5 9 6 3 9 2 0 8
3 9 1 9 8 5 7 1 9 0 0 0 9
4 8 1 0 1 8 4 8 9 1 6 0 2
3 8 9 0 6 4 6 6 1 4 1 1 1
4 7 8 9 1 5 8 9 1 7 4 8 1
5 8 9 1 7 5 8 9 7 5 5 4 8
7 5 8 1 6 5 1 6 5 1 0 5 6
5 1 7 9 0 5 6 8 1 6 3 0 1
5 7 1 9 0 7 5 4 6 7 3 7 2
5 8 2 3 7 8 5 6 1 0 4 7 2
```

81 SUMMER

- ◊ BEACH
- ◊ DAISY CHAIN
- ◊ FLIGHT
- ◊ FLOWERS
- ◊ HEAT
- ◊ ICE CREAM
- ◊ ICE LOLLY
- ◊ JUNE
- ◊ LAGER
- ◊ LAWNMOWER
- ◊ MOSQUITO
- ◊ PARASOL
- ◊ PICNIC
- ◊ PLAY
- ◊ SAND
- ◊ SWIM
- ◊ TENNIS
- ◊ TENT
- ◊ WASPS
- ◊ WATERMELON

```
T B M Q N P G C Y E N U J
S Y A P S F W L A R B V N
W A E Q L K L A G E R Y I
I L R M R O T I K E Q M A
M P C X L M S M G T G O H
W Y E E Y E T A E H N S C
A Q C Y Z U N X R X T Q Y
T I I O M N A X E A F U S
E R E W O M N W A L P I I
R J B N Y A K E O I V T A
M T E N N I S W C Y Y O D
E N A T U H E N A O L N M
L E C I Y R I G D S A B P
O T H Y S C M D I S P Q R
N Q J J D D D S R C B S H
```

82 O WORDS

- ◊ OATHS
- ◊ OBLONG
- ◊ OBTUSE
- ◊ OCCASION
- ◊ OKAYING
- ◊ OLEANDER
- ◊ OLIVE
- ◊ OMINOUS
- ◊ ONTARIO
- ◊ OOZING
- ◊ OPAQUE
- ◊ OPINE
- ◊ OSTENSIBLE
- ◊ OTTER
- ◊ OUTWARD
- ◊ OVATION
- ◊ OVERT
- ◊ OWING
- ◊ OYEZ
- ◊ OZONE

```
V N O I S A C C O W I N G
G D R A W T U O A Z C R M
N Y M X R O X M M F E H M
O S T E N S I B L E P Y Z
L V V E Z D N O O M L R O
B O P Y Q E M X X D O O G
O D F D N I X K W B O O D
I U A O N K I J T K D O O
O G Z O N A M U A E O E L
P O U Z U O S Y Y V N X E
A S O I B E I T S I T D A
Q N T N U N S T P L A T N
U R T G G V P O A O R C D
E G E W K Z P U N V I U E
R Z R L Q O A T H S O B R
```

83

- BOOGIE
- BOP
- CANCAN
- FANDANGO
- GAVOTTE
- HORNPIPE
- JIG
- JITTERBUG
- JIVE
- LIMBO
- MAMBO
- MAZURKA
- MINUET
- POLKA
- REEL
- SAMBA
- SHIMMY
- TANGO
- VELETA
- WALTZ

```
P K V J F U U L G O K O A
O G N A T S E U I Y B K J
B P G H A E J K J M R R M
I E U M R I T Q I U H L D
V G B W W N J L Z Y O G E
O A R N A C N A C V R Q J
G V E K I F M A Y B N G N
N O T N S Z A Y B I P T G
A T T B X K C M Q S I Q Y
D T I O L A J M S O P I O
N E J O Z L I I T J E I B
A P P G J N V H M C G Y M
F Z C I U O E S L W A C A
V E L E T A P P C L E V M
C D T F J N D D W A L T Z
```

84

EUROPEAN CAPITAL CITIES

- AMSTERDAM
- BERN
- BRATISLAVA
- DUBLIN
- KIEV
- LISBON
- LJUBLJANA
- MINSK
- NICOSIA
- NUUK
- OSLO
- PARIS
- PRAGUE
- RIGA
- ROME
- SKOPJE
- SOFIA
- VIENNA
- WARSAW
- ZAGREB

```
H A U D K A B E M O R U A
N P Q I P I T S T P A L V
R U E C R S I I S O F I A
I V U R A O P R O R K R L
G W N K G C W A T B S D S
A J S Y U I P P Z X N O I
L B D J E N D U B L I N T
O J A M S T E R D A M V A
S Z U B T I L E S D P I R
K N C B L I H Z A G R E B
O C R K L I S B O N B N C
P J S G S J Y X F E H N S
J L W A R S A W R V D A U
E O L S O Q A N S B R F M
V Y O R Y G H E A L P B U
```

85 CYCLING

- BASKET
- BELL
- BOLTS
- BRAKES
- CHAIN
- CLIP
- FRAME
- INNER TUBE
- LOCK
- MUDGUARD
- NUTS
- PANNIER
- PEDALS
- PUMP
- SEAT
- SPEEDOMETER
- SPOKE
- STABILIZER
- TYRES
- WHEEL

```
D O C P D D R A U G D U M
S R E Z I L I B A T S Q G
P N R P E D A L S E R N W
O X P A N N I E R K X C T
K F S Y C A H P L S E K W
E R T I L F U O O A R B N
C L L V I M C R Y B B B P
H H O U P K W P Z Q K A L
A E B U T R E N N I Q S L
I Q S P E E D O M E T E R
N P A O T Q K A L O W K F
H S O E K S T N B L H A R
L E U F T R D C S P E R A
M A J U B F M X H V E B M
R T N U T Y R E S Z L W E
```

86 GIRLS' NAMES

- DAWN
- ELLEN
- FELICITY
- GAIL
- HESTER
- HONOR
- HYACINTH
- JOY
- KIMBERLEY
- LEAH
- LIZA
- MADELEINE
- MADONNA
- MAUD
- MOLLY
- MYRA
- NATASHA
- NINA
- TRICIA
- ZOE

```
K R E W S N G L B V U K X
O T R A V A A H Q R D V P
N M D E S T G G D X A K C
E V B Y T A R A O Z M I Z
R O N O H S C I I R M M T
V L Z V F H E L C A P B E
E L L E N A D H N I N E U
Y N J S I M T K W M A R S
G T I D V N A O A X Z L B
C H I E I F M D D T W E R
N S T C L P A M O L L Y N
T P A M I E U Y L N I I O
Z Y T F A L D R F F N J H
H K K U B L E A H A O A C
E F I Y H W J F M Y T U Z
```

87

◊ CALGARY ◊ QUEBEC

◊ CHURCHILL ◊ REGINA

◊ EDMONTON ◊ SASKATOON

◊ GANDER ◊ ST JOHNS

◊ HALIFAX ◊ SUDBURY

◊ INUVIK ◊ THUNDER BAY

◊ JASPER ◊ TORONTO

◊ LONDON ◊ VANCOUVER

◊ MONTREAL ◊ VICTORIA

◊ OTTAWA ◊ WINNIPEG

```
L E I Y B Y R R S W V S W
E A N I G E R A U B A N X
E D Y I H M S U K C N H M
Q Y M R G K O X B U C O J
Z U Q O A N O N N D O J A
Z B E T N G Y T T S U T S
B G O B D T L M N R V S P
W O E V E E O A E O E M E
N C L P R C F N C S R A R
W I W Z I N U V I K Q O L
M Q T H U N D E R B A Y T
B L O N D O N U H W P U A
V C F A X A F I L A H F L
V I C T O R I A W A T T O
I C R G C H U R C H I L L
```

88

GLACIERS

◊ ALETSCH ◊ HUMBOLDT

◊ BERING ◊ JAMTAL

◊ BRIKSDAL ◊ MER DE GLACE

◊ FEE ◊ PASTERZE

◊ FOX ◊ RHONE

◊ FRANZ JOSEF ◊ SAN QUINTIN

◊ FURGG ◊ STEIN

◊ HARVARD ◊ TASMAN

◊ HORN ◊ VATNAJOKULL

◊ HUBBARD ◊ YALE

```
Q F O H F O F T H Z V T K
A U C P L E W A Q E L M L
T I Q L G J E Z C L U B J
T K E G X P A A U S U E B
C A R I E C L K A T Z R R
R U S L Y G O N D E T I I
F H A M E J Q J R I A N K
O Y O D A U K H A N L G S
X X R N I N U H B M E D D
H E T N E M A P B Y T C A
M A T F B R X S U B S A L
V I L O V T P M H A C F L
N E L A I D W O Z Y H Q W
B D R F E Z R E T S A P V
T D F R A N Z J O S E F A
```

89   BUILDINGS

◊ BUNGALOW	◊ MOSQUE	
◊ CASINO	◊ MOTEL	
◊ CASTLE	◊ MUSEUM	
◊ CHURCH	◊ PALACE	
◊ CINEMA	◊ SOLARIUM	
◊ COLLEGE	◊ SUPERMARKET	
◊ COTTAGE	◊ THEATRE	
◊ GARAGE	◊ TOWNHOUSE	
◊ HOTEL	◊ UNIVERSITY	
◊ MANSION	◊ WINDMILL	

```
E L K U L T O C K E H S L
S E O B S J A K G C W H E
U T Q J K S M A R W L I X
O O S F T T U N K T A W
H H N L V T H O S E U N W
N W E I O C I E K E M X Y
W K F C S S E R A E U T Q
O I K D N A A G P T I M E
T Y N A F M C A E S R G X
L H M D R E L U R L A E P
C I N E M A U E V R L M E
B K P D C I V Q A D O O B
V U I E O I L G S H S T C
S A U V N D F L N O M E K
Q W B U N G A L O W M L J
```

90   'LOST' WORDS

◊ BALANCE	◊ IDENTITY	
◊ CAUSE	◊ PLACE	
◊ COURAGE	◊ POSITION	
◊ DIGNITY	◊ PROPERTY	
◊ FACE	◊ SHAPE	
◊ FAITH	◊ SHEEP	
◊ FOOTING	◊ SOULS	
◊ GAME	◊ TRACK	
◊ HOMEWORK	◊ TRIBE	
◊ HOPE	◊ WEIGHT	

```
W O N E Z T E E E Y M N L
E U M Y R C C A T R J P T
I A C A N A K X N F N K R
G G C A F O O T I N G O D
H K L K D N H Y E Z T T R
T A Q S G V T R C V E Y D
B B D C M R P P C C Q I B
W E S H E E P R A N G K N
B G X P F C O L S N E Z S
I A O G H O P E I J S L K
P R S H A P E T D N U T F
P U N K R F Y B V O A R A
H O M E W O R K S U C I I
B C Y T I T N E D I X B T
C D W N O I T I S O P E H
```

91 — EATING OUT

- ◊ A LA CARTE
- ◊ BILL
- ◊ BISTRO
- ◊ CAFETERIA
- ◊ CHEESEBOARD
- ◊ DINER
- ◊ EATERY
- ◊ FISH
- ◊ GLASS
- ◊ MEAL
- ◊ MEAT
- ◊ MENU
- ◊ NAPKIN
- ◊ SEATS
- ◊ SERVICE
- ◊ SUPPER
- ◊ SUSHI
- ◊ TABLE
- ◊ VEGETARIAN
- ◊ WAITRESS

```
P B I L P T B L V U T W S
X T L X A V M E N K A T M
T Z C A F E T E R I A X S
Q M E A T R M K T E U U L
N G P B A H Q R S Z P K Y
A B N C W I E V L P W L F
I E A P X S N U E L P A X
R L E C S A O R T S I B E
A B E M P H W S L C C B A
T A G K S S S A L G M V T
E T I H D I S E R V I C E
G N W N I F I H S U S K R
E F I X N F D P A A W S Y
V C H E E S E B O A R D U
Z V Q T R J X P N Y T X L
```

92 — CRUISING

- ◊ AEGEAN
- ◊ BALL-GOWN
- ◊ BALTIC
- ◊ BON VOYAGE
- ◊ BUNTING
- ◊ CABARET
- ◊ CAPTAIN
- ◊ DECKCHAIR
- ◊ DECKS
- ◊ HAIRDRESSER
- ◊ NAVIGATOR
- ◊ NILE
- ◊ OCEAN
- ◊ PACIFIC
- ◊ PURSER
- ◊ QUOITS
- ◊ SEASICK
- ◊ SEND-OFF
- ◊ STEWARD

```
G N R E S S E R D R I A H
N A M B X C M F F H V N Y
I E F H I T F C U W N B E
T G O T P D S T E W A R D
N E L X Z I F U S L F B T
U A V Q G F M E L R T C D
B O N V O Y A G E N I L E
V W I D S S O S M F O T C
E V N P I W R P I C C E K
G E P C N U M C E O A R C
S T K I P A A A J R P A H
A U E R L P N E M L T B A
D E C K S S T B O R A A I
V N A V I G A T O R I C R
H W S T I O U Q A M N T G
```

93   **EXPLORERS AND DISCOVERIES**

- ABEL TASMAN
- AMAZON
- CAMEL
- CORTES
- DAMPIER
- EASTER ISLAND
- INCAS
- INDIANS
- LAKE VICTORIA
- NANSEN
- NATIVES
- PATRON
- PEARY
- PIZARRO
- PYTHEAS
- ROSS
- SAILOR
- SCOTT
- SUPPLIES
- TRADE

```
N A M S A T L E B A B M E
S C B J P I Z A R R O C X
C A N H Y K Q S E E A Z R
O E A S T E R I S L A N D
T L T S H N P D U M I A H
T R D B E M F F A N R S S
F Q A S A D S Z S O O Y U
M B N D S G O T B A T N P
I A I C E N L Z Z R C R P
N A T I V E S F O O I N L
D F L P M P E L R L V U I
I Z T A E Y I T R C E E E
A Y C O L A E A O V K I S
N V P C S S R N S A A J K
S N O R T A P Y S R L A I
```

94   **KITCHEN ITEMS**

- CEREAL BOWL
- COFFEE CUP
- COFFEE POT
- DESSERT BOWL
- FISH FORK
- GRATER
- GRATIN DISH
- KETTLE
- LADLE
- PIE DISH
- RAMEKIN
- ROLLING PIN
- SAUCEPAN
- SOUP BOWL
- SPATULA
- TEA PLATE
- TEACUP
- TEAPOT
- TEASPOON
- WHISK

```
G H T C C Q J B Y C N P L
R S O E V T W K U W A U W
A I P R A M E K I N P C O
T D A E O T U A T X E A B
E N E A T L E J P S C E P
R I T L G D L A Y L U T U
L T E B U H W I S P A Z O
A A V O L O K W N P S T S
L R D W H I S K G G O C E
U G P L C O F F E E P O T
T N Q E E Y P I P Z T I N
A D E S S E R T B O W L N
P U C E E F F O C F X R T
S T W A F I S H F O R K H
A I P I E D I S H A K G T
```

95   *LORD OF THE RINGS*

◊ ARAGORN   ◊ EREGION

◊ ARWEN   ◊ GIMLI

◊ BERGIL   ◊ LOBELIA

◊ BRANDYBUCK   ◊ MERIADOC

◊ DWARF   ◊ MERRY

◊ EDORAS   ◊ ORC

◊ ELF   ◊ ROHAN

◊ ELROND   ◊ SARUMAN

◊ EOMER   ◊ SHIRE

◊ EOWYN   ◊ TROLL

```
N E P R V R K I T R D B W
A D L N E U I T N E I N M
M O V M R P X M R Y E O V
U E O L Y O H I N W W D A
R E R E G R H B R V T O L
A B N I R S R A W F H E E
S K R G A S D E N J L R X
C X T A A D O W M T A E A
G L R R N G O N A I E G R
A E O B I D G C L R H I A
U D L M E H Y E B X F O G
E Z L R F R B B J P J N O
G I F W O O G K U Y J R R
Q T U M L N O I K C C D N
Q M W B M A D S L P K D R
```

96   HOLIDAYMAKER

◊ AIRPORT   ◊ JOURNEY

◊ APARTMENT   ◊ LUGGAGE

◊ BEACH   ◊ MAPS

◊ CAMERA   ◊ OUTING

◊ CAMPING   ◊ POSTCARD

◊ DUTY-FREE   ◊ SCENERY

◊ GROUP   ◊ TOURIST

◊ GUIDE   ◊ VIEWS

◊ HOLIDAY   ◊ VOYAGE

◊ HOTEL   ◊ WALKING

```
S D O L M E S W E I V W W
U R U E E C E Z L S R S Q
Z A T B X T C R G Z P E U
W C I G W R O A F Q I A M
J T N U Z O B H A Y X H M
H S G I C P W K B Y T V I
A O C D D R S S H E W U W
R P F E D I O W O N A L D
E U A A N A U P L R L C M
M Z Q R O E U E I U K N H
A A L Y T O R S D O I D G
C R W D R M R Y A J N R I
L U G G A G E Y Y H G T E
E G A Y O V G N I P M A C
X W T O U R I S T I W K B
```

97

ROSE VARIETIES

◊ ALBERTINE   ◊ JACK WOOD

◊ ASHRAM   ◊ KIFTSGATE

◊ BRIDE   ◊ MAIGOLD

◊ BUSH   ◊ MYRIAM

◊ DENMAN   ◊ PAPRIKA

◊ DWARF   ◊ QUEEN MOTHER

◊ ELLE   ◊ SHOT SILK

◊ FELICIA   ◊ SNOW MAGIC

◊ FLORIBUNDA   ◊ STANDARD

◊ ICEBERG   ◊ TEA ROSE

```
T A I C I L E F H N H R V
T E A R O S E W M B A E D
A X M A R H S A F R R H A
P L F D E N M A N I L T M
S U B U L A X A T D O O W
Q T J E I O K O E E F M A
J P A R R I G T G R S N D
V A Y N R T A I A O H E N
B M C P D G I W A A O E U
J U A K S A D N J M T U B
I P S T W C R Q E J S Q I
I N F H I O G D J E I E R
C I G A M W O N S L L R O
K C S P W V R D D L K V L
S N B F K I C E B E R G F
```

98

P WORDS

◊ PAELLA   ◊ POPULAR

◊ PANTRY   ◊ POUNCING

◊ PARASOL   ◊ PRAWN

◊ PERSONALITY   ◊ PRELIMINARY

◊ PHOEBE   ◊ PROBATION

◊ PHOTON   ◊ PSALM

◊ PIGLET   ◊ PUDDLE

◊ PLACARD   ◊ PUNJAB

◊ PLANNED   ◊ PURPLE

◊ POLYP   ◊ PYTHAGORAS

```
P H U F L V R U F P P I P
M U R B P H O E B E P Z W
P O R O A N T P Q U R P Y
M L G P L J M Z D Q E A T
Z L A F L H N D P O L R I
R P A C E E L U D P I A L
A H I S A E Y U P D M S A
L O P I P R O B A T I O N
U T Z Q T C D P P O N L O
P O U N C I N G P P A L S
O N A L M D A I R T R O R
P P S A R O G A H T Y P E
K C P L T L W P O L Y P P
G C N P E N D E N N A L P
P H X T V L B A O S P T P
```

99 CANALS

- ASHTON
- BRIDGEWATER
- COVENTRY
- CROYDON
- GRAND JUNCTION
- GRAND UNION
- GROSVENOR
- HERTFORD UNION
- ISLE OF DOGS
- KENNET AVON
- KENSINGTON
- KIEL
- LIMEHOUSE
- LINDO
- LLANGOLLEN
- PANAMA
- REGENTS
- ROCHDALE
- SUEZ
- TRENT

```
Z O D N I L N O T H S A B
N E I G R O S V E N O R R
O E U K Y R T N E V O C I
I N J S N O D Y O R C S D
N O I T C N U J D N A R G
U I C Y H R O C H D A L E
D N O V A T E N N E K R W
R U N O T G N I S N E K A
O D Q P A R F Z T G L P T
F N V A Y H E I E I U L E
T A S N U Y S N E W K K R
R R T A V L T K T L I P M
E G Q M E S U O H E M I L
H L L A N G O L L E N V A
C F I S L E O F D O G S M
```

100 ASIAN CAPITALS

- ASHGABAT
- ASTANA
- BANGKOK
- BEIJING
- BISHKEK
- DHAKA
- DUSHANBE
- HANOI
- ISLAMABAD
- JAKARTA
- KABUL
- KUALA LUMPUR
- MANILA
- NEW DELHI
- PHNUM PENH
- SEOUL
- TEHRAN
- TOKYO
- ULAANBAATAR
- YANGON

```
J N A S H G A B A T P J R
R A E N M T O F J M V C E
G A K W M K O H J I D I X
D J T A D X G K L U O E S
A D N A R E W O Y G C Q K
B U A T A T L J X O Y U L
A S R B R B A H H O A H U
M H H E H A N O I L N N B
A A E I T A C A A Q G E A
L N T J L V N L A Z O P K
S B Q I H D U J F L N M K
I E N N P M H Z T O U U H
B A D G P V H A S T A N A
M Z C U B I S H K E K H W
P Y R I K O K G N A B P E
```

101

- ALLOTROPY
- BORAX
- BORON
- ELECTROLYSIS
- EMF
- FAT
- GAS
- INERT
- LEAD
- LUTETIUM
- MAGNET
- MASS
- META
- NEON
- NICKEL
- PLASMA
- RADON
- SPIN
- VINYL
- X RAY

```
N Y T L U Q S P I N H Q Q
E F A T T L E Z L A X A P
O L J R Y D A M S A L P M
N E E N X N U Q F D T R V
N N I C Q I F Z E A S E Z
I V R F T H F G L E A D M
C J V E T R M L V G B I D
K M T T Z R O H F O L F J
E U E M C T V L R J S N K
L L T T R F E O Y X A O V
X A R O B N N N O S R N M
H C P A B F C Q G E I F X
G Y P E D W F S Q A Z S J
A Y K G L O I S X U M E Q
S S A M R R N T I J P B Y
```

102

- BATTERY
- BIOFUEL
- BIOGAS
- BIOMASS
- BUS
- BUTANE
- CAR
- CHERNOBYL
- DAMS
- DEMAND
- HEAT EXCHANGER
- HEATING
- HYDROGEN
- METER
- METHANOL
- PLUTONIUM
- RAIL
- SOLAR THERMAL
- STORAGE
- URANIUM

```
D N A M E D L D B K Z B C
H E A T I N G A E D X I H
W E I X F E T B Q O L O E
I B A M E T H A N O L M R
P N Y T E X T I U I J A N
L A M R E H T R A L O S O
U T Y T N X Y O G F U S B
T R R B H N C D X K G P Y
O S A A D B M H R T Z E L
N B I N I M E Y A O G Z B
I U L O I V E C Q N G M S
U T G D N U A T U D G E C
M A R S B R M L E T A E N
S N L E U F O I B R L M R
N E K K W B E G A R O T S
```

103 **HAUNTED HOUSE**

- APPARITION
- BANSHEE
- COBWEBS
- CREAKING
- CURSE
- ECTOPLASM
- EXORCISM
- FEARS
- FRIGHT
- GHOST
- MAD PROFESSOR
- MYSTERY
- NOISES
- PORTRAIT
- SCARED
- SHADOWS
- SPELL
- TERROR
- VAMPIRE
- WAILING

```
U F S F F M X J Q I H F M
C A Y S R E S P E L L R S
A R R N C I A K S T O G I
P O E Q U A G R E S R U C
P R T A D S R H S O K G R
A R S M K K S E T H F N O
R E Y M H I F H D G O I X
I T M V S O N G A I C L E
T F M L R A P G S D K I F
I V Z P A C L E J X O A R
O G D I E K S P J R Q W L
N A T I A R T R O P R K S
M E E H S N A B P T U W P
S B E W B O C R X O C H N
B B N O K V A M P I R E Z
```

104 **GLOBAL WARMING**

- ALBEDO
- BIOMASS
- CARBON
- CLOUDS
- COAL
- DROUGHT
- FEEDBACK
- FOREST
- ICE SHELF
- ICECAP
- IPCC
- MELTING
- METHANE
- OCEAN
- OZONE
- SOIL
- SUN
- TEMPERATURE
- TREES
- WATER

```
Z O I Y D F L L N C K T C
R H T C B I O M A S S S C
T E M P E R A T U R E E P
O M Z T O S L J T I Q R I
M H U C K T H E N O Z O F
R E E Y G W F E K Q Y F L
C A T T R E E S L H S I L
N F C H C A X E G F O A I
M E L C A N Z M U S O J C
E E E A C N C Q W C D F E
L D H S Q H E A L A M D C
T B E T H G U O R D T L A
I A S N R N U G F B A E P
N C U D N D X Q W D O P R
G K N N S A L B E D O N P
```

105

WILD WEST USA

- ANNIE OAKLEY
- BLACK BART
- BOB FORD
- DALTON GANG
- HENRY STARR
- JESSE JAMES
- JOE WALKER
- JOHN RINGO
- OK CORRAL
- OUTLAWS
- ROY BEAN
- SALOON
- SAM BASS
- SHERIFF
- TOM HORN
- TOMBSTONE
- WAGON
- WILD BUNCH
- WYATT EARP
- WYOMING

```
S O O G N I R N H O J Y T
W J O E W A L K E R E O C
S Y G N I M O Y W L M C R
E K A N Z U O E K H P O R
M B R T A U M A O N T S A
A U Z O T G O R W O R S T
J C H L Y E N F Q G A A S
E U A C I B A O S A B B Y
S W E N N B E R T W K M R
S N N D S U O A P L C A N
E A M F S A B B N F A S E
J M S I R L L D F J L D H
F F I R E H S O L O B K H
L A R R O C K O O I R A S
E N O T S B M O T N W D T
```

106

BREAD

- BAKER
- BOARD
- BROWN
- CROUTON
- CRUMBS
- CRUSTY
- DOUGH
- FLOUR
- KNEAD
- MILLER
- OVEN
- RISING
- ROLLS
- RYE
- SAUCE
- STICK
- TOAST
- WHEAT
- WHITE
- YEAST

```
V M O B V C G N E W S N A
Y S E O O C E S W X V Z L
Y K D E Y V G K W O W B J
H E N A O G L N H H R Y E
B V A E D B B N E F I B F
B A Y S A E C U A S P T W
W O K A T D U H T M Y J E
T N A E T G N I S I R S B
S O I R R U R O L L S P I
A T D T D W Q P F L D A Y
O U I U E Q U H F E J T O
T O A C O P H J G R S H S
F R V K K J S B M U R C T
T C G J D T J G R U O L F
N D P C G K T C Q O R D V
```

107   FLOWERS

- ACACIA
- ARUM
- CHERRY
- CROCUS
- ERICA
- FLAG
- FUCHSIA
- GORSE
- LORDS AND LADIES
- LUPIN
- MAY
- MIMOSA
- MYRTLE
- ORCHID
- ORRIS
- PHLOX
- POPPY
- RESEDA
- SWEET PEA
- SYRINGA

```
K J Y Z A E X N I P U L G
U A T A S M L S L U W M A
M Q Y I I G N T O E Y I L
Y R R E H C T X R G R M F
P R C G T R A K D Y U O I
O O L Z L O V C S R M S B
S Q P W I C Q U A S H A U
E F P P N U K C N W H N X
P U A L Y S I N D E E R D
H B Q D U R P W L E T Z I
L X D R E W E L A T E P H
O F U C H S I A D P U Q C
X R W B R C E Q I E U G R
J J H O G P B R E A C F O
Z A G N I R Y S S E B Y G
```

108   FAMOUS SAILORS

- AMUNDSEN
- BAFFIN
- BARROW
- BEATTY
- BLIGH
- CABOT
- COLUMBUS
- COOK
- DRAKE
- FARRAGUT
- FOX
- FRANKLIN
- FROBISHER
- HOOD
- HUDSON
- NANSEN
- NELSON
- PARRY
- SINBAD
- TRYON

```
V C N C S K C O C B V H C
N H O C A X B O O Z B G M
O F Y S L B L N O E E I N
S R R I K U O X A K X L N
D O T N M A L T Y R R B A
U B X B B M T B A F F I N
H I U A P Y X X X R E N S
U S C D A J W M A K E O E
N H U W R O M N A S Q Y N
G E W A R M K R D L N I D
G R L R Y L D N C G O O B
P G A S I C U L Q G O U U
R B A N O M R Z V H H U X
G V H M A N G K E W S A O
I E F A R R A G U T O V F
```

109   DRAGONS IN MYTH AND STORY

◊ ANCALAGON   ◊ GRISU

◊ APALALA   ◊ HAKURYU

◊ APOPHIS   ◊ LADON

◊ DANNY   ◊ MALEFICENT

◊ DRACO   ◊ MAYLAND LONG

◊ DUCY   ◊ MUSHU

◊ FAFNIR   ◊ SCATHA

◊ FALKOR   ◊ SMAUG

◊ GLAURUNG   ◊ TIAMAT

◊ GRIAULE   ◊ WAWEL

```
H V I I G S I H P O P A T
A A Z A P A L A L A L I G
P N H X F H G H A C A U N
F F C T U L A U G M H S O
L A L A A Y X K A S V I L
A L F V L C M T U M P R D
D K U N Y A S M A R S G N
O O G K I C G L D J Y N A
N R R F F R E O V R M U L
O C A R D F Z M N J E U Y
L V V S I T M D A N N Y A
V K O C L E W A W R N D M
I V E J C F G R I A U L E
G N U R U A L G H C N U U
T B E S R B I B Y Y C M M
```

110   RED THINGS

◊ BLOODED   ◊ DEER

◊ BREAST   ◊ DWARF

◊ BRICK   ◊ EARTH

◊ CABBAGE   ◊ FACED

◊ CARD   ◊ FLAG

◊ CARPET   ◊ GUARD

◊ CHERRY   ◊ MULLET

◊ CORPUSCLE   ◊ PEPPER

◊ CRESCENT   ◊ TAPE

◊ CURRANT   ◊ WOOD

```
Q I B X V V T W D R Y X H
C R E S C E N T B R I C K
I P Q H F D J S R W A M K
N P E L Y R T E E X P U B
C T A P E A H N L I Z L G
B X Q E P C M V C T G L U
P D P G A E K S S K N E B
D E L R U R R A U J S T R
R E P C T S E G P G U M D
A E C E U R E P R A Z Y E
T Y I A B R B W O O D Z D
D W A R F F R B C X I T O
C E J T S E G A B B A C O
G P E H F L A G N X C C L
Z T B R U K K Q O T E G B
```

111

◊ ANNOUNCEMENT   ◊ MISSIVE

◊ BILL   ◊ NEWSPAPER

◊ BOOK   ◊ OFFER

◊ BULLETIN   ◊ PACKAGE

◊ CIRCULAR   ◊ PARCEL

◊ COUPON   ◊ PRESENT

◊ COVER NOTE   ◊ RECEIPT

◊ CREDIT CARD   ◊ SUMMONS

◊ INVOICE   ◊ TAX RETURN

◊ LETTER   ◊ TICKETS

```
B J V M I S S I V E B L T
T C O V E R N O T E H N P
I K O O B E O H V J E A S
C N I T E L L U B S U B V
K Z W R F R N K E I L R N
E Z G U A O O R N K I E R
T Y G C F L P K M P G P U
S O I F K A U W P A T A T
X N E N R E O C K D P P E
P R O C V S C C R K I S R
B I E M N O A L T I E W X
I L D E M P I O G Y C E A
L A N N O U N C E M E N T
L E T T E R S N E O R C B
X U X C R E D I T C A R D
```

112

◊ ACARPELLOUS   ◊ COMOSE

◊ AERIAL   ◊ CORK

◊ ALAR   ◊ CYMOSE

◊ AROID   ◊ OPPOSITE

◊ AXILE   ◊ PHLOEM

◊ BAST   ◊ RACEMOSE

◊ BIFID   ◊ RADICAL

◊ BULLATE   ◊ SMOOTH

◊ CALLUS   ◊ SPIKE

◊ CAULINE   ◊ TERETE

```
T F E W E X U N B V B R A
D Y Q T N R A D I C A L H
X K F E I M S Y Y O L T E
C C K R L S M O N M O L S
E A H E U A O L N O W K O
P L A T A S A P M S I I M
H L I E C I I S P E L E Y
L U B X R A C E M O S E C
O S T E A V T Z J M X M N
E D A L Y A A D B A S T V
M A A E L G S S P I K E V
C R R L M G K J C Z N P I
O S U O L L E P R A C A M
R B I F I D C A B U C E M
K R O F Q D G R D N Q F B
```

113   SHEEP BREEDS

◊ BALWEN   ◊ LONCK

◊ BORDERDALE   ◊ MASAI

◊ COLBRED   ◊ MASHAM

◊ CORRIEDALE   ◊ MONTADALE

◊ DALA   ◊ ROMANOV

◊ GUTE   ◊ RYA

◊ HEBRIDEAN   ◊ RYGJA

◊ HERDWICK   ◊ SOAY

◊ JACOB   ◊ TEXEL

◊ LLEYN   ◊ WENSLEYDALE

```
T Z Q U M O N T A D A L E
N K D A S E F Y I W L Q M
H H S H E B R I D E A N M
C A D S G O A M X F D A F
I O I K C I W D R E H M Y
B B R M J C V X N S W I P
A Q E R V V O N A M O R I
L A K T I H Y M Y D C I E
W E N S L E Y D A L E C O
E K O E L A D R E D R O B
N A X L L R X A U U U L R
Y E D P O Y K E L W E B K
T D A X N G C V Y E G R U
Q A Q V C J A C O B L E L
E T U G K A B W K B M D T
```

114   WEIGHTS AND MEASURES

◊ ACRE   ◊ HECTARE

◊ BUSHEL   ◊ HOGSHEAD

◊ CARAT   ◊ HUNDRED-WEIGHT

◊ DRAM   ◊ INCH

◊ FATHOM   ◊ LEAGUE

◊ FIRKIN   ◊ MILE

◊ FURLONG   ◊ QUART

◊ GALLON   ◊ STONE

◊ GILL   ◊ WATT

◊ HAND   ◊ YARD

```
E X C F H Q J B X O Y P M
E N W A U A E K J A F S M
R D O A R L N V R E L B O
C D R T Y A F D L H X E H
A T O A S U T I O U V X T
Y X I W M E M G R Q X U A
T N G N U M S V L D A K F
I H G G Z H N B U S H E L
F O A P E N C Z T L L R I
K E E A M N O I N C H A F
L S D K O G I L I I L T A
Z Z Q O B W M K L H L C W
J X Q G G U D H R A I E A
H U N D R E D W E I G H T
N O G N O L R U F P F E T
```

115

- WAGER
- WHIRL
- WAINWRIGHT
- WHITTLE
- WALTZ
- WIGWAM
- WANDERING
- WILLINGLY
- WASHINGTON
- WISDOM
- WAXWORKS
- WORMS
- WEAVER
- WORTHY
- WELSH
- WRAPPER
- WELTER
- WRITTEN
- WHEREABOUTS
- WYOMING

```
T G N I M O Y W W A W F M
M H W A G E R H W B A I O
A W G Y W M O A T S X A D
W H W I V S L D N R W P S
G I E C R T T E R A O M I
I T L J Z W T N S L R W W
W T T L K T N H R O K W Y
A L E B I R I I W W S X S
N E R R X N H F A V Y W R
D W W Z G W G M H W K E E
E N E T G H K L G S S A P
R F O L X I R D Y S E V P
I N W M S V W M K D M E A
N V W F V H D C W C A R R
G S T U O B A E R E H W W
```

116

WEDDING ANNIVERSARIES

- BRONZE
- PEARL
- CHINA
- POTTERY
- CORAL
- RUBY
- COTTON
- SAPPHIRE
- EMERALD
- SILK
- GOLD
- SILVER
- IRON
- STEEL
- IVORY
- TIN
- LACE
- WOOD
- LINEN
- WOOL

```
Y D N X F L H C S I B M V
E I V O R Y L A C E R L M
T F A G C B P O P S O O S
P X O O V P C E W R N D N
B L R E H Y S A W B Z Y D
D A S I B A D P X Y E F O
L O R U G B I F V R T B O
V E R E V L I S F E G K W
A S E J I F R O O T H M D
N N O J K L B A E T U A L
I Y Z L S F X C E O R P A
H L I N E N P J T P I Z R
C S U C O T T O N V I Y E
Q W O O L L X C R Q Q T M
F E S T E E L C N H E B E
```

117 ITALY

- BERGAMO
- BOLOGNA
- CALABRIA
- CORTINA
- FLORENCE
- GRAN SASSO
- LA SPEZIA
- LAKE LUGANO
- MILAN
- MONTE ROSA
- MOUNT ETNA
- NAPLES
- PADUA
- PALERMO
- RAVENNA
- RIMINI
- ROME
- SARDINIA
- SICILY
- VENICE

```
Y Y N A L I M P B B L Z H
N L L G H B A R O M E W A
A I I R O L E C I N E V S
I C N L E S A R I L S A O
R I I R A N S T G A D A R
B S M U I K H A R A N H E
A O I T F D E D S N M J T
L U R X A P I L E N P O N
A O D F C N A V U R A J O
C R E A I S A N A G M R M
J V M A P R W Q G D A A G
A N T E T N U O M O L N O
F D Z Z L O Y B X D L S O
H I S E L P A N Z M S O B
A V Q F F L O R E N C E B
```

118 PHOTOGRAPHY

- APS
- BELLOWS
- COBRA
- DAYLIGHT TANK
- DIN
- EOS
- EXPOSED
- LEITZ
- MIRROR
- NEOPAN
- NIEPCE
- NIKON
- ORWO
- PANNING
- PHOTOGRAM
- PRISM
- SHUTTER
- SLIDE
- TONE
- VECTIS

```
R S P B X F S P U K M E K
N X S H U T T E R I M F N
B E L L O W S O R R S P A
N I D E U T A R G T R Q T
N P R I S M O A F W J D T
A I A T L R E G R Z P H H
P F K Z L P S N R B D E G
O W R O F E A C P A O S I
E N O T N L H N K T M C L
N S C N S N A E N S H B Y
I B W R I I S U L I W N A
E Z M I Q M T I F L N S D
P E X H A U D C H A T G P
C U V V D E O S E D W S L
E D E S O P X E D V D E P
```

119 START LOOKING

- ASTARTE
- FLYING START
- FRESH START
- HEAD START
- JUMP-START
- KICK-START
- NEW START
- RACING START
- REDSTART
- RESTART
- STAR TURN
- START OFF
- START OUT
- START UP
- STARTER
- STARTING BLOCK
- STARTING LINE
- STARTING POINT
- STARTLE
- UPSTART

```
T T T R A T S G N I C A R
R R F R E S H S T A R T K
A A P S T A R T O F F C T
T T T U O T R A T S O S R
S S I O T Z T R H L S T A
K P Z S M R A E B E T A T
C M V W A T A G L P A R S
I U P T S D N T N R R T G
K J S W S I R Q S T T I N
G P E T T A C H E B E N I
U N A R T R A T S E R G Y
U R A S T A R T U R N L L
T T D R E D S T A R T I F
S T A R T I N G P O I N T
Z S E T R A T S A K X E A
```

120 FURNITURE

- CABINET
- CHEST
- CLOSET
- COUCH
- DESK
- DISHWASHER
- HATSTAND
- HIGHCHAIR
- MIRROR
- OTTOMAN
- OVEN
- PIANO
- READING LAMP
- SCREEN
- SOFA
- STOOL
- TALLBOY
- TELEVISION
- WARDROBE
- WHATNOT

```
Z L I A G B V Y S Q P S Y
R H O N A M O T T O D L A
O Q J O X U R E Z P F A H
R E A D I N G L A M P A O
R S H H X N O E O A U D E
I T C D V O T V W H G I P
M A U R T S E I D B H S C
I L O S E N A S N F I H A
J L C H B E N I A H G W B
C B C P O P N O T V H A I
L O O A R A K N S A C S N
O Y N N D S K J T E H H E
S G A D R Z G N A P A E T
E X I G A Z O L H L I R D
T O P S W T D E S K R U D
```

121 POTATO VARIETIES

- ACCORD
- CARA
- CHARLOTTE
- DUNDROD
- ESTIMA
- FIANNA
- GOLDEN WONDER
- HARMONY
- KERR'S PINK
- KING EDWARD
- MARFONA
- MARIS BARD
- NADINE
- OSPREY
- PREMIERE
- ROCKET
- ROMANO
- SANTE
- SAXON
- WILJA

```
O R E D N O W N E D L O G
C H A R L O T T E E S T X
N A D I N E N U T P C A V
A P D A A N O F R A M K A
M C M C L A F E E K I E C
A O O Q N S Y R O N A T C
R O C K E T E A G D N N O
I U W H N I M E A R N A R
S A M Q M I D C A R A S D
B W V E T W P U N F I Z A
A L R S A I S S N O F N A
R P E R B L I U R D X P G
D Z D Y T J E U V R R A Q
Y N O M R A H I B X E O S
D H R X F Y Y F L W R K D
```

122 COMPUTING

- BURST
- CABLE
- CLUSTER
- EPS
- FIELD
- FIXED
- FTP
- HOST
- ICON
- IDEAS
- MEGABYTE
- MENU
- PDF
- PERL
- PIXEL
- PROPERTIES
- SQL
- TOOLS
- TROJAN
- TWIP

```
U T K E C I B P O Q V T N
N Y F N O C I D E A S S B
E T Y B A G E M D H E O O
M Z F L J J B S R I B K K
B D O E C F O T T E K Q E
P B W G Y S U R L I Q F N
T N L S P E E B T T D V V
R B E V N P A S S A H B I
E P X E O C P O D Q W U M
T R I R U C H F I I L R X
S O P W K F H D X D R S F
U Y O E T I P O E Y M T Z
L T K L R E O U O X P I V
C R H M S L X P M Y I R S
Y S E J O D D Y C C W F L
```

123   CIRCUS

◊ APPLAUSE	◊ POPCORN
◊ CAGES	◊ RIDERS
◊ CANVAS	◊ SEALS
◊ CIRCUS	◊ SPINNING
◊ ELEPHANT	◊ STILTS
◊ EXCITING	◊ TENSION
◊ FUNNY	◊ TIGERS
◊ HORSES	◊ TRAINER
◊ JUGGLER	◊ TRAPEZE
◊ LORRY	◊ TRICKS

```
S C C T M F T U F B O P N
U T G N I T I C X E G J Y
C R S U F Z E O R V R U N
R A I T G S Z E Q F E M N
I P N E L N K L J A N Q U
C E U V R I R C O T I H F
M Z V S A T T O I R A B G
Q E H O R S E S C R R B N
T S X V T E R N J P T Y I
C L M K V E G U S Y O G N
N A K A D D G I W I I P N
E E G I U G J I T Z O G I
T S R E L E P H A N T N P
F K U E S U A L P P A I S
N F R V D F L F N V O N X
```

124   NAUTICAL TERMS

◊ AFT	◊ SOS
◊ BOAT	◊ STACK
◊ BOW	◊ STARBOARD
◊ BULWARK	◊ STATEROOM
◊ FATHOM	◊ STERN
◊ FORECASTLE	◊ TURBINE
◊ MAST	◊ WEATHER DECK
◊ MESS	◊ WINGS
◊ PILOT	◊ YACHT
◊ PORT	◊ YAWL

```
F F N U P X A Y F T L R M
E O R Y W P E X M O W C Y
S N R S O Y H X W L A D K
S F N E B J P A M I Y Q K
E A C D C G H N S P V N C
M T F K R A W L U B D G E
V H K D Z U S X V S E B D
M O O R E T A T S L N O R
T M R D S A G S L Q I A E
H F T A X T Y W R E B T H
C O M T Q W A S T E R N T
A P W I N G S C W T U L A
Y N O D A M Z Q K F T S E
S T A R B O A R D A E O W
E H H P T H M V M H B S H
```

125

UNIFORMED PERSONNEL

◊ ADMIRAL
◊ NURSE

◊ AIRMAN
◊ PILOT

◊ BELLBOY
◊ PORTER

◊ CAPTAIN
◊ PRIEST

◊ CHEF
◊ SAILOR

◊ CLEANER
◊ SCOUT

◊ DRIVER
◊ SOLDIER

◊ GUARD
◊ USHER

◊ GUIDE
◊ WAITER

◊ MAID
◊ WAITRESS

```
D E U S H E R N U M S U O
G E R R K P W X A A O B N
B I W E S C O I I M Q F F
S E S I N I A L L Q R O J
S D L D A A O P G G U I M
E G Z L J R E I T U C A A
R R O O B R Z L C A I Q S
T E H S E O N O C D I D N
I S T T C U Y T P M X N E
A N R I R T V D R I V E R
W O D S A G Y T I R D V T
P O E O C W C N E A R P K
L O E F G O P Y S L A V E
B M K D U S U U T O U L H
D R C H E F Y T D N G Z A
```

126

RIVERS OF BRITAIN

◊ AIRE
◊ PARRETT

◊ AVON
◊ RIBBLE

◊ BLACKWATER
◊ SPEY

◊ DART
◊ TEIFI

◊ DOVEY
◊ THAMES

◊ GREAT OUSE
◊ TOWY

◊ HUMBER
◊ TYNE

◊ KENNET
◊ WELLAND

◊ MEDWAY
◊ WENSUM

◊ NENE
◊ YARE

```
E M P Y U G Y W F S R W B
N Y A W D E M J R I E L T
Y D X O Y N Q E B L A O N
T B I T O T Z B L C C S D
P D I V E B L A K P E N K
S E A I W E N W A M K P M
G L F R P D A R A I O X D
R I E Z T T R H S X R O Q
E V Q N E E T N P K V E Q
A U W R T T E R E E T V R
T M E T R N J H Y N C E E
O J N Y E T Y Y F N I Y B
U I S W A Y A V G E D L M
S P U V T R Z E L T A E U
E M M J Q H E C C C H E H
```

127

- BARDOT
- BAUDELAIRE
- BERLIOZ
- BLERIOT
- CHIRAC
- DE BERGERAC
- DE GAULLE
- DELORS
- DUMAS
- EIFFEL
- FRANCK
- MARCEAU
- MARIE CURIE
- MATISSE
- MITTERAND
- MONET
- NOSTRADAMUS
- PASTEUR
- RENOIR
- SARTRE

```
Q J M A R I E C U R I E B
N O S T R A D A M U S L L
N B A R D O T T B A E E Y
Z A K I C B I E R R F O C
D U M A S C R T I F M X A
B D A L T L R O I I Y Y R
E E A E I E T E T M S H E
L L E O C L N T N R M D G
P A Z S P R E O O H E C R
A I F T S R A L M G H I E
S R J R A I E M A I O R B
T E S N A D T U R N Y Y E
E A D Q T N L A E V P G D
U X H R K L C R M G C I X
R F R O E H S K K B K J I
```

128

- BABE
- BELLS
- CASPAR
- CHRISTMAS EVE
- CRIB
- DECORATIONS
- FESTIVAL
- GIFTS
- GOLD
- GOOSE
- JOSEPH
- NOEL
- PEACE
- POINSETTIA
- PRAYER
- SCROOGE
- SPICES
- STABLE
- YULE LOG
- YULETIDE

```
S B N P Z X K M A R S H M
C C S S R E J E X P P Q E
R H J N S A E W I M P B Y
O P R O Z O Y C P T A U U
O A O I S X E E A B L D L
G G F T S S C M R E Q C E
E G F A F T V A L G P N T
N I C R I B M O S L O B I
G H S O S H G A A P E Z D
X O E C P T L V S L A M E
S L L E B E I P B E G R L
S W S D O T P A U T V K H
P O I N S E T T I A W E F
J Z T E P S G A K B V E I
X I F Z K U E X A Q M E D
```

129

CASINO

- BANDIT
- BLACKJACK
- CARDS
- CASINO
- CHIPS
- DEALER
- DECK
- DICE
- JACKPOT
- LIMIT
- NOIR
- ODDS
- POKER
- ROLL
- ROUGE
- SHOE
- SPREAD
- STAKE
- WHEEL
- ZERO

```
S J K W E E T J P W R G G
P F F S B H S S B T I A W
I S R O L L J O P P O R Y
H V J K A A P B B R N D U
C N C O C O M W H E E L J
Q E D K K N N D C E Y A U
D D P E J D J H K A B Z D
S O R B A X Z A Y Y R P N
T D F A C Y T K U Q O D Y
T C C N K S Z Z D P U X S
G F T D T S H O E Y G K T
C A S I N O N E A R E K C
L U U T M Y C X L M O K V
D H R T Y I B V E B P N E
U M A B D A L X R T H D E
```

130

DREAMS

- ALIENS
- ANIMALS
- CASTLES
- CHASES
- COFFINS
- CROWDS
- EATING
- FANTASY
- FLYING
- FOOTBALL
- IRONING
- MEMORIES
- NAKEDNESS
- SAILING
- SHEEP
- SINKING
- THE FUTURE
- THE PAST
- THE WIFE
- WORK

```
U F O D I E Y P Z K W L J
T H E P A S T H X R I B P
Z Z E L A W S D W O R C Y
M Z Q T B A T H E W I F E
Y G N I K N I S W H G S L
N A S N E I L A T U N N O
F Y F A C M N T Y A I I M
G A C A U A E F K L N F E
N S H N Q L S E L Z O F A
I P A R P S D T K Y R O T
L M S E B N E I L Y I C I
I N E M E M O R I E S N N
A H S S W C K Z S H S W G
S S S H T H E F U T U R E
D A F O O T B A L L A G T
```

131 IN BLACK AND WHITE

- ARCTIC LOON
- CHESSBOARD
- COW
- DICE
- FILM
- ICONS
- LEMUR
- NEGATIVE
- NEWSPAPER
- PANDA
- PELICAN
- PENGUIN
- PIANO KEYS
- PICTURE
- POLICE CAR
- PRINT
- RABBIT
- SKUNK
- TELEVISION
- ZEBRA

```
I G T D A U G F W P O R R
O N O O L C I T C R A A A
Z B P E L I C A N D C U K
E E M P I C T U R E R N R
B U R A X F J A C X U G Q
R O N N W Y O I E K S V R
A W O D M B L V S A J E X
E V Y A S O I S G S P U Q
M A H S P T N Y L A R N M
W N E A A O H T P L I I T
H H F G C M Y S U C N U I
C W E I B Q W E D T T G B
C N T E L E V I S I O N B
O A G J N M C R W A V E A
W K G S Y E K O N A I P R
```

132 LOSERS

- ALSO-RAN
- BEATEN
- COME LAST
- DEAD DUCK
- DROP OUT
- FAILURE
- FALL SHORT
- FLOP
- FORFEIT
- GET NOWHERE
- GO BANKRUPT
- MISFIRE
- NO-HOPER
- OUTDONE
- PULLED UP
- SECOND BEST
- SEIZE UP
- WASHOUT
- WHITEWASH
- WIPEOUT

```
Y B P H T U O P O R D T E
D E A D D U C K M H S B N
F A L L S H O R T E D E O
F O R F E I T H B A T N D
Q G P Y M T G D S A W L T
G O K U O U N S E A W W U
E B Q R D O K B Q H W P O
T A H E C E Q S I R O T E
N N L E R P L T Z L R S R
O K S S J I E L F V E A U
W R F H O W F Q U I P L L
H U Q H A R I S Z P O E I
E P H S A Q A E I V H M A
R T H P V A U N Y M O O F
E A V G Y P N S G J N C C
```

133 **AFRICAN COUNTRIES**

◊ ALGERIA   ◊ MALI

◊ ANGOLA   ◊ MAURITANIA

◊ BENIN   ◊ MAURITIUS

◊ CHAD   ◊ RWANDA

◊ CONGO   ◊ SIERRA LEONE

◊ EGYPT   ◊ SUDAN

◊ ERITREA   ◊ SWAZILAND

◊ GABON   ◊ TOGO

◊ KENYA   ◊ UGANDA

◊ LIBYA   ◊ ZAMBIA

```
X O G Q R O A W A E A E T
J O R K K N B J V I R N A
J M G E G Y P T N I H O I
O G N O C D J A T N K E B
O Y L F T F T R M U G L M
A A I S A I E D M Y G A A
M T B X R A Z M C Q S R Z
A G Y U Q A D N A W R R W
U G A N D A I I A L S E G
R M U A I N S Z O F I I D
I G H Q E S I R Z S R S S
T C Q B U L N O B A G S E
I K H D A Q I I U W H W D
U A A N I M F C R E J T I
S N D D I J A I R E G L A
```

134 **SCOTLAND**

◊ ABERDEEN   ◊ GRAMPIAN

◊ ABERFELDY   ◊ HAWICK

◊ ANNAN   ◊ ISLAY

◊ ARRAN   ◊ LEWIS

◊ DUNDEE   ◊ LYBSTER

◊ EDINBURGH   ◊ ORKNEY

◊ FIFE   ◊ PERTH

◊ FIRTH OF LORN   ◊ ROYBRIDGE

◊ FORFAR   ◊ SOUND OF SLEAT

◊ GOLSPIE   ◊ TIREE

```
H E K E J L X F S H O R Z
G E I C C S E L O A J C D
R R C P I L E I U H L G N
U I A G S W S Q N L F R U
B T B J I L A A D S O A W
N A E S A L O H O L N M E
I B R Y C Y K G F R W P M
D E F I F B N O S O T I S
E R E H A S H P L Y Q A V
I D L G R T T A E B B N H
W E D G R E Q N A R C Q T
B E Y I A R K N T I J K R
B N F P N R E A A D I H E
R A F R O F K N H G J C P
T H D U N D E E D E Q P V
```

135

FOOT WORK

◊ ANKLE   ◊ INSTEP

◊ ARCH   ◊ NAILS

◊ BARE   ◊ PEDICURE

◊ BONES   ◊ SKIPPING

◊ BUNION   ◊ SOLE

◊ CHIROPODIST   ◊ TALUS

◊ CORN   ◊ TARSAL

◊ CUBOID   ◊ TENDON

◊ DIGIT   ◊ TOES

◊ HEEL   ◊ WALKING

```
S I G K T P E F A H L H S
S G N O W C X B D S E C U
J Q E B J L N S E Y E R L
C S T C A A J L Y T H A A
P U C H I R O P O D I S T
E G B L D S E P T G A V A
T Q S O Y W S E P N Q G R
S E R E I Q N B E I S Q S
N R O C F D W J D K F B A
I B Q C O T K G I L L H L
O U O N V I R P C A Z B Q
Z N H I U G P O U W O Q N
M I J B D I C C R N X E O
Q O M J N D T J E L K N A
H N R G Q Q G S Z P Z H S
```

136

T WORDS

◊ TABLE   ◊ TENSILE

◊ TACKY   ◊ THATCHED

◊ TAGGED   ◊ TIPTOE

◊ TAHITI   ◊ TOASTING

◊ TASSEL   ◊ TOXIC

◊ TATTY   ◊ TRANCE

◊ TAUGHT   ◊ TRICKLE

◊ TEETHING   ◊ TROJAN

◊ TEMPERANCE   ◊ TWELFTH

◊ TENDERNESS   ◊ TWOSOME

```
T K H J P T H K O W U L D
T E M P E R A N C E T N E
Q C I X O T R D L W A R K
A T E N D E R N E S S N C
T W O S O M E L B Z S R C
V U G A N Q F E L X E E T
T G B P S T O Y R I L E L
R Y T Q H T Q P T I E U I
I B H C P B I R S T T N T
C T A I P D A N H E A H I
K A T S B N E I G J G T H
L C C A C T N F O U G M A
E K H E B G B R A W E R T
G Y E C N L T T A D D T M
H V D S Z M E B Q T F D Y
```

70

137   THINGS WE LOVE

- ◊ ADVENT CALENDARS
- ◊ BUBBLE BATH
- ◊ CAROLS
- ◊ DANCING
- ◊ DIAMONDS
- ◊ GOOD FOOD
- ◊ GRANDPA
- ◊ GRANNY
- ◊ HOTDOGS
- ◊ INCENSE
- ◊ OLD FILMS
- ◊ POETRY
- ◊ SEASIDE
- ◊ SINGING
- ◊ STORIES
- ◊ SURPRISES
- ◊ SWEETS
- ◊ SWIMMING
- ◊ TELEVISION
- ◊ WALKING

```
Y A C E P G S B V G P D P
R D A D W D N L N R Y C V
T V R I I X E I R A I U O
E E O S S A G G C N G J L
O N L A N N M W Y N D W D
P T S E I S E O I Y A R F
S C M S V S E M N L E D I
U A O Y N I M I K D X Q L
R L Z E R I S I R Y S Q M
P E C D W E N I B O Q O S
R N E S M G S G O D T O H
I D S W E E T S L N J S U
S A A U W K G R A N D P A
E R A V G O O D F O O D G
S S I B U B B L E B A T H
```

138   COSTUME PARTY

- ◊ ALADDIN
- ◊ BATMAN
- ◊ CAVEMAN
- ◊ COWBOY
- ◊ ELF
- ◊ FAIRY
- ◊ GHOST
- ◊ GORILLA
- ◊ HIPPY
- ◊ KNIGHT
- ◊ MR SPOCK
- ◊ MUMMY
- ◊ PIRATE
- ◊ SANTA
- ◊ SPIDER-MAN
- ◊ TEDDY BEAR
- ◊ TURKEY
- ◊ VIKING
- ◊ WITCH
- ◊ WONDER WOMAN

```
X X M R A E B Y D D E T J
T Y A B A L A D D I N N X
B A T M A N D V N J R A U
T V N C E S M Y P W R M R
H S A G H P R K P O A E D
G M S E R I V C S N R V J
I U D G A D P O F D R A T
N M X F V E P P A E D C H
K M G O I R A S Y R T Y F
C Y H T K M L R L W Y E P
T K O T I A L M R O N K I
E D S D N N I C B M L R R
J L T D G D R W C A N U A
O U F B G S O M L N G T T
H C T I W C G H B J N W E
```

139

◊ CAESAR

◊ CELERY

◊ CHEESE

◊ CHICORY

◊ COLESLAW

◊ CRESS

◊ CROUTON

◊ FENNEL

◊ HERBS

◊ NICOISE

◊ OLIVE

◊ PEAS

◊ POTATO

◊ RADISH

◊ ROCKET

◊ SPRING ONION

◊ SWEETCORN

◊ TOMATO

◊ WALDORF

◊ WALNUTS

```
R V F P I N H R K C U Y E
C H E E S E A F R O R F V
R A H Y N S U O C E P H A
S Y L H E N U R L L E J Z
P D Z A I T E E D R A H C
R W C F O S C L B L F H Z
I X V N S O H S K R I G E
N I W A L S E L O C T F H
G B P I I T O D O Y E O U
O O V D C F L R E I K T A
N E A X Z A Y B I L C A F
I R C X W T O M A T O T M
O S T U N L A W R E R O E
N I C O I S E N T T B P L
F R N R O C T E E W S D B
```

140

◊ BALLS

◊ CABLE

◊ CHAIN

◊ CHUNKY

◊ COLLAR

◊ GAUGE

◊ INTERLACE

◊ NEEDLE

◊ NYLON

◊ PASS OVER

◊ PICOT

◊ PURL

◊ REPEAT

◊ SHAWL

◊ SIZES

◊ SLIP ONE

◊ SPOOL

◊ TWO-PLY

◊ WOOL

◊ YARNS

```
S P G L C D G P Q Y E Y T
L V R T F O Z P G A C H O
I U S H A W L G N I A H C
P U T G V S N L D S L B R
O I V W A U D O A Y R K P
N X C V T U T J L R E S I
E W Q O S X G L F Y T S L
I S S K T P F E S R N J U
Y B I U A F T Q J P I X T
L W B Z C A Y E K K O N M
P O I A E S C A B L E O S
O O B P L S I D R C W J L
W L E U E L D E E N O E G
T R E V O S S A P M S Y L
R I F P Y K N U H C S H G
```

141 NEWSPAPER NAMES

- ◊ ADVERTISER
- ◊ ARGUS
- ◊ COURIER
- ◊ ECHO
- ◊ HERALD
- ◊ INDEPENDENT
- ◊ JOURNAL
- ◊ MAIL
- ◊ MERCURY
- ◊ POST
- ◊ PRESS
- ◊ RECORD
- ◊ SKETCH
- ◊ SPORT
- ◊ STANDARD
- ◊ STAR
- ◊ TELEGRAPH
- ◊ TIMES
- ◊ VOICE
- ◊ WORKER

```
T I Y O I B L O S W Z F W
M V E L M G H U Z J H R J
P O S T Z C G V X E E S G
A U U Q E R O Q R S E T B
A J Y Z A I Q A I M T O V
W L P H C M L T I A P A M
M A R E L D R T T S M A R
T N E D N E P E D N I S I
J R S C V J L J C L D T G
S U S D O E X O R O D A S
K O A T G U I N Z K R N P
E J V R W O R K E R L D O
T X A C T V J I V R A A R
C P Y Y R U C R E M M R T
H C G L H Y E Y Q R B D X
```

142 MONOPOLY BOARD

- ◊ ADVANCE
- ◊ BIRTHDAY
- ◊ BOOT
- ◊ BROWN
- ◊ DICE
- ◊ DOCTOR'S FEES
- ◊ DOG
- ◊ FREE PARKING
- ◊ GREEN
- ◊ HOUSES
- ◊ INHERIT
- ◊ IRON
- ◊ JAIL
- ◊ MONEY
- ◊ PINK
- ◊ RED
- ◊ RENT
- ◊ SHIP
- ◊ TITLE DEEDS
- ◊ TOP HAT

```
N E G N I K R A P E E R F
T L P V P V U F Y L T Y Y
I I D I C E P A P D K Q E
T U N U L F D R K I E P Q
L K W F G H L I A J H R M
E D O C T O R S F E E S E
D W V R B I X B V E N E C
E W I R K E N I S T D I N
E B U Y P T N H U L C Y A
D O G M E N O N E L Z A V
S G B D O U O P M R R Y D
S U R R S N T X H O I R A
R G I E O O E M G A N T I
W V S N E W A Y J O T U E
S V A T K N N I B O O T D
```

143

- ◊ APPLE PIE
- ◊ BAKED ALASKA
- ◊ BAKED RICE
- ◊ BROWNIES
- ◊ CARAMEL
- ◊ CHARLOTTE RUSSE
- ◊ COOKIES
- ◊ CREAM PUFF
- ◊ CUSTARD TART
- ◊ ECLAIR
- ◊ ICE CREAM
- ◊ MERINGUE
- ◊ MINCE PIE
- ◊ MOUSSE
- ◊ PAVLOVA
- ◊ PLUM DUFF
- ◊ RHUBARB PIE
- ◊ SHORTCAKE
- ◊ SUNDAE
- ◊ TIRAMISU

```
C U A K S A L A D E K A B
H R S C R E A M P U F F I
A T I I Y M I N C E P I E
R S R A M C J M C B A P W
L E R A L A W I G Q S L S
O I I O T C R K Z U M U E
T P T C Z D E I N T E M I
T B K D E C R D T V R D N
E R H K S C A A O I I U W
R A A B C E R R T W N F O
U B M O U S S E A S G F R
S U P A V L O V A M U K B
S H O R T C A K E M E C U
E R E I P E L P P A K L F
C O C O O K I E S V A T W
```

144

US STATES

- ◊ ALABAMA
- ◊ ALASKA
- ◊ CALIFORNIA
- ◊ FLORIDA
- ◊ HAWAII
- ◊ IDAHO
- ◊ INDIANA
- ◊ IOWA
- ◊ KANSAS
- ◊ LOUISIANA
- ◊ MAINE
- ◊ MONTANA
- ◊ NEVADA
- ◊ NEW MEXICO
- ◊ NORTH DAKOTA
- ◊ OHIO
- ◊ OREGON
- ◊ TEXAS
- ◊ UTAH
- ◊ WYOMING

```
O Q B S B C T X K M H S V
G L E M E A I D A H O W I
N N N Y D Y N I L H J I Y
S E I O R T N A K S A L A
A A V M R E E J I W A A Y
I R S A O T P X A D A W Q
G H J N D Y H H A R N X A
W Y W M A A W D B S A I M
I I O W A K D N A C T E A
O I H O H J X I L K N F B
R A F L C X L T R W O D A
E N E W M E X I C O M T L
G X A N A I S I U O L H A
O C A L I F O R N I A F I
N E O T A T E T U T A H E
```

145 CURTAINS

- BLACKOUT
- BLINDS
- CLOSED
- COTTON
- FABRIC
- FITTINGS
- FRILL
- HOOKS
- LACE
- LINED
- MATERIAL
- NETS
- POLYESTER
- PORTIERE
- SAFETY
- SINGLE
- STAGE
- TRACK
- VELVET
- WINDOW

```
X N K L A I R E T A M C A
X W W W E Q J V A T Q O U
R X I P F S F R I L L T J
E H N R C I R B A F S T K
T S D E L G N I S S T O P
S R O O R Y X P N T H N M
E O W M G E L U W W A N T
Y U N L K F I T T I N G S
L J Y C H S N T Z N F T E
O X A O D P E W R S U E S
P R O N L U D F B O N V T
T K I C L O S E D X P L E
S L E N E I C R L A C E N
B L A C K O U T T R R V I
I F S A F E T Y P M T O D
```

146 VEGETABLES

- ASPARAGUS
- BEET
- CAPSICUM
- CHILLI
- CORN
- CRESS
- EGGPLANT
- FENNEL
- GARLIC
- GREENS
- KALE
- LADIES' FINGERS
- LEEK
- LETTUCE
- MARROWFAT PEA
- OKRA
- PEA BEAN
- SOY
- SWEDE
- YAM

```
M W B Z D M S I W A Y L S
M A C E A S L N R O C R D
A A R X E L A K S W E X R
Q S Y R I T O M T G L F A
E U C H O O T Z N S E N E
G G C M L W W I N E E A H
G A R L I C F T B D K E H
P R G I X S M A E C A B M
L A Q I E D T W T A S A K
A P W I Z U S F S P N E O
N S D W V Q U E K S E P A
T A Y A N U G N I I E A G
L E T T U C E N U C R D G
K W M E G Q O E L U G A F
I J B N J K X L B M I E X
```

147 HERALDIC TERMS

◊ ARMS   ◊ LION

◊ BADGE   ◊ LOZENGE

◊ BLAZON   ◊ MANTLING

◊ CANTON   ◊ ORLE

◊ CHARGE   ◊ PHOENIX

◊ CHEVRON   ◊ QUATREFOIL

◊ DISPLAYED   ◊ SEME

◊ EAGLE   ◊ STATANT

◊ HELMET   ◊ UNDEE

◊ IMPALE   ◊ WIVERN

```
W N V G S M S F G Y E R E
M Z O J P A Y Z Q A M E H
V U V Z P N N I G D E Y S
T N A T A T S X P K S M E
P D I S P L A Y E D R C W
Q H G Q L I B T C A I I H
E U O B D N Y H L M V E E
U G A E R G E W P E L G B
N X D T N V J A R M N C U
O Y R A R I L N E E W H F
T Z B O B E X T Z P U A R
N E N O Q A F O N N K R X
A T R R Q G L O D O Z G S
C E N L N L Z E I O I E P
Z M A E Y E E D X L G L S
```

148 WARM WORDS

◊ BLANKETS   ◊ HEATWAVE

◊ COAL   ◊ INSULATE

◊ COVER   ◊ KEROSENE

◊ ELECTRICITY   ◊ LUKEWARM

◊ FEVERISH   ◊ PARAFFIN

◊ FLUSHED   ◊ PASSION

◊ GAS   ◊ RADIATE

◊ GENIAL   ◊ SUNNY

◊ GLOWING   ◊ TEPID

◊ HEATING   ◊ WRAPPED UP

```
P P E M R R T Y Z N S D S
U D F E I L N E R A I U T
D E L N B N A R C P S B E
E Z U E U C Q I E L E Y K
P A S S I O N T N V S T N
P S H O V A M A A E O I A
A V E R G L O W I N G C L
R P D E R B T K N Q L I B
W A Z K C A V W S N Q R Z
S R O D E A D N U I U T N
U A I H I Z Z I L T R C R
P F G L U K E W A R M E W
R F V K I P C K T T W L L
K I V G N I T A E H E E O
I N X U N F E V E R I S H
```

149

FRIENDLY WORDS

- ACQUAINTANCE
- ADVOCATE
- ALLY
- ALTER EGO
- AMIGO
- ASSOCIATE
- BROTHER
- BUDDY
- CHAMPION
- COHORT
- COMPEER
- COMRADE
- FELLOW
- LOVER
- LOYALIST
- PAL
- PARTNER
- PLAYMATE
- SIDEKICK
- SISTER

```
A A F Y U M J W T K X Y D
J S I D L M P O Z C N D Z
F E S M E L L L P I O D I
J C Q O J I A L D K I U N
K N S B C D Y E B E P B X
T A G I N I M F C D M R O
S T Y E S Z A P Z I A E G
I N L R H T T T F S H N E
L I T O E K E H E E C T R
A A P R V H L R D H A R E
Y U H U O E T A C C C A T
O Q D T F H R O O G M P L
L C L H J M O V R I J R A
Z A L Y O Q D C G B O H E
P I V C P A C O M P E E R
```

150

COMMOTION

- BALLYHOO
- CHAOS
- DISTURBANCE
- FLURRY
- FRENZY
- FUSS
- GARBOIL
- HOO-HA
- RIOT
- ROW
- RUMPUS
- SPLASH
- STIR
- STORM
- TO-DO
- TUMULT
- TURMOIL
- UPROAR
- WHIRL
- WILDNESS

```
T I I U M H P G M A X X T
L W H I R L A S Q O D M W
U L Q O D Y H O T Y Y L Y
M P T U R M O I L I R C L
U U R Z H H O O Q V R A H
T H I O Y U H B B U U O G
C B Q L A S S E N D L I W
Y T L Y J R P D U T F Y V
G A R B O I L L G G Z H A
B D I S T U R B A N C E H
P R D X A N J S E S O H T
R U M P U S O R N D H A T
X X E P S A F T O J Q O S
S R P U H C B T T R I P K
B U F C S T O R M R S N V
```

151

◊ RAINBOW
◊ RIBBON
◊ RAJAH
◊ RIDGE
◊ RALLY
◊ RIDING
◊ RAZOR
◊ RIFLE
◊ REFEREE
◊ RIGOROUS
◊ RELAX
◊ RINGLEADER
◊ RENOIR
◊ RISKY
◊ REVERENCE
◊ RIVET
◊ REVOLVER
◊ RIVIERA
◊ RHODIUM
◊ RODENTICIDE

```
R J H S P R P H E E Q A R
Y T J J O R A L L Y R F G
Y K S I R J F I R D N N E
S Q A R A I N B O W I E R
I H F R R E L U G R R V O
R R E V E R E N C E Z M D
I I O O W I I O F V Y R E
N M O R Q D V E K L R G N
G E T N I X R I O O L N T
L G E R E G A V R V I O I
E D V F X R O L H E S B C
A I I F K D I R E R A B I
D R R O Z A R S O R D I D
E F R Q R H O D I U M R E
R T M R H Z Y M I V S D R
```

152

SLOT MACHINE

◊ ARCADE
◊ LEVER
◊ BARS
◊ NUDGE
◊ BELLS
◊ ORANGE
◊ CANCEL
◊ PAYOUT
◊ CHERRIES
◊ PLUMS
◊ COLLECT
◊ REPEAT
◊ CREDITS
◊ SLOT
◊ FEATURES
◊ START
◊ FRUITS
◊ WINDOW
◊ LEMONS
◊ WINNING

```
T E S P S E R U T A E F A
O O L G X S L P H C S D L
G S L S D C L Q D E T L D
P P R S R M H L Y N I E O
P A A M P E S E E I U C R
B I Y N D W P T R B R N A
K X N O O N Q E I R F A N
C U N D U P U A A D I C G
B R N P E T P D R T E E E
L I S T A R T L G C S R S
W I N N I N G E U E A J C
J X O F F H P V D M I D E
G P M C O L L E C T S L E
Y X E Q N S F R B P E C U
A V L Y I O I M O I B A Y
```

153   CITRUS FRUITS

◊ CLEMENTINE   ◊ OROBLANCO

◊ KEY LIME   ◊ ORTANIQUE

◊ KINNOW   ◊ POMELO

◊ KIYOMI   ◊ PONCIRUS

◊ KUMQUAT   ◊ PONKAN

◊ LARAHA   ◊ SATSUMA

◊ LEMON   ◊ SHADDOCK

◊ MANDARIN   ◊ SUDACHI

◊ MINNEOLA   ◊ TANGOR

◊ ORANGE   ◊ UGLI

```
C S C E N I T N E M E L C
R U N W S H A D D O C K I
O R E Z E K B W C Z O L H
G I M I N N E O L A G N R
N C L O I H C A D U S I Q
A N P A N R S X K V M R E
T O X O R R T O E O O A U
I P M F N A W T Y T R D Q
J E N E U K H I L T O N I
L Z C Q G I K A I P B A N
X C M L X N Y K M O L M A
C U L X P N A H E M A N T
K K J S C O F R A E N T R
Z B B I F W Y S O L C T O
A M U S T A S M A O O M D
```

154   FAMOUS NEW ZEALANDERS

◊ ALDA   ◊ HUDSON

◊ ALLEY   ◊ MACDIARMID

◊ ATACK   ◊ MANSFIELD

◊ BATTEN   ◊ MURDOCH

◊ BOWEN   ◊ NATHAN

◊ BRITTEN   ◊ PARK

◊ BUCK   ◊ PEARSE

◊ BURCHFIELD   ◊ TINSLEY

◊ FRAME   ◊ UPHAM

◊ GILLIES   ◊ WAKE

```
I T B M F B C B S H Y P G
A L D A H R H V J U E E I
I Y W J T I A C P J L A L
P L P U I T L M O X L R L
A T A C K T E J E D A S I
D I R M J E L N I T R E E
L N K A D N Z M S W F U S
E S C H D I R I B S A R M
I L U P N A H T A N J K E
F E B U I B W W G C C D E
S Y W D O L E X N K L Z S
N R C W N O S D U H L Q Q
A A E Q S N O D R C L X Q
M N Y D D Z E X P Q I V J
H D L E I F H C R U B F R
```

155 WALES

- ANGLESEY
- BRECON BEACONS
- CARDIFF
- CARDIGAN
- COLWYN BAY
- DOLGELLAU
- EBBW VALE
- GWYNEDD
- LAMPETER
- NEWPORT
- POWYS
- RHYL
- SNOWDON
- ST DAVIDS HEAD
- ST GOVANS HEAD
- SWANSEA
- TAFF
- TINTERN
- USK
- WREXHAM

```
D A E H S N A V O G T S I
B C K I L R M D O V Y Z N
R I A T N E W P O R T C T
E U X R E T E P M A L O U
C B L E D N W X S S M L Y
O A B Y I I A E S N A W S
N D G W H T G Y S O H Y A
B G W Y V R A A M W X N N
E W Q W H A P P N D E B G
A Y T A K M L T F O R A L
C N N Q S L A E P N W Y E
O E L T U F G H P O W Y S
N D B F F I D R A C Y D E
S D U A L L E G L O D Y Y
D A E H S D I V A D T S R
```

156 SETTING A TABLE

- BREAD
- CARVING DISH
- DESSERT BOWL
- DESSERT PLATE
- FLOWERS
- FORK
- GRAVY BOAT
- KETCHUP
- LADLE
- LAZY SUSAN
- MUSTARD
- NAPKIN
- PEPPER
- PLACE MAT
- SOUP BOWL
- TEASPOON
- TUREEN
- WATER JUG
- WINE BOTTLE
- WINE GLASS

```
T A M E C A L P K F S W T
C L J R L B K X E L O A C
N A N G E D O V T O U T F
D D R O R P A V C W P E X
E E I V O A P L H E B R C
S S W D I P V E U R O J O
S S I D S N S Y P S W U L
E E N Q S I G A B T L G A
R R E T A K B D E O H K Z
T T B U L P C R I T A A Y
P B O R G A B A U S G T S
L O T E E N I T P A H F U
A W T E N A R S C O O S S
T L L N I M D U P R N G A
E V E N W P H M K A Z Q N
```

157 TRADEMARKS

- ◊ BAND AID
- ◊ NICHROME
- ◊ BENNIE
- ◊ ORLON
- ◊ COLT
- ◊ PARCHEESI
- ◊ HOOVER
- ◊ PEPTO-BISMAL
- ◊ INVAR
- ◊ PLEXIGLAS
- ◊ LILO
- ◊ SILEX
- ◊ LOAFER
- ◊ SPAM
- ◊ MAALOX
- ◊ TUMS
- ◊ MAGIC MARKER
- ◊ VELCRO
- ◊ MASONITE
- ◊ XEROX

```
Z Y Y Z S D T Z K D H I Q
L O A F E R P M I I L Q N
O X E R O L L M R A V N I
G R E L S G E A M D T I K
M C C I J I X S O N L C A
T A L L N S I O Q A O H E
G E G N E B G N I B C R O
X Q E I O V L I Z R T O R
T B N T C I A T Q R E M L
J U P B R M S E E L Z E O
E E M V R G A V X H I M N
P S S S F W O R V E U L M
R O U W Q O E G K I R A O
P A R C H E E S I E P O F
W U X O L A A M H S R T X
```

158 SCHOOLDAYS

- ◊ ARITHMETIC
- ◊ MARK
- ◊ BUNSEN BURNER
- ◊ MATHEMATICS
- ◊ CALCULATOR
- ◊ OUTING
- ◊ CLASS
- ◊ READING
- ◊ CORRIDOR
- ◊ SCHOOLBAG
- ◊ ESSAY
- ◊ STAFF
- ◊ GREEK
- ◊ SWOT
- ◊ GYM
- ◊ TEST
- ◊ HALL
- ◊ TIE
- ◊ LATIN
- ◊ TRUANT

```
Z B M T L O L K J G Y M M
K M S C U H M W T A P R L
A E H T A V J O Q Q E E N
T L I L R L W U Q N P I Q
G N L V I S C T R L T S J
G T W W T S K U A A W S B
N R U B H F B K L Y D A E
I U J Z M N S R E A G L C
D A Y Q E G T Z E E T C O
A N C S T T A A S S R O R
E T N K I I F E S R N G R
R U R C C E F B A Q O N I
B A P W V B O J Y M W Q D
M A T H E M A T I C S B O
G A B L O O H C S W U U R
```

159

◊ BANNER
◊ BENCH
◊ CHANTING
◊ FANS
◊ FLAGS
◊ GOALS
◊ GROUND
◊ MASCOTS
◊ PASSING
◊ REFEREE

◊ SCARVES
◊ SCORING
◊ SIDES
◊ SINGING
◊ STRIP
◊ TACKLE
◊ TEAMS
◊ TURF
◊ TURNSTILE
◊ YELLOW CARD

```
E F J T Y B X D P S K S L
L R Z G I M N F I I G F C
I U B E N U A D G A R X U
T T E O W I E S L O L T Y
S S N L U S S F C F A N S
N V C H K D V S H O P L E
R Z H A N C S M A E T T S
U Q Y U R F A B N P D S J
T U O F V V A T T J I S G
G R Z N U N E F I Z D I N
G H J P N P A S N K U N I
C H V E S D G M G J B G R
O B R M Q R U W N C A I O
S Y E L L O W C A R D N C
D A N R E F E R E E Q G S
```

160

MADE OF PAPER

◊ BAGS
◊ BILL
◊ BOOK
◊ CALENDAR
◊ CONFETTI
◊ DOCUMENT
◊ EGG BOX
◊ FILTER
◊ FLOWER
◊ GIFT TAG

◊ KITE
◊ LABEL
◊ LEAFLET
◊ MAGAZINE
◊ MAP
◊ MONEY
◊ NAPKIN
◊ PLANE
◊ POSTCARD
◊ SACK

```
P E S Y N I W Y L T G B S
A N V X L D Q I W L E Y V
M I L E A F L E T U I C J
V Z B R A D N E L A C B R
U A K L S C Q L M U T V Y
L G I P F B D B Y N U S E
G A T X O B G G E E G E B
N M E O G N I M O A N C P
B F K W A F U R B A R O P
R G B P T C T F L E S N M
F Q K T O K E P T T P F E
G I A D F I C L C S G E C
N G P Q W X I A G P O T Q
R E W O L F R Z S O F T L
V O J K R D Q Z Y P Z I P
```

161

COLLECTIBLES

- BOOKS
- CAMEOS
- COINS
- COMICS
- DOLLS
- FANS
- FLAGS
- KEY RINGS
- LUCKY CHARMS
- MEDALS
- MUGS
- PISTOLS
- POTTERY
- RECORDS
- SHELLS
- STAMPS
- THIMBLES
- TOYS
- VASES
- WATCHES

```
S V S K S M F U J P Y X F
K T S D U M C N B T S W K
O E A L R T P O T T E R Y
O Q Y M L O H I R C S L T
B I A R P O C I S F A G H
B C P S I S D E M T V Q B
M O W O C N I Q R B O L S
F E A E M T G W A X L L I
S R D M S U F S H W R E S
F Y D A L Z G Y C A V K S
L A O C L R C S Y T Z K S
A G N T E S O E K C N O U
G L M S H N I V C H O M M
S I U K S M N U U E G S T
S C I M O C S X L S U S A
```

162

JOBS

- ACTRESS
- AUTHOR
- BOSUN
- BOXER
- BUYER
- CHEF
- CLOWN
- COOK
- FINANCIER
- JUDGE
- MACHINIST
- MAID
- MASON
- MILLER
- RABBI
- REFEREE
- SCULPTOR
- TRAINER
- USHER
- VET

```
L L F H T R A I N E R R W
J U D G E U E F B D C B O
S M H V T P U F N V V Y T
S S E H J R U Q E O Y X P
E T O K K F G N L R Q H T
R R P A E M Y N E T E Q S
T A D H E K O X R A Z E I
C B C N U S O B N I Q I N
A B T I A B C V J B Q W I
P I B M S F R U C O O K H
B K R B I B M I L L E R C
U S H E R M M F C P G Q A
Y F I N A N C I E R T N M
E D O I I F U T M J E O D
R K D O N S D X D W L C R
```

163

- ◊ BLUE VINNEY
- ◊ BOCCONCINI
- ◊ BRIE
- ◊ CABECOU
- ◊ CHEDDAR
- ◊ COTTAGE
- ◊ DOLCELATTE
- ◊ EDAM
- ◊ EMMENTAL
- ◊ FETA
- ◊ GOUDA
- ◊ GRABETTO
- ◊ LIMBURGER
- ◊ MASCARPONE
- ◊ NEUFCHATEL
- ◊ PARMESAN
- ◊ QUARK
- ◊ TILSIT
- ◊ WENSLEYDALE
- ◊ WOODSIDE

```
B P E L A D Y E L S N E W
L C P Q H G O U D A R E O
U M A S C A R P O N E I O
E M M E N T A L U I T R D
V B S L G X O O D E I B S
I O N E R A C J V D L H I
N C E T A E T E I A S L D
N C U T B P G T U M I R E
E O F A E R A R O F T B H
Y N C L T B A R U C E U T
N C H E T K P D M B X T Z
K I A C O N R S D E M D A
G N T L I E D A F E S I C
Z I E O D R R J U D H A L
Y D L D L K J U N Q P C N
```

164

- ◊ AGGEDOR
- ◊ BALROG
- ◊ FAFNER
- ◊ FASOLT
- ◊ FENDAHL
- ◊ GODZILLA
- ◊ GRETTIR
- ◊ HYDRA
- ◊ KING KONG
- ◊ KRAKEN
- ◊ MACRA
- ◊ MEDUSA
- ◊ MINOTAUR
- ◊ NAZGUL
- ◊ SHELOB
- ◊ SHOGGOTH
- ◊ SLEIPNIR
- ◊ SMAUG
- ◊ TETRAPS
- ◊ THE THING

```
F Y I B E J A Y X L C F L
A B X B O R E N F A F Z U
S K K K O L I S R G C V G
O L Y R E O E L M D E R Z
L G N I H T E H T A I H A
T H T O G G O H S N U R N
A L L I Z D O G P B S G K
R K R S J P J I A F M F I
A S U D E M E L R N O O N
G X A V D L R I T T E R G
G Y T M S O H V E G Q C K
E Q O A G L D Y T P H M O
D I N C Y L H A D N E F N
O C I R V N E K A R K T G
R X M A C K H C I Q A Q S
```

165   MAKING MOVIES

- ANIMATOR
- BEST BOY
- BUYER
- CABLEMAN
- CAMERAMAN
- CLAPPER BOY
- COSTUMER
- CUTTER
- DIRECTOR
- DOLLY GRIP
- FOCUS-PULLER
- KEY GRIP
- LOADER
- PROPS MAN
- READER
- RECORDIST
- SCENIC ARTIST
- SOUND MANAGER
- STAND-IN
- STUNTMAN

```
S N F O C U S P U L L E R
T O A R E M U T S O C K M
U R U M X R O T A M I N A
N E C N A H T N F N Z E S
T T P L D R T H T I D D C
M T I N A M E L B A C I E
A U R D A P A M T R Q R N
N C G B K M P N A Q P E I
B U Y E R E S E A C W C C
L T L S R P Y P R G L T A
O Z L T Z E T G O B E O R
A N O B K Z D D R R O R T
D A D O F Y V A J I P Y I
E Y I Y E T X O E U P E S
R T S I D R O C E R E D T
```

166   RELIGIONS

- ANGLICAN
- BAHAI
- BUDDHISM
- EPISCOPAL
- HINDU
- ISLAM
- JAIN
- JUDAISM
- LUTHERAN
- METHODIST
- MORMON
- PARSI
- PROTESTANT
- QUAKER
- ROMAN CATHOLIC
- SHINTO
- SIKHISM
- TAOISM
- UNITARIAN
- WESLEYAN

```
P K M C R B N U W O C Q X
C T D E N N O D V C S A R
I L M J T S M N F V I E I
L S M U N H R I L R K P I
O H L D N Z O H L A H I A
H I P A P A M D U H I S H
T N R I M A R Q I W S C A
A T O S V A R E E S M O B
C O T M F L N S H K T P Y
N P E O T W L G P T G A X
A A S T N E L B L A U L D
M R T I Y J A D O I R L V
O S A A M S I O A T C S I
R J N M S I H D D U B A I
T Z T A U N I T A R I A N
```

167 GREEN THINGS

- APPLE
- BEANS
- BOTTLE
- CABBAGE
- CAULIFLOWER
- EMERALD
- ENVY
- GRASS
- GREENGAGE
- JADE
- JEALOUSY
- LEAVES
- LETTUCE
- MINT
- OLIVE
- PEAS
- PERIDOT
- SAGE
- SPINACH
- TURF

```
K E G A G N E E R G Y N T
O W I A E G V T S H I R U
F L V N A I C S N A E B R
L N U B L P G F V I L Q F
Q J B O E F E Z Q Y M Z T
J A A E B D L A R E M E Y
C Q F D U S L B S L G M T
Y V N E E D V F Y C R C O
S R E W O L F I L U A C D
E L E T T U C E K P S X I
V E B C D V M H P T S X R
A B P D U E Q L E H R Q E
E B O T T L E J G V T X P
L H C A N I P S A Y M P K
K M J E A L O U S Y O N L
```

168 HORSES

- ARABIAN
- ARDENNES
- ASTURIAN
- BALUCHI
- BHIRUM PONY
- DUTCH DRAFT
- HANOVERIAN
- IOMUD
- KAZAKH
- LATVIAN
- LOSINO
- MISAKI
- MIYAKO
- MORGAN
- MOYLE
- MUSTANG
- NORDLAND
- OLDENBURG
- SHETLAND PONY
- SHIRE

```
O N I S O L B E P A F W H
P Y S K P Z L Q S F N A K
G R H N A Y K T D K A G A
I M E V O S U R U J I R Z
B I T M A R I K T P B U A
H Y L E I C S M C B A B K
I A A A F R E I H A R N T
R K N N P N N O D L A E F
U O D O O G N M R U A D M
M S P O V R E U A C M L O
P G O N C E D D F H K O R
O A N I R L R L T I K B G
N U Y I B C A I A C I R A
Y C H O M U S T A N G A N
P S E L A T V I A N D D M
```

169 WILD FLOWERS

- ANEMONE
- ARUM
- BETONY
- FLAG
- FLEABANE
- HENBANE
- HOP
- IRIS
- IVY
- LADY'S SLIPPER
- LILY
- OXLIP
- PANSY
- PINK
- ROSE
- STOCK
- TARE
- VIOLET
- WILLOWHERB
- WOAD

```
V E K N I P O F W Y Y J D
H E N B A N E J P F L A G
O H O R R N C G K V V I O
X X U G M O E R J F V M L
W M L Y T A S M G Y P G E
I O T I I V J E O A O F H
L S A M P H S J N N H L M
L I R D J Z Q S G V E E U
O R E U U G Y Z I J T A U
W I B Y X G I O J A H B G
H R E P P I L S S Y D A L
E F T E H E E Q T W S N A
R T O W T D M K N O L E A
B O N U L M D E Z X C Y J
L W Y P O E E B Z S Z K V
```

170 'END' AT THE END

- APPREHEND
- ATTEND
- CONTEND
- DEPEND
- DESCEND
- DIVIDEND
- EXTEND
- FIEND
- GODSEND
- INTEND
- LEGEND
- OFFEND
- PRETEND
- REVEREND
- STIPEND
- SUSPEND
- TRANSCEND
- TREND
- UNBEND
- UPEND

```
K F U D D E Y W G I S E D
B D I M N N X D C D D T N
S X J E W E E T I N N Z E
T S A U N S P R E R Y T T
I A N P C D D E T N R G N
P D N E P S U S D A D O O
E Q N J E R M L N I C D C
N D E V G E E S D N N S D
D N E P U V C H N T N E N
N F V Q O E U Q E E L N E
E E A Z N R G K T N X D T
G Q T D L E F O T D D H E
E D N E B N U I A P V P R
L I N G I D O F F E N D P
W X T W D N E D I V I D C
```

171

G WORDS

- GADGET
- GLUTTON
- GAIT
- GODDESSES
- GANTRY
- GOVERNESS
- GASPING
- GREEDY
- GECKO
- GRIMY
- GEESE
- GROOM
- GERM
- GROUNDSEL
- GIANT
- GRUNTED
- GIFT
- GURU
- GLUE
- GYPSY

```
E S E E G F G R O O M Q C
U G W N O H A P M Y R O L
I G Y M V G D Y S N C N Q
O L M R E G R P T R N M L
E U L G R T Y E N F O T M
W T W L N G G T E G G A G
G T Y A E A U K H D I U D
Z O G O S S O G G R Y F E
F N D P S K D G I D M Y T
E E I D C H A N S A M W N
P N Q E E I L G U I N J U
G D G U T S N O R O B T R
U R U G B X S G H D R A G
C E Y U C I B E Y B X G L
Z D T E G D A G S W K W R
```

172

OPERA COMPOSERS

- BERLIOZ
- MASCAGNI
- BIZET
- MOZART
- BORODIN
- PROKOFIEV
- BRITTEN
- PUCCINI
- DONIZETTI
- PURCELL
- GIORDANO
- SMETANA
- GLUCK
- STRAUSS
- GOUNOD
- TCHAIKOVSKY
- HANDEL
- VERDI
- HUMPERDINCK
- WAGNER

```
I I N I C C U P G H L T B
M A S C A G N I A L M X U
G O U N O D Z N E K U L O
P U U Q B O D C C C O C Y
U V I Z I E R H O N A U K
C S J L L U H G A I C I S
V T R D P B N D M D D T V
R E E F G V R B N R U T O
B X I Z Z O O Z E E T E K
W T G F I R Q V T P R Z I
N A C G O B Q M T M A I A
Z V G D L K N F I U Z N H
H S I N C X O N R H O O C
A N A T E M S R B P M D T
Q S S U A R T S P G Q Z F
```

INTERNET

- ADMINISTRATOR
- ASP
- DOMAIN NAME
- DSL
- E-MAIL
- FLASH
- GIF
- HTML
- ISDN
- ISP
- NETIZEN
- ONLINE TRADING
- POP
- RSS
- SPIDER
- TROLL
- UNIX
- VIRUS
- WEB BOT
- WI-FI

```
S P P Y H B R M W G A U X
H K S S E V O R I M S Z N
G E A U P O T W S H Z W R
A L M Z S L A U C S L E X
F Q F A D V R D T N D G I
W I F I N I T Z D I M D N
G S C E V N S S P R C V U
W W T U G E I S C I X K L
N E Z I T E N A P P A N W
R B H L J M I J M D O X T
J B D T R A M Y N O U P R
R O D M M I D A A C D Y O
Q T S G D L A P L S T J L
P P L J B Q V B S D F R L
G N I D A R T E N I L N O
```

I WORDS

- IBIS
- ICARUS
- ICENI
- IDIOM
- IDLING
- IGLOO
- IGNATIUS
- ILIAC
- IMAGO
- IMPEL
- INFANTICIDE
- INIQUITY
- INLET
- IODINE
- IOWAN
- IRIDESCENT
- IRISH
- ISLET
- ISOLATED
- ISRAELI

```
I G K P M K I G D I I T I
J I S O L A T E D I Q I G
I N I Q U I T Y S C E I J
B D G P U O E T O E H H P
I S L E T I L N A N K O I
S V I I X S N E L I C I C
I N F A N T I C I D E T A
Y E H I M G I S K N Q A R
I I S Q L E G E I M C Q U
M I I D G E N D I H A S S
A M R I G S A I D G I B R
G P I O I Q T R D F L L W
O E Z W I N I I S O I O Z
I L T A D G U H U I I U O
I T W N U J S F P D T N I
```

175   CARD GAMES

◊ BACCARAT
◊ BEZIQUE
◊ BRIDGE
◊ BUNKO
◊ CANASTA
◊ FAN-TAN
◊ FIVE-CARD DRAW
◊ FOUR SEASONS
◊ FREE CELL
◊ HEARTS

◊ HI-LOW
◊ MISERE
◊ NINE-CARD BRAG
◊ OMBRE
◊ PIQUET
◊ RED DOG
◊ RUMMY
◊ SEVENS
◊ SPIDER
◊ WHIST

```
R T F P V Y D W G N R L P
F W A O I F R E E C E L L
I H N H U Q B Z O N D P V
V I T E W R U M M Y I O C
E S A A O R S E P E P M X
C T N R L T E E T R S B Z
A T C T I C B O A E L R V
R G A S H R A K D S O E H
D O T R I Y G N E I O H O
D D N D A H Y U A M E N P
R D G E M C Q B N S D U S
A E D W A I C X S Z T S F
W R T X Z V W A O L O A O
N I N E C A R D B R A G F
N K B G T L V S N E V E S
```

176   SHIFTY WAYS

◊ BOGUS
◊ CHEAT
◊ CHICANERY
◊ DECEIT
◊ DECEPTION
◊ DELUDE
◊ DODGY
◊ DUPE
◊ FAKERY
◊ FRAUD

◊ HOAX
◊ HUMBUG
◊ PERJURY
◊ PHONEY
◊ PRETEND
◊ SWINDLE
◊ TREACHERY
◊ TREASON
◊ TRICK
◊ TRUMP UP

```
D D M T T M C D F O A M P
Y R E K A F A I E Y I A R
C D E C E I T V R L Y Y Y
H P G U H O M E F Y U G E
I U J N C Y H E R D N D M
C P M U O C G U Q O C O E
A M D B A I J G S G D D X
N U R E U R T A L D T Y A
E R R D E G E P H O N E Y
R T J P R R P R E T E N D
Y T K J T V B F R C F V Q
T R I C K E O K R H E B H
D R E F P U G E A A O D D
S K F U F K U G I N U A V
E L D N I W S W V A K D X
```

177

A WORDS

- ABOUT
- ACETONE
- ADDED
- ADVISE
- AFTERWARDS
- AITCH
- ANNUL
- ASHAMED
- ASHY
- ASTUTE

- ATROPINE
- ATTACK
- ATTENDANCE
- AUGMENTATION
- AUGUST
- AVAIL
- AVOCET
- AWRY
- AXIOM
- AZTEC

```
O L S A L P I V D H Q T X
E J D F X T D E D D A C Y
S H R J W E K C A T T A X
I P A B U C L H D Y K A A
V A W A Z O F E R E A U L
D V R E B V M W C S G G S
A A E B N A A N H U O M Z
R I T A H I A Y S B A E U
A L F S S D P T N E N N R
B B A O N T A O R N N T B
A C O E A C U Z R O U A T
M X T U A I Z T T T L T J
K T I O T V T Z E E A I P
A Y K O W Y V C O C C O X
M Q C H M F H L H A B N N
```

178

ROMAN DEITIES

- AESCULAPIUS
- AURORA
- CERES
- CUPID
- DIANA
- FAUNUS
- FLORA
- HYMEN
- JUNO
- JUPITER

- MARS
- MERCURY
- MORPHEUS
- MORS
- NEPTUNE
- PROSERPINE
- SALUS
- TELLUS
- VENUS
- VESTA

```
N V S H M Q Q M O N D H O
P V E S V V L H O F P N K
S S E N H L A R O R U A U
S A E S U V Y F O J S P L
U R N D T S A S Q A Y S U
I O U A O A E S L R U I I
P L T R J R H U U L O G S
A F P T P S S C L N N U Y
L R E I L U R E Y X U E W
U E N K D E T R B T N A H
C E Z C M H V E Y H E C F
S Q S U A P R S E I D W E
E Q R P L R E T I P U J T
A N A I D O V S Y S P G X
B Z M D O M F N E M Y H W
```

179   CARTOON CHARACTERS

◊ BAMBI
◊ MR MAGOO
◊ BART SIMPSON
◊ OLIVE OYL
◊ DUMBO
◊ PINK PANTHER
◊ ELMER FUDD
◊ POPEYE
◊ FELIX
◊ THUMPER
◊ GEPETTO
◊ TIGGER
◊ GOOFY
◊ TWEETY PIE
◊ JERRY
◊ WONDER WOMAN
◊ MOWGLI
◊ YOGI BEAR

```
P Y B A R T S I M P S O N
Y F E I P Y T E E W T O G
X O L I V E O Y L U G O R
I O T R A E B I G O Y G E
L G W T L T S A Q Q T A H
E P O P E Y E C M H N M T
F Y N V S P H W U B T R N
B D D U F R E M L E I M A
M O E Y H C P G M P G T P
I O R T P E U Q G T G Z K
I C W J R K Q D H N E M N
P F O G E F B L U N R O I
L Q M T L R S A F M W X P
X K A L V I R H N G B B Q
F Q N K X I F Y A H U O E
```

180   UK PRIME MINISTERS

◊ ASQUITH
◊ LLOYD GEORGE
◊ ATTLEE
◊ MAJOR
◊ BALDWIN
◊ PEEL
◊ BLAIR
◊ PELHAM
◊ BROWN
◊ PERCEVAL
◊ CALLAGHAN
◊ PITT
◊ CANNING
◊ RUSSELL
◊ CHURCHILL
◊ THATCHER
◊ EDEN
◊ WALPOLE
◊ HEATH
◊ WILSON

```
T N E M N N P Z X U F R A
T O D X S I R U S S E L L
H X M S B V W E M E K E W
A Y N R R T L D L T I L E
T M W I O Z N T L N E L H
C M C K W J T E Y A O O S
H H J X N A A N H H B Y Z
E G U E D E N M T G Z D E
R J W R P O A A I A C G L
J T W I C H E P U L A E O
D G T B L H A A Q L N O P
P T D E L S I C S A N R L
E K P M A A O L A C I G A
E P E C I I I N L X N E W
L K L A V E C R E P G M R
```

181   ORIENTEERING

- ◊ ANORAK
- ◊ NAVIGATE
- ◊ BEELINE
- ◊ PHYSICAL
- ◊ CIRCLE
- ◊ ROUTE
- ◊ COMPASS
- ◊ SCALE
- ◊ DECLINATION
- ◊ SEPARATE
- ◊ DIRECTIONS
- ◊ SYMBOLS
- ◊ FINISH
- ◊ TRAINERS
- ◊ FITNESS
- ◊ TREES
- ◊ FOREST
- ◊ WALKING
- ◊ FORM LINE
- ◊ WHISTLE

```
C R E F N J O I P I G A E
E O O N O F I T N E S S L
F S M U I R E A L M E Z T
N R D P T L M R W I N S S
A E I M A E E L Q C L H I
V N R N N S W E I O K S H
I I E P I A S R B N S D W
G A C A L J C M H V E K T
A R T K C L Y S T T A S Y
T T I J E S I K A R E D E
E N O T D N V R O R E L Q
G U N M I Q A N O N A E Q
V U S F T P A F S C O L S
J P Y R E P H Y S I C A L
B J S S H N N F I V L F Q
```

182   CURRENCIES OF THE WORLD

- ◊ BAHT
- ◊ INTI
- ◊ BALBOA
- ◊ KYAT
- ◊ BIRR
- ◊ LEK
- ◊ BOLIVAR
- ◊ LEV
- ◊ CENT
- ◊ NAIRA
- ◊ DIRHAM
- ◊ RAND
- ◊ DOLLAR
- ◊ REAL
- ◊ DONG
- ◊ RENMINBI
- ◊ FRANC
- ◊ RUPEE
- ◊ GOURDE
- ◊ ZLOTY

```
R D N O G T R R I X A Z N
U F F P X H G R P X F Y E
P R B M V A C N I K K O Q
E A B Y A B Y E O B M U A
E N D O P H P I A D A R B
N C N J L W R V J O A H F
I A N I Z I F I F N L V V
Y O I M B R V D D H Z E S
W B N R K N O A L P L I P
A L A Z A L I V R E O O G
G A N E L A P M K Z T E O
I B K A Z X M X N J Y C U
G N R Y L A E R S E E A R
F V T B A W B I N N R G D
M N H I I T C H T Z F E E
```

183   BREAKFAST

◊ BACON
◊ BOILED EGG
◊ BREAD
◊ CEREAL
◊ CORNFLAKES
◊ CROISSANT
◊ FRIED EGG
◊ GRAPEFRUIT
◊ HAM
◊ HONEY

◊ KEDGEREE
◊ MARMALADE
◊ MUFFIN
◊ POACHED EGG
◊ PORRIDGE
◊ SAUSAGES
◊ TEA
◊ TOAST
◊ TOMATOES
◊ WAFFLE

```
C F D J B O I L E D E G G
A M A H A L M P J X I R R
E A E X C A U O U J R A I
T R R W O E F R G E S P C
P M B Y N R F R E K A E R
F A N R F E I I E O U F O
R L X W M C N D E H S R I
I A R O F K G G J N A U S
E D W W B E E E L Y G I S
D E Z U R T O A S T E T A
E F Y E D X J B B U S M N
G X E E P E L F F A W V T
G C O R N F L A K E S W F
T O M A T O E S V P H Q J
Y G G E D E H C A O P X Y
```

184   BRITISH ROYAL NAMES

◊ ALEXANDRA
◊ ALICE
◊ ANDREW
◊ ANNE
◊ ARTHUR
◊ ELIZABETH
◊ EUGENIE
◊ FREDERICK
◊ GEORGE
◊ HENRY

◊ LOUISE
◊ MARY
◊ MICHAEL
◊ PETER
◊ PHILIP
◊ SARAH
◊ SOPHIE
◊ WILLIAM
◊ WINDSOR
◊ ZARA

```
B E V H Z W K K H A T Y D
W C G X A R T U T A K U K
A I F R U R P G E W T N F
L H L H O H A R B V S B Q
E A T L I E B S A S O M I
X R Y L I W G F Z O P I X
A K I P E A O E I Y H C X
N P C R A F M I L N I H R
D U D I A A V N E R E A O
R N X L R N I E Q S G E S
A W I A P E H G I N L L D
R C Z E A E D U P W O Y N
E H T K N E O E E D R S I
E E I R N L O Z R A B Q W
R Z Y Q E G C C M F J T V
```

185

- ◊ ADDER
- ◊ KING BROWN
- ◊ ANACONDA
- ◊ KRAIT
- ◊ ASP
- ◊ MAMBA
- ◊ BLACK TIGER
- ◊ PRAIRIE KING
- ◊ BOA
- ◊ PYTHON
- ◊ BOOMSLANG
- ◊ SIDEWINDER
- ◊ BUSHMASTER
- ◊ TAIPAN
- ◊ COBRA
- ◊ URUTU
- ◊ GARTER SNAKE
- ◊ VENOM
- ◊ GRASS SNAKE
- ◊ VIPER

```
V Z K R E T S A M H S U B
U A N O H T Y P R M R O K
R N R M H P U F L E O G R
U A E T U Z S D P M P N E
T C D O V E O I S S X I G
U O N M P K V L C K A K I
O N I N O A A R U O D E T
Z D W X G N Z G R N B I K
M A E N G S E B O A Z R C
A D D E R R L V G C J I A
M B I F W E M U A T Y A L
B G S B S T A I P A N R B
A M T I A R K J F E B P Q
H T E E K A N S S S A R G
N W O R B G N I K X F H O
```

186

- ◊ ASS
- ◊ MULE
- ◊ COOT
- ◊ PIPISTRELLE
- ◊ DORMOUSE
- ◊ POLECAT
- ◊ FLEA
- ◊ PORPOISE
- ◊ GOAT
- ◊ RAM
- ◊ HOG
- ◊ RAT
- ◊ HORSE
- ◊ RHINOCEROS
- ◊ LION
- ◊ STEER
- ◊ MACAQUE
- ◊ SWAN
- ◊ MOLE
- ◊ WILDEBEEST

```
E T Z U I C I N D A J F V
L T A C E L O P M A R B E
O M Z R Z D I N O N Q O S
M V S C Q G P O A A V O K
Q S C A E U Q W N C R T P
G O A T S E S K I E E A I
Z O O M D C T C C U E X P
E O H T C S P O Q L P A I
C C A F F N N A F V N S S
E S R O H I C U K Z L P T
P Z N C H A A M M R Y E R
U D O R M O U S E E W V E
R Y H G N L V V S E L X L
W I L D E B E E S T B K L
A G X P O R P O I S E C E
```

187 SHOPPING LIST

- BEER
- BREAD
- CAKES
- COLESLAW
- CREAM
- DEODORANT
- EGGS
- HERBS
- JAM
- LIME
- MILK
- MINERAL WATER
- NUTS
- PICKLE
- POLISH
- RICE
- SALAD DRESSING
- STEAK
- SUET
- VINEGAR

```
H Y K V Z J E T E U S M A
S X V C I T C R E A M I Z
B A O D L N M D G B E N K
C M L K Q A E Y J H L E X
E G O A Y R W G S O K R G
K G V B D O N I A A C A C
U O G E W D L F E R I L O
H V M S A O R T W V P W L
M I L K P E S E J V E A E
L D B I E D W D S Q O T S
C C L S W O R D A S H E L
N A E M N O Z T Q E I R A
J A K U S E C I R Z R N W
L A T E R E E B S X R B G
T S M M S J S T E T P Z M
```

188 S WORDS

- SACRIFICE
- SADNESS
- SAFETY
- SALESMAN
- SEAMSTRESS
- SEASIDE
- SETTLES
- SEWING
- SHAFT
- SHIRT
- SICKLY
- SOFTNESS
- STAGGER
- STETSON
- STOAT
- STOKED
- STORMY
- STRING
- SUMMER
- SWINE

```
T R K S S C F S E W I N G
R E D I S A E S S W I N E
I M V D E E J M T Q E S K
H F P R N J R D E S R I P
S T R E D X T T T U M C N
S T S G A X J S S M M K G
S F O G S P D T O M A L N
E B L A F H R O N E A Y A
N K E T T I I K P R T E M
T H Y S N D S E L T T E S
F W M G W H Z D F G T W E
O L R S A C R I F I C E L
S M O F J J O T H C N A A
R E T H S Z N T N Q L G S
L M S A D Y T E F A S I G
```

189 INTELLIGENCE

- ◊ ACUMEN
- ◊ ACUTENESS
- ◊ ASTUTE
- ◊ BRAINY
- ◊ BRIGHT
- ◊ CLEVER
- ◊ EDUCATED
- ◊ ENLIGHTEN
- ◊ GENIUS
- ◊ INSIGHT
- ◊ MENTAL
- ◊ REASONING
- ◊ SAGACITY
- ◊ SENSIBLE
- ◊ SHARP
- ◊ SHREWD
- ◊ TUTORED
- ◊ WELL-READ
- ◊ WELL-VERSED
- ◊ WISDOM

```
W Z L S G D B H B H R W E
B E Z H W R Y R B E W D N
M H P E A E I V V I M D L
S E R I O G I E S J E E I
S H N V H H L D J R L S G
S Y A T K C O P O M J R H
J T C R A M B T Q E O E T
D I U E P L U Y W V D V E
I C T A S T U T E U M L N
N A E S N E M U C A B L G
S G N O B Y A A X I C E E
I A E N J V T L S F I W N
G S S I U E F N E W Z T I
H B S N D A E R L L E W U
T Y I G D S A E V B O D S
```

190 WELSH PLACE NAMES

- ◊ BANGOR
- ◊ CARDIFF
- ◊ CONWY
- ◊ CROESOR
- ◊ FLINT
- ◊ KENFIG
- ◊ LLANDAFF
- ◊ LLANRWST
- ◊ MORFA
- ◊ NASARETH
- ◊ NEBO
- ◊ NEFYN
- ◊ PENTRE
- ◊ PLWMP
- ◊ POWYS
- ◊ PYLE
- ◊ RHYL
- ◊ SWANSEA
- ◊ TENBY
- ◊ YNYSLAS

```
Q Z A P N D O I N L R T A
P N T M F Y W N M O R F A
P X N W X F R W G B L P D
E Y I L D O A N H B G B G
N M L P S A A D Q P D Z W
T K F E O B E N N L S G O
R V O O S S V S W A R Q Z
E R N E F Y N P N O L V M
C C A A T S W R N A L L J
K S A L S Y N Y T P W U W
I E U R R A T C Y Z I S E
W O N V D H R E Y W B Y R
F K M F M I Y E N R N W K
J B W V I O F L T B B O M
K M L I K G J F I H Y P C
```

191 HOLES AND SPACES

- ◊ APERTURE
- ◊ BLOWHOLE
- ◊ BURROW
- ◊ CAVITY
- ◊ CRANNY
- ◊ CRATER
- ◊ CREVICE
- ◊ DIVOT
- ◊ DRAIN
- ◊ GROTTO
- ◊ HIATUS
- ◊ HOLLOW
- ◊ MORTISE
- ◊ PERFORATION
- ◊ SPOUT
- ◊ STOMA
- ◊ TRENCH
- ◊ TUNNEL
- ◊ VENT
- ◊ WARREN

```
W A T U N N E L H L U J Q
Y N W W D F V C G G J E R
T U O P S X Z C I Q N S O
A Q H I A T U S X V H I R
A P E R T U R E M B E T K
Q E K W I A V R D K B R W
G H H K S E R A G U I O C
N R K R N L T O R M L M C
I B O T O O B R F L M R Y
A W B T V H O Z O R A G N
R A H I T W J H T T E V N
D R D S T O M A E Q S P A
R R N Q D L T R E N C H R
L E W B C B C A V I T Y C
Y N X X T V U K P R E G F
```

192 GEOGRAPHICAL FEATURES

- ◊ ARCHIPELAGO
- ◊ ATOLL
- ◊ CANYON
- ◊ CAPE
- ◊ FISSURE
- ◊ GLACIER
- ◊ HILL
- ◊ ISLAND
- ◊ LAKE
- ◊ MARSH
- ◊ MOOR
- ◊ PLAIN
- ◊ PRAIRIE
- ◊ RAPIDS
- ◊ RAVINE
- ◊ RESERVOIR
- ◊ RIVER
- ◊ STEPPE
- ◊ STRAIT
- ◊ STREAM

```
F L L O T A M R E P E R G
I S O T T S A A T R T R Q
S S K W E C R P L A I N M
S B Y P A S S I M I S R F
U L A N T Z H D X R E K Q
R C Y R N C T S R I J S A
E O E H Y Z D I C E T Y J
N A I W W C O A A E T N V
M M M H W V L R P R K V P
D M I R R G A P I A T A X
Y L K E Y N E M G V C S L
L N S P T J T Y P C E T Z
A E D N A L S I O E H R R
R F O G A L E P I H C R A
E O O K M O O R A V I N E
```

193 — YELLOW THINGS

- BANANA
- BUTTERCUP
- CANARY
- CHEESE
- CHICK
- CORN ON THE COB
- COWSLIP
- CROCUS
- DUCKLING
- GRAPEFRUIT
- LEMON
- MAIZE
- MELON
- MUSTARD
- NEW YORK TAXI
- PRIMROSE
- SPONGE
- THE SIMPSONS
- TULIP
- WOAD PETALS

```
T W S E L K M K S I Y J L
C H O K Z H X Q U P M T I
O P E A L I L K C Y E I X
R P T S D E A T O C G U A
N I A X I P M M R H N R T
O L H N P M E O C I O F K
N S E A A U P T N C P E R
T W Q S D N C S A K S P O
H O N V O U A R O L U A Y
E C Y L T R C B E N S R W
C O E A X H M K T T S G E
O M N P E B P I L U T I N
B W S E P G Y U R I Q U M
U Y S Y R A N A C P N A B
E E M U S T A R D V O G X
```

194 — APPLE VARIETIES

- BISMARCK
- COX'S
- CRISPIN
- DISCOVERY
- EPICURE
- FIESTA
- FORTUNE
- GRENADIER
- IDARED
- INGRID MARIE
- JONAGOLD
- JUPITER
- KATY
- MONARCH
- REV W WILKS
- SPARTAN
- SUNSET
- SUPERB
- WINSTON
- WORCESTER

```
Y Y R E V O C S I D O T I
C R I S P I N J Y K U S N
J H X W O R C E S T E R G
D O K C R A M S I B A W R
C Y G S S D E R A D I K I
F I E S T A E X D M S C D
B G A N A T R A P S Z K M
G J X L I F O R T U N E A
M S O P Q N L D O D O P R
O C U N B R E P U S T I I
N J C T A T E S N U S C E
A V R Z K G P T X N N U M
R H G A V M O R X U I R C
C R E V W W I L K S W E D
H M V G R E N A D I E R U
```

195

- ◊ COMPARE
- ◊ NINTH
- ◊ DENOMINATOR
- ◊ NUMERATOR
- ◊ DIVIDED
- ◊ ORDER
- ◊ EIGHTH
- ◊ QUARTER
- ◊ ELEVENTH
- ◊ SEVENTH
- ◊ FIFTH
- ◊ SIXTH
- ◊ HALF
- ◊ SIXTIETH
- ◊ IMPROPER
- ◊ TENTH
- ◊ MIXED
- ◊ THIRD
- ◊ MULTIPLE
- ◊ THOUSANDTH

```
D E D I V I D Y C D I S E
T G W A E B N L O E M M L
Z S T R B I T R M X P G P
X F W H N U D P P I R L I
R Q I T I E E L A M O D T
T O H F R R U R R R P E L
F H T M T X D J E R E N U
L S O A M H T N E T R O M
A I H U R Y Q K L R E M O
H X K N S E J F E A T I H
G T P X N A M F V U R N T
D I X U L Y N U E Q A A H
G E U I L F D D N D U T G
B T I E S L Y P T G Q O I
F H S E V E N T H H H R E
```

196

- ◊ COMMUNE
- ◊ MELLOW
- ◊ FREAK OUT
- ◊ OP ART
- ◊ FRIENDLY
- ◊ PAISLEY
- ◊ GROOVY
- ◊ PIERCING
- ◊ INCENSE
- ◊ POSTERS
- ◊ KAFTAN
- ◊ PRAYER
- ◊ KARMA
- ◊ PROTEST
- ◊ LIBERALISM
- ◊ RELAXED
- ◊ LONG HAIR
- ◊ TIE-DYE
- ◊ LOVE-IN
- ◊ VEGETARIAN

```
N R N H W T N I V O G Y R
A I C Y F O U E N W N L E
T A L V N F L O I S I D Y
F H H O Z F P L K R C N A
A G C O M M U N E A R E R
K N P R J Z S L Y M E I P
X O Q G R U A B D L I R T
F L P W K X W F E Z P F F
N K D E E J P A I S L E Y
X I P D S P O S T E R S J
C K E Z X N P R O T E S T
K I A V E G E T A R I A N
E Z L R O W A C T R A P O
M X D Z M L G Y N X T I N
J M S I L A R E B I L Y I
```

197   KING ARTHUR

◊ ARTHUR ◊ LANCELOT

◊ BLEOBERIS ◊ LIONEL

◊ BORIS ◊ LUCAN

◊ DEGORE ◊ MORDRED

◊ EXCALIBUR ◊ MORGAN LE FEY

◊ GALAHAD ◊ PALOMEDES

◊ GARETH ◊ PELLEUS

◊ GUINEVERE ◊ PENDRAGON

◊ KAY ◊ SAFER

◊ LAMORAK ◊ UTHER

```
A E X C A L I B U R W K X
L R R Y C E R O G E D G D
K I T E C K A R O M A L Y
F S O H V B X W J T H N E
P H O N U E K F L E A G F
E A K S E R N I H C L E E
L S L D I L A I U V A H L
L I T O S F S L U H G R N
E N U G M A F Y L G G E A
U B G Z F E G A R E T H G
S S B E G L D K C M G T R
J I R L A N C E L O T U O
M O R D R E D D S V A F M
H N N O G A R D N E P Z P
H D V W B L E O B E R I S
```

198   FAMOUS PEOPLE

◊ AL GORE ◊ HARPO MARX

◊ ANNE RICE ◊ JAY LENO

◊ ANTHONY GEARY ◊ JOAN JETT

◊ BILLY JOEL ◊ P DIDDY

◊ BONO ◊ PELE

◊ CHER ◊ PRINCE

◊ DICK CHENEY ◊ RON HOWARD

◊ ELVIRA ◊ SEAL

◊ EMINEM ◊ SELENA

◊ FERGIE ◊ SPIKE LEE

```
O I A M D A E V M L V Y M
N O F R A F N L J P R P E
E E D W I P W N E A M C N
L C Z K R V D W E P N S I
Y N I R X G L G I R W P M
A I L O O Y Y E G S I D E
J R E S D N L I K D E C D
E P E D O K H S B H U A E
P I I H A R P O M A R X L
Z D T A C I K E W B F X F
P N R N K M F I R A L E L
A T T E J N A O J O R N O
B I L L Y J O E L G G D W
Y E N E H C K C I D N L T
E P M S Y D D E B O N O A
```

199

◊ BOOTS　　　　◊ SANDALS

◊ CASUALS　　　◊ SHOES

◊ CLOGS　　　　◊ SKATES

◊ FLATS　　　　◊ SLINGBACKS

◊ GALOSHES　　◊ SLIPPERS

◊ MOCCASINS　　◊ SOCKS

◊ MULES　　　　◊ TIGHTS

◊ PLIMSOLLS　　◊ TRAINERS

◊ PUMPS　　　　◊ WADERS

◊ SABOTS　　　　◊ WALKERS

```
T I C U P S S J B A R T B
B S L S O S S G J O R X V
S E K R A K A A O A O S D
N S K C A B G N I L S T F
I S H T I D O N D W C A S
S G E A J S E T K A I L L
A S C Q P R S P S D L F I
C O M E S T P L M E Q S P
C C U O H U B I I R D R P
O K V G M T Z M O S S Q E
M R I P S E H S O L A G R
U T S V K S E O H S B M S
L U N B J N S L A U S A C
E R E S R E K L A W A J I
S A B K I T A S O C K S D
```

200

◊ ADVANCE　　　◊ ORBIT

◊ BOUND　　　　◊ RAMBLE

◊ CASCADE　　　◊ SAUNTER

◊ DANCE　　　　◊ SCURRY

◊ FLOW　　　　　◊ TIPTOE

◊ GALLIVANT　　◊ TRAIPSE

◊ HOBBLE　　　　◊ TRAMP

◊ JAUNT　　　　◊ TREK

◊ LUMBER　　　　◊ TRUDGE

◊ MEANDER　　　◊ WALK

```
A O Z P R M S D Y Q W Q I
M P N R E T N U A S A F P
E M M T N U A J Z M L L Z
A Q T A O D S Z I K K K B
N D B B R R C E G D U R T
D Y V P T T U T A C E P Q
E H M A S W R H L W O L F
R T C P N A R O L T F U E
T E G A I C Y B I K F M O
E Z M P S F E B V E I B T
C S S G G C R L A R N E P
N E K P F O A E N T J R I
A R A M B L E D T T Q P T
D S U S C S R N E E O I P
U O T P G Y D U H F Q J E
```

201 THEATRICAL

- AD-LIB
- BLACKOUT
- BOARDS
- CAST
- CLOTH
- CURTAIN
- DRESSER
- EFFECTS
- FRONT OF HOUSE
- LADDERS
- LINES
- MUSIC
- PLACES
- PLOT
- PROMPT
- PROPERTIES
- RIGGING
- ROSTRUM
- SCENE
- WINGS

```
N Y M C S S N F R N H P E
T Z P U E J W R M L X M S
U L C N R J V O E F L T I
O U I Z C T G N B A C H L
K L R L E N S T R E W L M
C S Z L I P S O F P L O T
A G B G O R B F R L Y W R
L N G J E O E H F S B Y C
B I L D A P R O C Y T P T
R W D R C E B U S R L P B
Z A D L N R R S Y A M U H
L S O E F T P E C O C P Z
B T C H A I Z E R R A A D
H S N I U E S P M U S I C
G R N R E S S E R D T O Y
```

202 SWEETS AND CANDIES

- ANISEED
- BONBONS
- BRITTLE
- CANDY
- CARAMEL
- CHEWING GUM
- CREAM
- FONDANT
- FRUIT CHEWS
- FUDGE
- LIQUORICE
- LOLLIPOP
- NOUGAT
- POPCORN
- PRALINE
- SHERBET
- SYRUP
- TOFFEE
- WAFERS
- WINEGUMS

```
Y B V S M U G E N I W T S
C H E W I N G G U M W G N
I M Y U H D T A G U O N O
O L I Q U O R I C E Z G B
Y W A F E R S C R E A M N
T D Y F B I I N H N S P O
M E N C D S R X I X W O B
B T N A J O Y S P D E P L
S V Z I C S E R K K H I E
H J H P L E M Y U T C L M
E F O N D A N T O P T L A
R P V C W J R F J T I O R
B W Y F I I F P I P U L A
E L J X A E B R U Z R I C
T M A I E Q B O F V F F G
```

203   LAKES

◊ ARAL SEA   ◊ KIVU

◊ CHAD   ◊ LOCH KATRINE

◊ COMO   ◊ NYASA

◊ CRATER   ◊ ONEGA

◊ ERIE   ◊ ONTARIO

◊ EYRE   ◊ PATOS

◊ GARDA   ◊ PEIPUS

◊ GENEVA   ◊ RUDOLF

◊ GREAT BEAR   ◊ WINDERMERE

◊ HURON   ◊ ZURICH

```
C E C P Z A R A L S E A G
Z H R E X G L B I N A M R
A S A E M J Y P I I V R E
D U T D M G K R X S E V A
R P E Z Y R T T R R N F T
A I R M M A E N E A E H B
G E B L K H Y D M V G A E
K P Y H C A O K N V U O A
C L C I S I F A K I K I R
M O R A R A A R A L W E A
L U M A D G O G Y E E H E
Z A T O U E F L O D U R X
K N Y V Y N O R U H Y P Y
O A I W N O D R A E R I E
P K A L E U P A T O S O Z
```

204   MOONS OF THE SOLAR SYSTEM

◊ AMALTHEA   ◊ JANUS

◊ ARIEL   ◊ LEDA

◊ ATLAS   ◊ LUNA

◊ DEIMOS   ◊ MIMAS

◊ DIONE   ◊ OBERON

◊ ENCELADUS   ◊ PHOBOS

◊ EUROPA   ◊ PHOEBE

◊ GANYMEDE   ◊ RHEA

◊ HYPERION   ◊ TITAN

◊ IAPETUS   ◊ TRITON

```
D B Y T C D U R O S E K D
I P P D I A M A L T H E A
O Z W H E T O I V J E P X
N S K H O I A Z B C Z R S
E O R E J B M N F X T A A
H B T S V A O O D E M X A
O J E I S I N S S I S D E
D B L O R U Q U M T E L D
A S E E H T D S S L S X E
Q P P R G P G A A L O T M
W Y O H O O B R L L U W Y
H G P R F N I R V E T N N
B J J L U E R N D L C A A
P Y M X L E F L J K M N G
U C V I A P E T U S A U E
```

205

◊ BUS LANE ◊ NO ENTRY

◊ DANGER ◊ ONE WAY

◊ DETOUR ◊ PARKING

◊ DON'T RUN ◊ POISON

◊ ENTRANCE ◊ SALE AGREED

◊ GENTS ◊ SCHOOL

◊ HELP WANTED ◊ STAIRS

◊ KEEP LEFT ◊ STATION

◊ KEEP OFF ◊ WALK

◊ KEEP OUT ◊ WAY OUT

```
D Q V Y A W E N O F H L O
B E E M R Q K E E P O U T
Z S T E N T R A N C E K N
E D R O H T N X V Q M E D
S P R I U T F E L P E E K
S A G F A R G P O A T P H
B C L U S T N E G N N O W
K U H E U E S Z A Q K F R
L S S O A L P W Y W L F E
A T Y L O G P A R K I N G
W A Z P A L R P O I S O N
W T Z K E N Q E C N Z S A
S I V H C J E G E P T C D
D O N T R U N J Y D W Y W
Y N W G Y Z C W W U M C H
```

206

DIARY DATES

◊ ADVENT ◊ FETE DAY

◊ BANK HOLIDAY ◊ HALLOWEEN

◊ BONFIRE NIGHT ◊ HARVEST

◊ BOXING DAY ◊ HOLY DAY

◊ CARNIVAL ◊ LOW SUNDAY

◊ CHRISTMAS ◊ NEW YEAR

◊ DIWALI ◊ PALM SUNDAY

◊ EASTER ◊ SHEBAT

◊ EPIPHANY ◊ THANKSGIVING

◊ FESTIVAL ◊ WHITSUN

```
T H G I N E R I F N O B Y
H S I H R N N O E A H A A
G A G L K E S O T U N N D
N M R C A Y T G E A H K N
I T B V B W R S D D O H U
V S W R E O I A A V L O S
I I H A C S X D Y E Y L M
G R I E W A T I P N D I L
S H T Y B F R I N T A D A
K C S W N A P N Q G Y A P
N C U E K H T J I Y D Y A
A I N N A N H Q N V B A A
H D Q N E E W O L L A H Y
T Y Y K F E S T I V A L C
H O L O W S U N D A Y X Q
```

207 CEREMONIES

- AMRIT
- BAPTISM
- CHANOYU
- CHUPPAH
- COMMITTAL
- CONFIRMATION
- DOSEH
- FUNERAL
- INITIATION
- INVESTITURE
- MARRIAGE
- MATRIMONY
- MATSURI
- MAUNDY
- NIPTER
- NUPTIALS
- OPENING
- TANGI
- UNVEILING
- WEDDING

```
K C L A R E N U F A W F M
C O M M I T T A L E B S F
P N C V O J C L D P I R H
N F R M D H Q D R T E A A
I I G U Z O I U P C P I W
P R N N I N S A Q P Y N Y
T M I V G R B E U N D I J
E A N E E Z U H H I N T N
R T E I G S C S G G U I U
R I P L U A T Y T N A A P
A O O I R T I I U A M T T
M N C N D L H R T T M I I
R Q V G R W T S R U N O A
I U Y O N A H C R A R N L
T Y N O M I R T A M M E S
```

208 AMERICAN COUNTRIES CAPITALS

- ASUNCION
- BOGOTA
- BRASILIA
- BUENOS AIRES
- CARACAS
- CAYENNE
- HAVANA
- LA PAZ
- LIMA
- MANAGUA
- MONTEVIDEO
- OTTAWA
- PANAMA CITY
- QUITO
- SAN JOSE
- SAN JUAN
- SAN SALVADOR
- SANTIAGO
- SANTO DOMINGO
- WASHINGTON DC

```
B E B H A V A N A O Z U T
V Z L O Q K W A E O A D M
S A C O G J C D M T I B Z
A P A T T O I W A I A U S
N A Y S R V T U S U L E A
T L E E H G A K Q A N N N
O S N T S A N J O S E O S
D R N A N T M B U A T S A
O O E A I N R N W N C A L
M T M A H A C A V J A I V
I L G H S I T X M U R R A
N O Y I O T O L H A A E D
G E L N O C J P D N C S O
O I Y T I C A M A N A P R
A C D N O T G N I H S A W
```

209

◊ VALEDICTORY   ◊ VISUAL

◊ VANDAL   ◊ VITALLY

◊ VENICE   ◊ VITICULTURE

◊ VENUS   ◊ VITRIOL

◊ VERVE   ◊ VIVISECTION

◊ VIDEOS   ◊ VIXEN

◊ VIGNETTE   ◊ VOGUE

◊ VILLAIN   ◊ VOTING

◊ VISAGE   ◊ VOWEL

◊ VISOR   ◊ VYING

```
O V N C V I T R I O L E V
V C V Z L I F V V C B T L
I V V I T A L L Y E Y T V
T N A P D J D L M I C E E
I O V L B E A N A N N N V
C I S I E U O W A I K G R
U T G H S D Z S C V N I E
L C V I V O I E H E V V V
T E V J L O R C U G V E C
U S W P V F T G T I D N F
R I V O Y Q O I S O V U S
E V I I V V L A N X R S G
S I N I X S G Q F G H Y G
M V D T S E M S V I O P B
V P X M G N N X D V M V A
```

210

◊ AGENT   ◊ OFFICER

◊ BUGGING   ◊ OPERATIVE

◊ CAMOUFLAGE   ◊ PRIVATE

◊ CLASSIFIED   ◊ RISKY

◊ DISCOVER   ◊ RUSSIA

◊ ENCODED   ◊ SECRET

◊ KEEP MUM   ◊ SLEUTH

◊ MEETING   ◊ SNOOPER

◊ MICROFILM   ◊ UNDERCOVER

◊ MOSSAD   ◊ WATCHING

```
D E I F I S S A L C X B G
M A T K E N C O D E D G G
L D O V O P S P B B T N D
I H Q O V L B Q B E I I B
F O P G E T T J R T S H E
O E F U E Y K C E C F C G
R Q T F V O E E O P O T A
C H P Q I S M V E O L A L
I A R G T C E M B P X W F
M I I F A R E Y I P M V U
T S V P R Y B R K W I U O
F S A G E N T D A S S O M
W U T U P G I D Q Y I J A
Y R E V O C R E D N U R C
P J E G N I G G U B R Y F
```

211 FICTIONAL TOWNS AND CITIES

- AMBRIDGE
- ATLANTIS
- BEDROCK
- BRIGADOON
- DIBLEY
- DIMSDALE
- DOGPATCH
- EASTWICK
- EL DORADO
- EMMERDALE
- MIDDLEMARCH
- MIDWICH
- MOUSETON
- QUIRM
- SOUTH PARK
- SPRINGFIELD
- ST MARY MEAD
- STEPFORD
- TWIN PEAKS
- XANADU

```
M I D W I C H A T S N K O
D R O F P E T S K O R D D
X U W X G L J A T A A E A
E K N I A L E E P R G O E
L K I N Y P S H O D F S M
A C T O N U T D I L P I Y
D I G I O U L R Z R D M R
S W W M O E B J I D R D A
M T A S D M B N L I U O M
I S Z L A L G E U S Q G T
D A Y U G F M Q D G T P S
Q E N F I A X L V R V A L
E M M E R D A L E U O T J
H P L C B X A N A D U C D
G D H Y E L B I D B H H K
```

212 SHAPES

- CIRCLE
- CONE
- CRESCENT
- CUBOID
- HELIX
- HEXAGON
- NONAGON
- OBLONG
- OCTAGON
- ORB
- OVAL
- PENTAGON
- POLYGON
- PRISM
- PYRAMID
- SEPTAGON
- SPHEROID
- SQUARE
- TETRAGON
- TRAPEZOID

```
P N P O L Y G O N K Y G P
C E R E N O N A G O N P R
I M N Z F N O G A R T E T
R O A T K E L H D Y B X A
C K D S A B B I H E L I X
L N W I I G O D H K C O Y
E L A V O R O E B U R S W
E C X S E Z X N H X E M E
C J Q H M A E M L P S R R
R U P L G L V P T T C U A
V S B O T Q P A A B E Q U
L R N O U R G F Q R N Y Q
D O R A I O C Y M E T I S
R R R S N D P Y R A M I D
P E M B N O G A T C O J M
```

213 GARDENING

- APPLES
- BUGS
- COMPOST
- CORN
- CUCUMBER
- FLOWER
- GREEN THUMB
- GROW
- HARVEST
- HERB
- HOE
- HOSE
- PLANT
- RAIN
- RAISED
- ROSE
- SCARECROW
- SHOVEL
- WEEDS
- WHEELBARROW

```
F T N Q V N J N L A K C V
B H Y F E L I C L N F R F
R A N P L A N T E Z E Z C
E R R F R B Q M V W E R O
H V O G Z T F A O U S A M
Z E C S R Y T L H G O I P
K S F U G E F O S T R S O
G T J T C U E A P P L E S
G R O W V U B N B O X D T
G K L O U S M U T V N X N
E S O H D N Q B C H Y U D
Z H M E X Z D Z E S U E H
Z U E B L S W S R R E M L
Q W O R R A B L E E H W B
C A E U W O R C E R A C S
```

214 HERBAL REMEDIES

- BASIL
- BELLADONNA
- BORAGE
- DANDELION
- GARLIC
- GINGER
- GINKGO
- GINSENG
- HEARTSEASE
- HEMLOCK
- LOVAGE
- MADONNA LILY
- ORRIS
- PARSLEY
- RED POPPY
- SAFFRON
- SUNDEW
- SUNFLOWER
- VIOLET
- YELLOW DOCK

```
K D C I L R A G W Z Y G E
H E A R T S E A S E D C D
B G I N G E R R E O A Y M
E S U N D E W X T G P A X
L O V A G E S E I L D Y K
L R I V S X L N L O Y E C
A T E Y Z O K I N G I L O
D O T W I G P N O I S L L
O J R V O A A C R N A O M
N C M R R L K A X S F W E
N B A S I L F S V E F D H
A G L L M S Q N N N R O H
B E Y B G P I Y U G O C B
Y P P O P D E R C S N K I
E G A R O B K E X O D U A
```

215

SILENT H

◊ AFGHAN
◊ AGHAST
◊ CHIROPRACTOR
◊ CHLOROPHYLL
◊ EXHILARATE
◊ EXHORT
◊ GHOST
◊ HEIRESS
◊ HONEST
◊ RHEUMATISM
◊ RHINOCEROS
◊ SARAH
◊ THYME
◊ WHALES
◊ WHARF
◊ WHEAT
◊ WHEEL
◊ WHEEZE
◊ WHINE
◊ WHITE

```
D C S S P J I P M M S Z E
T R C D O E N I H W T X T
A Q O H D R S E L A H W S
E E M T L K E J X I P W A
H Z E S C O H C L H U H H
W B G T I A R A O G O A G
E T I H W T R O E N Z R A
L S G F A A A P P M I F T
F E K H T R H M O H Y H G
M N F E O A A J U R Y H R
W O X G E S F S Z E I L T
W H E E Z E T G V Z H H L
S S E R I E H D H K X R C
O I E E E L H U B A D S X
A T O R L W I M M L N B M
```

216

VALENTINE'S DAY

◊ ADMIRER
◊ BEAU
◊ BOUQUET
◊ CARDS
◊ CHAMPAGNE
◊ CHOCOLATES
◊ CUPID
◊ DAFFODILS
◊ DEAREST
◊ DREAMER
◊ EROS
◊ FLOWERS
◊ GIFTS
◊ GUESS
◊ HUGS
◊ ROMEO
◊ ROSES
◊ SECRET
◊ SWEETHEART
◊ TENDER

```
S E C R E T B O S Y D T A
F R H W N O X H F S R I G
Q O O D C K E R R E E U F
D S C R D H E M M S V U A
T J O Q Q D D A O S E S G
R C L R N H E N L R R R B
A T A E B R R I B E R E E
E S T R D E D O R U F W A
H E E S D O X I S X J O U
T R S I F S M A P E T L G
E A F F N D Q O O U S F I
E E A G A H V C D W C I F
W D L A U I B O U Q U E T
S E N G A P M A H C X P S
K V S L Y D C E F B Z N V
```

217

K WORDS

◊ KANSAS

◊ KILOWATT

◊ KAPOK

◊ KILTED

◊ KASHMIR

◊ KISMET

◊ KEDGEREE

◊ KITTEN

◊ KESTREL

◊ KNAVE

◊ KETTLE

◊ KNIFE

◊ KHAKI

◊ KOALA

◊ KICKING

◊ KREMLIN

◊ KIDDING

◊ KRILL

◊ KILLER

◊ KUMQUAT

```
K N C A R K D H W R G T N
C E L M S W E Y D I E B D
O T D K E T T L E M N N H
T T S G D X L M S H R F K
T I S Z E K I I H S K W U
A K V J T R K K X A A G M
W D N W R O E R K K N V Q
O G B I G Z S E P H S M U
L C N E F R T M K O A L A
I R B I E E R L Z O S K T
K D D L D N E I L Y P P I
V N L Z K D L N M I H A M
N I A S Z B I V L N R P K
K I V V K I C K I N G K G
O W S D E Z I J Y S L G V
```

218

LONDON UNDERGROUND STATIONS

◊ ALDGATE

◊ HOLBORN

◊ ANGEL

◊ MILE END

◊ BALHAM

◊ ONGAR

◊ BANK

◊ OVAL

◊ BARBICAN

◊ PLAISTOW

◊ BURNT OAK

◊ POPLAR

◊ DEBDEN

◊ TEMPLE

◊ ELM PARK

◊ TOWER HILL

◊ EPPING

◊ UPNEY

◊ HAINAULT

◊ UXBRIDGE

```
X S G Y K A J R R E K R L
P U B X N M J Z O Y A A E
L A V O A L N E Y Y O L G
L B A R B I C A N E T P N
I A H D C I S R A G N O A
H B L O E X M U Q A R P X
R A S D L B X L V X U D U
E L I G G B D W L L B P E
W H D N R A O E Z I X L M
O A Y I A L T R N H P A D
T M D P B U Y E N M L I N
P G A P M I L E E N D S Y
E H Y E S U S T J U O T A
D E F R E L M P A R K O Z
F O R V I A Q Q Z W Q W K
```

219   REPTILES AND AMPHIBIANS

◊ ADDER

◊ BULLFROG

◊ CAYMAN

◊ COBRA

◊ ELAPS

◊ GLASS-SNAKE

◊ GREEN TURTLE

◊ JARARACA

◊ LIZARD

◊ MAMBA

◊ MATAMATA

◊ NEWT

◊ PLATANNA FROG

◊ SAND-SNAKE

◊ SEA-SNAKE

◊ SEA-TURTLE

◊ STELLION

◊ TORTOISE

◊ TUATARA

◊ VIPER

```
T W E N M S S M A M B A O
C M A B S S D V N A K D E
O D X J V E E R T Z E D L
B S M I P K A A A F K E T
R T P C L Y M T S Z S R R
A E N E A A S U U N I A U
R L K K T Y O A D R A L T
B L N A A T M T K F T K N
D I M N N H O A N K B L E
H O X S N S I R N C F Q E
F N R S A H D A T J E L R
X V R S F W B N X O A J G
J A R A R A C A A P I Q Q
M M I L O K L B S S X S V
J U R G G O R F L L U B E
```

220   US STATE CAPITALS

◊ ALBANY

◊ AUGUSTA

◊ AUSTIN

◊ BOISE

◊ BOSTON

◊ CHEYENNE

◊ COLUMBIA

◊ CONCORD

◊ DENVER

◊ DOVER

◊ HARTFORD

◊ HELENA

◊ HONOLULU

◊ JUNEAU

◊ MADISON

◊ NASHVILLE

◊ PHOENIX

◊ PIERRE

◊ RICHMOND

◊ TOPEKA

```
M J A L T I L N I T S U A
M X P B Q O O G G S V A E
M B W R I C H M O N D E E
Q C H E Y E N N E J M N A
D R O F T R A H D T A U L
P D B O I S E T E X D J D
H R F F W L S H N D I N A
O O A A E L L I V H S A N
E C N N L B A K E P O T Y
N N A O O A C H R B N E O
I O Z S L A T S U G U A D
X C T B Q U E R R E I P O
M O A R W Q L D H R F M V
N N U A C O L U M B I A E
Y Z B K N N B L T I U E R
```

221

RISKY BUSINESS

- ◊ AMBUSH
- ◊ AVALANCHE
- ◊ ELECTRICS
- ◊ EXPLOSIVE
- ◊ GLASS
- ◊ HURRICANE
- ◊ IRRITANT
- ◊ JOYRIDER
- ◊ LANDSLIDE
- ◊ LIGHTNING
- ◊ MELTDOWN
- ◊ RAZORBLADE
- ◊ ROCKS
- ◊ RUSTY NAIL
- ◊ SQUALL
- ◊ STEEP
- ◊ STONE-THROWING
- ◊ TIDAL WAVE
- ◊ TORNADO
- ◊ VORTEX

```
H P I R S C I R T C E L E
R U S T Y N A I L L F Q I
S J R T Q J O Y R I D E R
T H P R R V E S J R E U O
O E E L I G H T N I N G A
N D X E H C N A L A V A M
E I P T I D A L W A V E B
T L L P R J M N T N L S U
H S O E R P G O E T Q V S
R D S E I E R R D U Q M H
O N I T T N S O A Z N Y Y
W A V S A C W L R O C K S
I L E D N N L V O R T E X
N L O Y T V V T G L A S S
G Z E D A L B R O Z A R W
```

222

GOODBYE

- ◊ ADIEU
- ◊ ADIOS
- ◊ AU REVOIR
- ◊ BE SEEING YOU
- ◊ BON VOYAGE
- ◊ BYE-BYE
- ◊ CHEERIO
- ◊ CIAO
- ◊ DESPATCH
- ◊ GODSPEED
- ◊ GOING AWAY
- ◊ GOOD DAY
- ◊ GOODBYE
- ◊ LEAVING
- ◊ PARTING
- ◊ SAYONARA
- ◊ SEND-OFF
- ◊ SO LONG
- ◊ TA-TA
- ◊ TOODLE-OO

```
A U Q A S A U R E V O I R
E D C O R D E S P A T C H
J V I V D A P K A X G R J
G D F E X G N I T R A P D
A K K B U C W O Y I T I B
B E S E E I N G Y O U Y Q
G O D S P E E D O A E K Y
E G N O L O S D U B S A C
G N I V A E L B Y H D S H
C Y W S O E V E X D Q F E
C I O Y O Y G O O D B Y E
E I A O Q F A O J A O N R
B X A O B W G G F U T V I
E D F F F O D N E S C A O
F I G O I N G A W A Y G T
```

223 — HEADGEAR

- BERET
- BOATER
- BOBBLE HAT
- BONNET
- BOWLER
- CLOCHE HAT
- CLOTH CAP
- CRASH HELMET
- DERBY
- FEDORA
- HOOD
- SCARF
- SOMBRERO
- STETSON
- TIARA
- TOP HAT
- TRICORN
- TRILBY
- TURBAN
- WIG

```
G D J Y Q N C T B M V T N
C S F B T A H P O T E J R
L U R R T X S N A M U F O
O A L E Q A B T L S V E C
C V R D H O H E E T K P I
H E F O N F H E R T A N R
E P O N D H Y I L C S F T
H D E B S E L H H B W O I
A T A A O B F T U R B A N
T H R C Y A O S G S H O C
T C A S S L T W U L X G B
N Q I B C G Z E L O Z H Z
F C T R R A P V R E J P W
S O M B R E R O W M R P I
T E R E B M V F T T G K G
```

224 — IN THE SHED

- BAG OF SAND
- BAMBOO CANES
- BOW SAW
- BUCKET
- CHARCOAL
- CHOPPER
- CREOSOTE
- DIBBER
- DUTCH HOE
- FORK
- GRAVEL
- HOSEPIPE
- MALLET
- OILCAN
- RAKE
- SACKS
- SPIDERS
- TOOLBOX
- TRESTLE
- TROWEL

```
G B V C B H F S O I L U E
U F A B V U K E U V E U L
S R B E O C C F K P W B T
E E S A A W H K Z A O A S
D P P S M O S A E C R G E
I P I R Z B J A R T T O R
B O D P F G O E W C H F T
B H E C E O O O M H O S T
E C R R U S W I C M L A T
R K S J O U O T U A E N L
F N L T P I U H X L N D S
O A E R E D L C C L Q E F
R F E A S Z Q C N E I X S
K L E V A R G G A T U C A
K A T O O L B O X N C W Q
```

225

COATS

- ◊ AFGHAN
- ◊ ANORAK
- ◊ BLAZER
- ◊ BLOUSON
- ◊ BODY-WARMER
- ◊ CAGOULE
- ◊ CAPE
- ◊ CLOAK
- ◊ FUR COAT
- ◊ GREATCOAT
- ◊ JACKET
- ◊ JERKIN
- ◊ MACKINTOSH
- ◊ OVERCOAT
- ◊ PARKA
- ◊ PONCHO
- ◊ REEFER
- ◊ TAIL COAT
- ◊ TUXEDO
- ◊ WINDCHEATER

```
K F R A T A O C L I A T J
A B D N K G C A G O U L E
O O K B U R P W R B V T L
L D V I M E A N E S Z I X
C Y Z E R A P P Z K W H M
Z W P P R T V M A A I T A
V A R A F C P K L R N A C
G R N C M O O R B O D O K
R M O O Q A N A D N C C I
J E J T S T C M T A H R N
A R E E U U H U Z F E U T
C O K F R X O I A G A F O
K A N G E K E L E H T E S
E T L G G R I D B A E H H
T Y W W N F F N O N R O S
```

226

HOBBIES AND PASTIMES

- ◊ ANTIQUES
- ◊ BALLOONING
- ◊ BEEKEEPING
- ◊ CHESS
- ◊ DANCING
- ◊ DARTS
- ◊ DIVING
- ◊ EMBROIDERY
- ◊ HIKING
- ◊ JUDO
- ◊ MUSIC
- ◊ ORIGAMI
- ◊ RIDING
- ◊ ROWING
- ◊ SEWING
- ◊ SINGING
- ◊ SKETCHING
- ◊ SKIING
- ◊ STAMPS
- ◊ YOGA

```
O T G N I G N I S I R S S
J P N O P G N I V I D S C
U A L M S A B A D D E I H
D I A R Y S G I C H B F B
O T G T E R N O C Z E D A
Y B N W A G V V Y S E A L
I G I A M U S I C M K N L
N N H N W R Y W B B E C O
G I C T Y O A R I S E I O
S K T I K W O S M T P N N
P I E Q X I U K A R I G I
M H K U D N G I G A N O N
A G S E W G V I I D G C G
T S R S K O V N R W C X K
S Y L H E L T G O P I J R
```

227

- APOLLO
- ATLAS BLUE
- BUFF TIP
- BUTTERFLY
- CARDINAL
- CHRYSALIS
- CLEOPATRA
- COMMA
- DRYAD
- GHOST

- GRAYLING
- GREY DAGGER
- HERMIT
- KNOT GRASS
- MOTH
- PUPA
- RED ADMIRAL
- RINGLET
- RIVULET
- VOGELS BLUE

```
Z D V C L E O P A T R A E
L Q O K F S I V E T H X U
G A G N G C O L A S E R Z
R T E G N O U J P O R O G
E L L N N V L D U H M S O
Y A S F I I I L P G I M Y
D S B R N R L F O L T L K
A B L S Q M J Y A P F A N
G L U I R A O S A R A N O
G U E F M I Y T E R U I T
E E A M F R N T H C G D G
R H O W H T T G J G A R R
M C E C F U I P L Y U A A
P Q M N B Z C P R E F C S
L A R I M D A D E R T G S
```

228

- ARCHERY
- BAGATELLE
- BATON
- BINGO
- BOWLS
- CHESS
- FIGHT
- FOOTBALL
- HOCKEY
- HOLES

- LACROSSE
- LEAGUE
- LUDO
- POOL
- QUIZZES
- RUGBY
- SPORT
- TRACK
- VOLLEYBALL
- YACHT

```
L L A B T O O F S S E H C
L A C R O S S E L W B Y G
E R U U J U I X L K R S S
A T H G I F H O L E S E T
G Y S B A T O N H M Z M P
U E H Y N P C C Z Z F B L
E K M E Y B R P I G B L T
Q C F A D A D U Q I A J G
Z O C S H G Q C N B E E N
Y H B P B A L G Y G Z W I
T U R O V T O E C Z K Z T
V R W R S E L F I L N Q H
F L A T U L G U R U A A C
S Z T C O L Q O F D X D A
K N V V K E X O M O X B Y
```

229   FLOWERY GIRLS' NAMES

- ANGELICA
- BRYONY
- CICELY
- DAISY
- DAVIDA
- FERN
- HOLLY
- IRIS
- IVY
- JASMINE
- LAVENDER
- LILY
- MAY
- NIGELLA
- OLIVE
- PANSY
- POPPY
- ROSEMARY
- SAGE
- VIOLA

```
T Q H G Y I C D Y L L O H
B T K L B Y L A A S A G E
W R I K V S C F N V N U I
T L Y L F I I R E E I A F
D C E O L A U R O R W D P
L A V E N D E R I L N I A
K M G M M Y F Y C P I I K
X N H A W C R V L Z G V H
A Y Y Z J A S M I N E L E
W Y E B M M K X C O L P G
S P F E U H V I Y F L P B
D P S L H E C E Z M A A U
J O S C T E V J L C J W U
R P O G L G N G O C Z S B
K Q V Y I Z I V Y I R T C
```

230   MUSICALS

- ANNIE
- AVENUE Q
- CABARET
- CATS
- CLOSER TO HEAVEN
- CRY BABY
- EVITA
- GIGI
- GODSPELL
- GYPSY
- HAIR
- INTO THE HOODS
- MARGUERITE
- ON THE TOWN
- PIPPIN
- RAGTIME
- SCROOGE
- SHOUT!
- TOMMY
- TOP HAT

```
N D K X A N K E V Y X A V
E C Z T O N T H E T O W N
V E I M A R G U E R I T E
A V I C V Q A A O L L Q G
E H N N E L A G W H E I P
H C T I N L V X T J S N X
O A O P U A W S L I Z P A
T B T P E U T L C D M S O
R A H I Q A E S U F H E V
E R E P C P Y B A B Y R C
S E H C S T A H P O T V F
O T O D Y S P Y G A O R G
L T O M Z K W J V M M I C
C G D Z I G I G V G M A A
B T S C R O O G E A Y H U
```

231 SAFARI PARK

- ANIMALS
- BABOON
- BIG GAME
- CHIMPANZEES
- CONSERVATION
- DROMEDARY
- EDUCATION
- ELAND
- GUIDES
- HABITAT
- LIONS
- LLAMA
- MEERKAT
- MONKEY
- NATURAL
- OSTRICH
- RANGER
- TIGERS
- VISITORS
- WALLABY

```
O X O S R O T I S I V D T
D N U C F Z T M N U D X X
W J O H A D M O O B D M B
D K H I N G S N O I L E I
R Y A M T J E K B H W E G
O G B P N A S E A B E R G
M U I A O B V Y B D L K A
E I T N L S H R U M A A M
D D A Z R L T C E P N T E
A E T E J N A R U S D B R
R S G E I T L W I B N A V
Y I O S I U O L K C N O W
T T G O C R C B A G H X C
X A N I M A L S E M R F B
R J N N A T U R A L A A Y
```

232 FUNGI

- BOLETUS
- BRACKET
- BROWN CAP
- CEP
- CORAL
- CRESTED
- ENOKI
- FLAT CAP
- GILLS
- HAIRY STEREUM
- INK CAP
- JELLY
- OVOLO
- RUSTS
- SHELF
- SMUTS
- STIPE
- TOADSTOOL
- TRUMPET
- VOLVA

```
G I S E R R X Y N Y X V C
Q K H O P L N I N K C A P
C O E V O I S F T B G H K
S N L O L R T E K C A R B
U E F L T Q P S A I G Y P
T S L O K M D G R K L P A
E M A O U L I Y Z L A C C
L U C R O L S A E C N O N
O T T R L T H J T P I R W
B S X S E V S A T F Y A O
Q Y P R O S L D M F D L R
S P E L F F T E A F A U B
R U V B X J A E Z O S U V
M A H Q O A U R D T T B Y
P E C D D W P Q S E Y P X
```

233 ROBIN HOOD

- ARCHERY
- ARROWS
- BALLAD
- CHARITY
- FOREST
- GISBOURNE
- GREENWOOD
- KING RICHARD
- KINSHIP
- KNIGHTS
- LEGEND
- MAID MARIAN
- MYTH
- NOTTINGHAM
- OUTLAW
- POVERTY
- ROMANCE
- SHERIFF
- SHERWOOD
- TAXES

```
F Y R O G L F I M E J W A
G R E E N W O O D X F U X
I S D O U T L A W O K Y T
S A R A H S H E R W O O D
B R A O Q X J E G Z B E A
O C H R V P S P N E M Y M
U H C S R T Y K O C N W A
R E I Y N O I T T T D D I
N R R H T N W M T R A S D
E Y G R S I Y S I O L H M
Y D N H U T R F N M L E A
K N I G H T S A G A A R R
X P K W O Z J B H N B I I
E M S E X A T Y A C A F A
Y T R E V O P D M E V F N
```

234 LOVE WORDS

- BRIDE
- CRUSH
- CUTIE
- DELECTABLE
- DOTE
- EROS
- GENTLE
- GROOM
- IDOL
- INTIMATE
- KISS
- LOVER
- LOVING
- POPPET
- RELATIONSHIP
- REVERE
- SWEETHEART
- TRUE
- VENUS
- YEARN

```
K V S Y C K U S G E C Y K
H Y Y A Z I O B L V I A B
E E N P A R G B C U T I E
R A R O E F A E X F F X X
C R E L A T I O N S H I P
R N V H C G Z H W T N D N
U P O E K G U E N T L T F
S M L R C B E Q I O Q E D
H E F E R T R M V P T Y N
D Z W V H J A I O U E S G
I J X E V T N P D W G M W
T D A R E G P M S E R B C
D R O T Y E N H S M O S M
T F U L T Y E J I D O T E
S U N E V I I I K V M T D
```

235   HORSE, POINTS OF

◊ BACK   ◊ HOCK

◊ BREAST   ◊ JAWS

◊ CANNON   ◊ KNEE

◊ CHESTNUT   ◊ MANE

◊ CREST   ◊ NECK

◊ ELBOW   ◊ PASTERN

◊ EYES   ◊ ROOT

◊ FOREHEAD   ◊ SHOULDER

◊ GASKIN   ◊ TAIL

◊ HAUNCH   ◊ THROAT

```
E H V B S O X L W N D U W
L A X O B T I R K B W G K
B B N E J A T H R O A T I
O R O O T A C R E S T C B
W E X T X T W N I L Y C K
D A Y T U N T S E H C F Z
A S F E C A N N O N N X I
E T F D S B Q I H K G P L
H N V K C I E F K F C N S
E A A G G E E M X S B O F
R P U M E N R E T S A P H
O G S N N X N U A C K G B
F E K B C R B B W O T O H
U N E C K H J D K S B H N
N U A R F R E D L U O H S
```

236   U WORDS

◊ UBIQUITY   ◊ UPGRADED

◊ UDDER   ◊ UPSETTING

◊ UGLIEST   ◊ UPSTART

◊ UKULELE   ◊ UPWIND

◊ ULCER   ◊ URBAN

◊ ULLAGE   ◊ URCHIN

◊ ULTERIOR   ◊ URGENCY

◊ ULTRASONIC   ◊ UTENSILS

◊ UMPIRE   ◊ UTOPIA

◊ UNIVERSAL   ◊ UXORIOUS

```
C U K T J A L U U V C L F
U Y B G U E S G B Y A F Q
Y L X X Q U R L T S C O X
U U T C S U O I R O X U Y
L P D E Q T U E P V F P U
T G C L R Q V S H M N S R
R R H S I I U T J A U T G
A A E B N P O N B P W A E
S D U U W E I R S U E R N
O E W I A H U E K G L T C
N D N U C T T U A L F A Y
I D O R O T L L W Q T K G
C E U P I E L C U D D E R
Q U I N L U T E N S I L S
W A G E R V T R N H N T V
```

237 FISHING

- BOAT
- CARP
- CATCH
- CUTTLEFISH
- FLY
- HAMMERHEAD
- LAKE
- LEGER
- LING
- LOACH
- MARKS
- MORAY
- OYSTER
- PATERNOSTER
- PERIWINKLE
- PIER
- RIG
- THORNBACK
- WET
- WORMS

```
P W E L K N I W I R E P A
A M L Q V P T Q B O A T G
T H A M M E R H E A D C N
E A K W O U Z I M A A U I
R T E V H R A S G R R T L
N H H N C C A Y P P E T C
O S L C T L Q Y R D I L K
S Y V G A Q T C B E P E C
T N S H C O F Y T B M F A
E E F T D V L V H A V I B
R R O W E O Y M R G J S N
T Y N M O R O K W X V H R
E A J S M R S C D B S F O
W L R C J H M L E G E R H
C G T J V P X S T W Q C T
```

238 BIBLE CHARACTERS

- AARON
- ADAM
- AMOS
- BOAZ
- CAIN
- CYRUS
- DELILAH
- EVE
- EZEKIEL
- HEROD
- JAEL
- JAMES
- JESSE
- JOB
- LEAH
- NICODEMUS
- NOAH
- PAUL
- ZACCHAEUS
- ZECHARIAH

```
L E A H T Z N I A C E V E
V S J S H A O F F H D A X
Y E W E E C A F A S H C F
P M I B R C H I L H D G P
E A G B O H R J I K P F S
N J U M D A A B A J S O Z
C I O L H E Z M M Q E Z P
H M C C L U O T F S F C R
L U E O O S K L S A E B L
A Z U A D I L E F C S E F
A O V R Q E J J O B I W C
R D G W M E M F E K W G Y
O O A G G O P U E O Q L R
N J R M B T F Z S V Y R U
Y H A L I L E D A I V M S
```

239

THE AUTUMNAL SEASON

◊ APPLES

◊ BOOTS

◊ COAT

◊ COOL

◊ CRISP

◊ CROPS

◊ DAMP

◊ FALL

◊ FESTIVAL

◊ FLOWERS

◊ FRUIT

◊ HAT

◊ MIST

◊ OCTOBER

◊ PODS

◊ REAP

◊ SHEAF

◊ STEW

◊ STOOK

◊ WETNESS

```
T N L U Y O S L S T O O B
I O C A C F C T N O W O X
U G V G V O K O O B O E V
R P W E T I A Z O O L V S
F N K Y H P T T Q L K C O
S V C T P F Q S P S I R C
P T S L T L Z Q E C Y F T
O L E V I O Q I W F O E O
R S L A V W R B A S U T B
C M H A O E B E H D S W E
H E I H F R H M V O H B R
R N Z S O S K C S P B M Y
E N J C T Z X B F O Y N E
A I R S S E N T E W G N C
P D D A M P W H A T W W C
```

240

ELECTRICAL APPLIANCES

◊ BLENDER

◊ BOILER

◊ CHARGER

◊ COOKER

◊ FIRE

◊ FOOT SPA

◊ FREEZER

◊ FRYER

◊ GUITAR

◊ IRON

◊ JUICER

◊ KETTLE

◊ LAMP

◊ LIGHTS

◊ MOWER

◊ PRINTER

◊ RADIO

◊ RAZOR

◊ SHAVER

◊ TYPEWRITER

```
R Z D I A W J B F A M T L
R L R L M M X K O M M Z L
N O A O M G P F K I J B O
N M W Z K C M O W R L W H
P E F A D O Z I E K D E L
R U O I J O D D F E D O R
O R O D R K N A G T K H T
Z E T Y P E W R I T E R R
A T S R L R F J S L R Z A
R N P B E R A Z U E T S T
Y I A Z E G B Z W I H N I
F R Y E R T R O H B C F U
H P Z C R E V A H S W E G
X E D P Z J S T H G I L R
R A Q J Z Z N Z K C D J D
```

241

◊ BANABA
◊ KIRIBATI
◊ BORNEO
◊ LANAI
◊ CANTON
◊ MURUROA
◊ EASTER
◊ NAURU
◊ FIJI
◊ PITCAIRN
◊ GUAM
◊ RAIATEA
◊ HAWAII
◊ SERAM
◊ HONSHU
◊ TIMOR
◊ JARVIS
◊ VANUA LEVU
◊ KANDAVU
◊ VANUATU

```
A B A N A B U P A A W R V
A P X Q Z T I J I I P E B
N E R D A T H T J T K I D
V S T U C C A R E K A T M
A U N A E B O N C N Z U X
E A I P I M N B A N R L S
V R W R I A U L P U I B U
N A I T J R R V R P R T H
U K N J P E N O A J V U S
R Y N U I S A S A D F R N
J E O O A F I B O R N E O
G V T P P L M V A T H A H
S Y N S V R E A R O R K K
O H A W A I I V U A I L Q
N U C G C E J T U G J Z S
```

242

◊ ABERDEEN
◊ EIGHTEEN
◊ ABSENTEE
◊ FORESEE
◊ ADDRESSEE
◊ GENTEEL
◊ ATTENDEE
◊ GREENER
◊ BESEECH
◊ LEGATEE
◊ BETWEEN
◊ MELEE
◊ CAREFREE
◊ OVERSEER
◊ DEGREE
◊ REDEEM
◊ DEPRESSED
◊ SETTEE
◊ EERIE
◊ VENEER

```
N E V R K Q V E A J A X L
A E L N S S E S E R D G H
I B E Z T D N R E E D J B
I B E T W E E N R E R M A
S I T R H L E G F S E F T
D W N F D G R P E R S O T
E G E D Z E I Z R E S R E
P E G D E C E E A V E E N
R E E N B V J N C O E S D
E E E E L E G A T E E E E
S R D R L P S E T T E E E
S F C E G E M E B K U C C
E J Z N E E M X E J Y S A
D V K Q U M D Q Z C C X E
B O A B S E N T E E H G Y
```

COMMONWEALTH COUNTRIES

- AUSTRALIA
- BANGLADESH
- BARBADOS
- BELIZE
- BOTSWANA
- GHANA
- GRENADA
- INDIA
- LESOTHO
- MALTA
- MAURITIUS
- NAMIBIA
- PAKISTAN
- SAMOA
- SWAZILAND
- TANZANIA
- TONGA
- UGANDA
- VANUATU
- ZAMBIA

```
U T A U N A V A S K T G S
Z A M B I A I X U N W W O
R I A Z L D O I I U A M D
D B V S N I O O T Z H C A
I I F I S H F G I G G H B
K M T U T G S L R H I S R
S A M O A B A E U T L E A
H N S R E N N V A A B D B
G E U L D A M M M N O A A
L H I G D T A D F Z T L T
F Z A A A L O I T A S G N
E C P N T N N D N W N O
J K D A A I D O G I A A T
H N A T S I K A P A N B D
S Z A I L A R T S U A W J
```

BINGO

- BALLS
- BINGO
- BLIND
- CHAIR
- CORNER
- DREAM
- EXCITEMENT
- EYES DOWN
- GAME
- HALL
- LEGS ELEVEN
- LINES
- LINK
- LOST
- LOTTO
- NUMBERS
- ON ITS OWN
- SEASIDE
- SESSION
- TABLE

```
B B B S C A P C S G Y N K
B L N T H M Q Q A L W U N
I I C L A N S M L O L H I
N N P E I Q E R D L M A L
G D R J R N K S O U V J B
O D T N E M E T I C X E F
H E H Y M Y T S O E K E L
L D C J E O S R D E S B Z
Z N I T T O N I T S O W N
H O P D C E S U I A H H O
Y I T V R A J O M L B U O
Q S R S E P N C L B L L F
R S U S O F E Z I J E A E
L E G S E L E V E N M R H
Q S M N Y T B P I C Z Q S
```

245 NUMBERS

- ◊ EIGHT
- ◊ ELEVEN
- ◊ FIFTEEN
- ◊ FIFTY
- ◊ FIVE HUNDRED
- ◊ FORTY-THREE
- ◊ FOUR
- ◊ NINE
- ◊ ONE
- ◊ SEVENTEEN
- ◊ SEVENTY-FIVE
- ◊ SEVENTY-SEVEN
- ◊ SIXTEEN
- ◊ SIXTY
- ◊ TEN
- ◊ THIRTEEN
- ◊ THIRTY
- ◊ TWELVE
- ◊ TWENTY-THREE
- ◊ TWO

```
X R E E E R H T Y T R O F
S U T X O W T T H X A N Y
E O A E P T X W X Y I T N
V F J N N I B E G N R H E
E I S A S Z H L E O T I E
N V T E A T F V F K S R T
T E Y R V I T E W I A T N
Y H W Y F E X H X B N E E
S U N I T D N T I O E E V
E N E O H F E T C R E N E
V D V P C E I M Y K T L S
E R E O N E G F L F F Y K
N E L V V O H L U X I S S
E D E V E N T S C M F V Z
O O T W E N T Y T H R E E
```

246 GREECE

- ◊ ACROPOLIS
- ◊ AEGEAN
- ◊ AEGINA
- ◊ APHRODITE
- ◊ APOLLO
- ◊ ATHENS
- ◊ CRETE
- ◊ DODECANESE
- ◊ IOANNINA
- ◊ LEGENDS
- ◊ MOUNT ATHOS
- ◊ OLIVES
- ◊ OUZO
- ◊ PARAKALO
- ◊ PLAKA
- ◊ RAKI
- ◊ RETSINA
- ◊ RHODES
- ◊ SYNTAGMA SQUARE
- ◊ ZEUS

```
C N W Z A O Z I X X E R E
E U T X B N C N G Q M S R
E T E R C O I L W O D K A
S U E Z V N H G U N A R U
E R A O S R M N E P E T Q
N H O P L N T G L A T E S
A O U I O A E A R B I E A
C D Z H T L K H F K D J M
E E O H I A L A T O O S G
D S O K V Q A O R A R E A
O S A K V M R E T A H V T
D R E T S I N A G S P I N
K H L J Y C W P L E A L Y
I O A N N I N A I Z A O S
Z R A C R O P O L I S N C
```

HOMOPHONES

- ASCENT
- ASSENT
- BRAID
- BRAYED
- CAUGHT
- COURT
- DRAFT
- DRAUGHT
- FLECKS
- FLEX

- HOARSE
- HORSE
- MANNER
- MANOR
- QUARTS
- QUARTZ
- STILE
- STYLE
- THRONE
- THROWN

```
Z Q U Q N S T I L E Z N R
Y N W O R H T Q J L S E E
Z D K M R F J R D K N C U
I A Q O A E T E C N E O I
X K N R S O Y E A R E U D
T E D R X A L M H T A R R
R N A Z R F E K B L C T A
V O E B T P Q I P A N A U
H O N C T R U J U J S J G
B F Q A S P A G Y S X Z H
F K R U M A H U E M E B T
L T T G A T C N Q L P R N
E S A T A R T G Y S N A F
X H O R S E T T L V L I U
J M H R G K S S C W L D N
```

CHINESE TOWNS AND CITIES

- ANSHUN
- CHANGCHUN
- DATONG
- FOSHAN
- FUZHOU
- HAIKOU
- HANGZHOU
- HESHAN
- HSINCHU
- JIUJIANG

- KUNMING
- LANZHOU
- LESHAN
- NANCHANG
- NANJING
- QINGDAO
- QUANZHOU
- SUZHOU
- URUMQI
- YANGZHOU

```
A V P Q G B E D T I A K Z
N X V U C H A N G C H U N
L H C A Y A N G Z H O U N
E O U N B K G U K D F X A
S P H Z Y Y O A A I O D N
H G C H L H Y T W H S Q J
A N N O Z U O K I A H I I
N A I U G N A H C N A N N
K I S S G O N O U G N G G
U J H D U F U O G Z Z D V
N U O E Q U H E S H J A C
M I N H S Z S G G O L O M
I J X L N H N U R U M Q I
N D C A N O A G Y L P Q Y
G V L B J U W N M O V Y X
```

FAMILY RELATIONSHIPS

- AUNT
- SIBLING
- CHILD
- STEPBROTHER
- COUSIN
- STEPFATHER
- DAUGHTER
- STEPMOTHER
- GRANDDAD
- STEPSISTER
- GRANDPARENTS
- STEPSON
- HUSBAND
- TRIPLET
- NEPHEW
- TWIN
- NIECE
- UNCLE
- PARENTS
- WIFE

```
R T R I P L E T D N D S S
E D U A U N T S L Q A T T
H F A G F T U C I B U E N
T M I D T R O N H W G P E
O Y Y W D U G A C H H S R
R B I S S N A X T L T I A
B N Z I I V A W U W E S P
P N N L A Q D R S K R T D
E P B D B I H J G S H E N
T I U H U S B A N D D R A
S A P A Y S T E P S O N R
R E H T O M P E T S T H G
V B W R E H T A F P E T S
A V Z N E O J D N I E C E
Q Q V W M U A L L P R R E
```

250

E WORDS

- EAGLE
- ENGENDER
- EDGED
- ERADICATE
- EELS
- ERROR
- EERIEST
- ESPIED
- EJECT
- ESTEEMED
- ELDER
- ETHANOL
- ELKS
- ETUDE
- ELSEWHERE
- EVENT
- EMBER
- EWERS
- EMEND
- EXTRACT

```
E S T E E M E D K T Q B D
E S N K T V L R M I Y Y C
T T R E N A D Q E W X D A
C Z H E L Z X M J D U V U
A B K A W S C B E T L I T
R Q X L N E E T M I H E E
T E H X U O A W O Q A R A
X B B G R C L M H R R E G
E M D M I K D Q X E O D L
E T U D E E Q E T B R N E
R V A E I M L N G U R E E
I R L P T L E I E D E G J
E K S T N V J D I E E N E
S E T G E M E N D F L E C
T R O T E I S T S X J S T
```

251

- BABBLE
- BLAST
- BLEATING
- CHINK
- CLANG
- ECHO
- GIGGLE
- HISS
- HOOT
- INTONATION
- JINGLE
- MUSIC
- MUTTER
- PIANISSIMO
- POPPING
- SNORING
- TONE
- WHINE
- YAPPING
- YELL

```
G S I S E E A M H I S B G
I J G Y G N C O H N P R N
N Q E E S O O T O P Z E I
T L S L N T F R C I Q T T
O L E L G U I G P W V T A
N K C O B N L O N G S U E
A V H M G N I P P A Y M L
T C O I M K H J L H L N B
I F I S E L B B A B I C P
O Y E S I E P H F H H S P
N Z L I U N X C H I N K S
Z I G N T M K A T R R L U
M G G A A A P O P P I N G
F B I I V N V E A H B G U
B X G P R U E N I H W K R
```

252

COFFEE

- ARABICA
- BLACK
- BLUE MOUNTAIN
- COLOMBIAN
- ESPRESSO
- FILTERED
- FRENCH ROAST
- GROUND
- ICED
- INSTANT
- IRISH
- JAVA
- KENYAN
- LATTE
- LIGHT ROAST
- MACCHIATO
- MOCHA
- NOIR
- TURKISH
- WHITE

```
N C V Y O D Y I U X Q M J
A R A B I C A M O C H A L
I N S T A N T Z O O V M D
B T G F I D Y J S A A P D
M S U Q P B N B L C U E F
O A J R W U P U C A C L I
L O E F K Z K H O I T M L
O R T L T I I I P R K T T
C T I P T A S E R E G F E
C H H X T D N H N I S Y R
Q G W O B S M Y N K S H E
R I O N I L A H J D N H D
X L F R E N C H R O A S T
B L U E M O U N T A I N G
O S S E R P S E B L A C K
```

253   HENRY VIII

◊ ANNE   ◊ PARR

◊ BOLEYN   ◊ POPE

◊ CLEVES   ◊ PRINCE ARTHUR

◊ EDWARD   ◊ PROTESTANT

◊ JANE   ◊ QUEEN

◊ JESTER   ◊ THOMAS MORE

◊ KATHERINE   ◊ THRONE

◊ KING   ◊ TOWER

◊ MARRIAGE   ◊ WINDSOR

◊ MARY   ◊ WOLSEY

```
Z U X Z S C R M D M Y J H
P V N K U D W E B W I H A
P R I N C E A R T H U R M
E I O L E V D Y H S R T T
X N E T O E T D R F E F O
T X N S E M U R O L I J G
H B A A D S A Q N R V N O
O M J S Y P T R E P I O L
M E D W A R D A R K O U L
A J S I J U A Z N I X P S
S K E N X T Q M Q T A R E
M Y V D W B O L E Y N G N
O Y E S L O W W N U D Z E
R E L O K A T H E R I N E
E B C R P H Y R W R K N A
```

254   FABRICS

◊ ACRYLIC   ◊ MOIRE

◊ CALICO   ◊ MUSLIN

◊ CAMELHAIR   ◊ NYLON

◊ DENIM   ◊ ORGANDIE

◊ FELT   ◊ ORLON

◊ FLEECE   ◊ PVC

◊ GAUZE   ◊ SATEEN

◊ LINEN   ◊ TAFFETA

◊ LISLE   ◊ WINCEYETTE

◊ MERINO   ◊ WOOL

```
S P G R V E D M E R I N O
U Z A D Y T Q S Q J L Y X
J J U E G T A L A N C L D
C W Z N R L H F E W O O L
A A E I V E S N F R L N S
L A M M A F I C L E P A M
I C O E J L L O X W T Z A
C R I N L A N E I E O A H
O Y R E V H Q J E J X U T
A L E Q E D A N X C K N X
L I S L E X R I C I E I C
W C E I D N A G R O K L P
C V P T L E P O A S P S S
R W I N C E Y E T T E U C
V S V X J C A P U L A M W
```

RIVERS OF THE WORLD

- CONGO
- DANUBE
- EUPHRATES
- GANGES
- GREEN RIVER
- HUANG HO
- INDUS
- JORDAN
- MEKONG
- MURRAY
- NIAGARA
- NIGER
- NILE
- ORANGE
- RHINE
- RHONE
- SEINE
- SOMME
- UBANGI
- VOLGA

```
E L I N K F O G I N T G C
W S F I S P R H O N E J A
Z Q E O D S E I N E D G B
F X M G A I T V B J L U I
Y M R I N T P Y U O Q G S
E F C V U A S N V V N E P
U H O D B W G Q W O I S P
N I N A E Y Z C K H A E H
A J G H O M A E V G G T W
Q O O N Z G M R U N A A V
R I R R A J R D R A R R C
H I A U D B F F L U A H Z
I B N G Q A U K K H M P K
N Y G Z B I N I G E R U W
E U E G R E E N R I V E R
```

N WORDS

- NACRE
- NAILS
- NAMED
- NASAL
- NEATNESS
- NEBULA
- NECKS
- NEEDING
- NEEDLE
- NESTED
- NETTING
- NEXT
- NIGHT
- NOAH
- NOISE
- NORTHERN
- NOTARY
- NOUNS
- NOWADAYS
- NUTMEG

```
K S U K Q A Y E D O F V I
U Y Y J T N A S A L H P G
O A N E C K S I N G Z D N
G D G E M H Y O O E E K I
N A N S N J L N T M H K G
I W I M S E O E A T H Y H
D O T S Q E S N R U O A T
E N T R B C N T Y N O V P
E W E A F X V T E N C D P
N V N E D N R Z A D Y E X
J T X E N N E C U E N F W
N E E D L E R B Y O N O N
N O R T H E R N U V M V E
X X C I X Z C N F L M W M
S L I A N W S K M Y A O F
```

257

NEW YEAR

- ◊ BIG BEN
- ◊ NEW YEAR
- ◊ CHAMPAGNE
- ◊ PARTY
- ◊ CHIME
- ◊ REEL
- ◊ CLOCK
- ◊ RESOLUTION
- ◊ COALS
- ◊ SINGING
- ◊ DRAM
- ◊ STREAMER
- ◊ FUN
- ◊ TOAST
- ◊ HANGOVER
- ◊ WHISKY
- ◊ HOLIDAY
- ◊ WINE
- ◊ JIG
- ◊ WISH

```
P L B Y Y R D U W L G S C
N E L K A Y N C K I T T U
L E S H D K U L E N N R J
C R E X I S F O V N R E Z
H S R O L I W C G O E A F
I J A Q O H C K T I V M J
M G E H H W H O W T O E R
E I Y E U A A P P U G R I
S J W W X S M R V L N C K
R I E E T N P J C O A L S
D H N S L V A H K S H T O
D L S G O T G Y D E T C M
M R G I I X N Y T R A P X
H Y A P W N E B I G B E N
B Y X M H S G U E Z P A Q
```

258

WAKE UP

- ◊ AWAKEN
- ◊ SCRATCH
- ◊ BED-MAKING
- ◊ SHOWER
- ◊ BREAKFAST
- ◊ SLEEPY
- ◊ CEREAL
- ◊ SNOOZE
- ◊ COCK-CROW
- ◊ STRETCH
- ◊ COFFEE
- ◊ SUNRISE
- ◊ DAYBREAK
- ◊ TEACUP
- ◊ FLANNEL
- ◊ TOOTHBRUSH
- ◊ OFF TO WORK
- ◊ WASHING
- ◊ OVERSLEPT
- ◊ YAWNING

```
Y A S H C T A R C S Z W R
P T O O T H B R U S H A H
E Y F U B R E A K F A S T
E O V E R S L E P T K H N
L K W E N T I H B U A I H
S R E F I R T L E P E N L
L O S F C E V V D K R G Z
R W I O I T E X M S B E L
W O R C K C O C A H Y Y E
N T N P W H B A K O A W N
C F U U D S W Z I W D D N
P F S C M A Y F N E G W A
L O K A K P B I G R J R L
C E R E A L N T A S H Y F
M U N T A G H E Z O O N S
```

259

◊ BEEFEATER
◊ CABS
◊ CAMDEN
◊ CENOTAPH
◊ CHELSEA
◊ COCKNEY
◊ CORNHILL
◊ EAST END
◊ EROS
◊ GUARDSMEN

◊ HARROD'S
◊ HYDE PARK
◊ ISLE OF DOGS
◊ LAMBETH
◊ MAYFAIR
◊ MONUMENT
◊ PALL MALL
◊ RED BUSES
◊ SOHO
◊ TYBURN

```
W H C J F W H F V L E Z C
M O N U M E N T L Q O F N
F S E S R E T A E F E E B
X L B A N E M S D R A U G
Z A H I S L E O F D O G S
C M T A L T F I A P K Y N
G B L A R G E V S D R Y I
P E P S M R V N Z C A E K
E T O J I A O C D O P N X
R H N R G H Y D W R E K C
O T Y B U R N F S N D C A
S C H E L S E A A H Y O M
F C E N O T A P H I H C D
O S E S U B D E R L R F E
R F U A T T M R M L X B N
```

260

◊ AIDE
◊ BALL
◊ BIRD
◊ BLACK
◊ CARD TRICK
◊ CHAINS
◊ ESCAPE
◊ FAKE
◊ GLASS
◊ LOCKS

◊ MAGIC
◊ POWER
◊ RABBIT
◊ BLACK
◊ RINGS
◊ ROPES
◊ SCARF
◊ SHOW
◊ SWORD
◊ TWIST
◊ WHITE

```
L J A F N L K S O L X E W
N L E I K W K T Y I R N W
S J D R C C K T V D X H U
Q F I V O E A D J S R L S
L B A L L P F L Z J K P T
P Y Z Y B A E B B N C S Q
O D B Z P C R S G N I R X
W D R O W S A S N W R G S
E P N I N E B S T N T L C
R W Z I B S B S Q I D Y E
S U A S F C I A C B R K V
W H I T E A T L I Q A K E
C D O I Q R F G G F C U U
J J T W M F G F A R W D M
Q N C G Y B W R M V Z W O
```

261

WATER

◊ CANAL

◊ CURRENT

◊ DITCH

◊ DRAIN

◊ EDDY

◊ GULCH

◊ HOSE

◊ HYDRANT

◊ ICE CUBE

◊ PIPES

◊ RAINFALL

◊ RIVER

◊ SHOWER

◊ SPOUT

◊ SPRINKLER

◊ STEAM

◊ SURF

◊ SWELL

◊ WASH

◊ WAVES

```
Y J W V T N A R D Y H K H
B H U J R T U V Z M D S L
K S L S T E A M O R C D P
F N H H C K L X A W P X E
S W O O M U T K A B C C S
S U F A W G N V N U F P Z
H S A W S E E E X I O D T
H C L U G S R B K U R K F
S W E L L T R U T T E P D
H L D N A G U C D B V P S
O E C Z L F C E K I I D E
S I M I A G N C W W R I P
E U V V N H G I O Z X T I
S L R W A E D R A I N C P
O N M F C B M Y E R E H L
```

262

WRONG

◊ AWRY

◊ BAD

◊ CONTRARY

◊ CRIMINAL

◊ EVIL

◊ FALSE

◊ HAYWIRE

◊ ILL-TIMED

◊ IMMORAL

◊ IMPROPER

◊ INCORRECT

◊ INEXACT

◊ REPREHENSIBLE

◊ SINFUL

◊ UNETHICAL

◊ UNFIT

◊ UNTOWARD

◊ UNTRUE

◊ VILLAINOUS

◊ WICKED

```
U B B D G D A Q H X L I X
F N N K E M F J U D A N E
D U E X S K L G F E N Q R
S O U T T I C B J M I Y E
U A R Y H N N I H I M R P
O U T W R I L F W T I I R
N N N T V A C Z U L R N E
I F U E R P R A X L C C H
A I I O R A X T L I P O E
L T M B N I W Z N V J R N
L M D Y J Q W R T O L R S
I N E X A C T Y Y B C E I
V H X U N T O W A R D C B
F A L S E T Z D H H O T L
L I V E I M P R O P E R E
```

263   BATH-TIME

C	J	B	I	D	E	T	N	V	O	I	O	H
W	F	U	T	S	E	S	A	R	Z	L	A	S
K	H	B	C	D	S	A	I	I	O	F	M	U
A	F	B	B	X	S	M	L	D	O	Z	M	L
T	G	L	O	M	U	Z	C	O	N	S	A	F
O	R	E	O	D	O	I	L	Q	O	B	M	R
O	E	B	V	S	M	C	I	A	Q	Z	Y	L
T	L	A	S	A	S	C	P	L	U	G	C	P
H	A	T	I	U	H	D	P	A	S	K	A	U
P	X	H	N	L	I	S	E	P	N	Z	B	E
A	I	B	K	S	D	R	R	C	O	M	I	K
S	N	C	H	U	O	C	S	E	I	H	N	A
T	G	R	S	S	U	G	L	S	T	L	E	M
E	X	H	O	J	R	T	V	Q	O	F	T	H
T	S	L	E	H	N	B	A	I	L	C	A	G

- AEROSOL
- AFTERSHAVE
- BIDET
- BUBBLE BATH
- CABINET
- COMB
- FLOSS
- FLUSH
- LOOFAH
- LOTIONS
- MAKEUP
- MOUSSE
- NAIL CLIPPERS
- PLUG
- RAZOR
- RELAXING
- SINK
- SOAP DISH
- SUDS
- TOOTHPASTE

264   POOR

E	T	U	T	I	T	S	E	D	B	T	S	R
Q	P	T	D	H	C	N	Y	Q	S	S	M	U
D	U	N	K	E	J	C	A	U	M	U	Q	O
I	R	I	A	T	F	B	O	W	A	B	B	D
S	K	K	I	N	D	I	G	E	N	T	A	E
A	N	S	X	C	R	Y	C	Z	D	I	R	P
D	A	G	I	U	P	E	Y	I	X	L	R	P
V	B	R	N	N	N	I	D	P	E	L	E	A
A	F	E	A	B	S	U	T	U	M	N	N	R
N	P	R	L	B	R	O	K	E	C	I	T	T
T	E	Z	U	B	Q	L	L	P	O	E	K	S
A	Q	E	P	G	M	P	M	V	X	U	D	S
G	L	I	D	C	A	U	A	J	E	R	S	F
E	P	E	F	Y	M	L	H	M	C	N	W	N
D	W	P	E	N	N	I	L	E	S	S	T	M

- BANKRUPT
- BARREN
- BROKE
- BUST
- DEFICIENT
- DESTITUTE
- DISADVANTAGED
- FRUGAL
- HUMBLE
- IN WANT
- INDIGENT
- INSOLVENT
- NEEDY
- PENNILESS
- PENURIOUS
- PITEOUS
- REDUCED
- SKIMPY
- SKINT
- STRAPPED

265   AIRPORTS OF THE WORLD

◊ BANGKOK   ◊ LINATE

◊ BURBANK   ◊ LOGAN

◊ CHANGI   ◊ LOS ANGELES

◊ DENVER   ◊ MCCARRAN

◊ DETROIT METRO   ◊ MIRABEL

◊ DULLES   ◊ NEWARK

◊ GATWICK   ◊ PRINCE GEORGE

◊ HANEDA   ◊ SAN FRANCISCO

◊ HEATHROW   ◊ SKY HARBOR

◊ KASTRUP   ◊ ST PAUL

```
J P R I N C E G E O R G E
K A S T R U P N E W A R K
S D M R O B R A H Y K S V
E D R Z L D B U R B A N K
L L E X H V W S E N S B C
E I V T A E E G F S T A I
G N N A R L A R H M P N W
N A E B L O A T C C A G T
A T D U I N I C H I U K A
S E D H C K A T H R L O G
O C N I A R B G M A O K A
L D S E R N G P O E N W Q
K C G A G H E P A L T G J
O P N O L Q C D R N J R I
U W D V S M I R A B E L O
```

266   BASEBALL TERMS

◊ BALK   ◊ PLATE

◊ BASES   ◊ SHORTSTOP

◊ BATTER   ◊ SINGLE

◊ CURVE BALL   ◊ SPITBALL

◊ DOUBLE   ◊ STEAL

◊ FOUL   ◊ STRIKE

◊ GLOVE   ◊ TEAM

◊ HITS   ◊ THROW

◊ INFIELD   ◊ TRIPLE

◊ INNING   ◊ WALK

```
H I F T F P I F Z P P D Y
G P E P D U X J V L L J E
N K L E V O L G S A G H P
I W X A E L P I R T N E D
N S Y O E X J C W E I L Y
N S H O R T S T O P L H E
I K L A B D S K L A W L J
K T E A M W L L B L G I S
D O U B L E O E C N B F P
B Y E P Q O V R I C T O I
A I K J B R I S H F S U T
T X I S U A K V L T N L B
T N R C X C S P W X B I A
E V T S F Q J E X N F H L
R G S T X G K N S H R X L
```

267

◊ AFLAME   ◊ KEYED UP

◊ AROUSE   ◊ PALPITATE

◊ BUSTLE   ◊ PERK UP

◊ CHARGE   ◊ PROVOKE

◊ EBULLIENT   ◊ RARING TO GO

◊ ENLIVEN   ◊ SHAKE

◊ FOMENT   ◊ STIMULATE

◊ FRANTIC   ◊ TENSE

◊ GALVANISED   ◊ TINGLE

◊ INCITED   ◊ TURMOIL

```
C G A E T A T I P L A P E
T O G O T G N I R A R U L
W C P P D R T N E M O F G
G A L V A N I S E D U K N
H P U D E Y E K C E S A I
Y E L T I B C E I T E F T
S K K S K N U I E I D L E
T O C A U F E L T C U A N
I V P H H I T V L N B M S
M O L W A S U P I I A E E
U R R M U R U D C L E R M
L P T B I K G R I V N N F
A G C Y R A M E U G L E T
T O L E C F T U R M O I L
E Y P F M T Z E U Z L Q F
```

268

◊ ZABAGLIONE   ◊ ZEPPELIN

◊ ZACHARY   ◊ ZESTFULNESS

◊ ZAIRE   ◊ ZIGZAG

◊ ZAMBEZI   ◊ ZILCH

◊ ZANTAC   ◊ ZIMBABWE

◊ ZEALAND   ◊ ZINC

◊ ZEBRA   ◊ ZIRCONIUM

◊ ZECHARIAH   ◊ ZODIACAL

◊ ZENITH   ◊ ZONAL

◊ ZEPHYR   ◊ ZYGOTE

```
Z E I D N A L A E Z M Y L
P I O A Y H R G Z U L R I
W Q N V Z K V B I I S A I
Z F Z C Z D Z N E S L H U
Z H V O Z I O I E Z U C Z
A A Z A D C M N G C N A H
M I I A R I L B P Z U Z W
B R Q I B U A Z A Z A Z C
E A Z Y F A A C E B S G G
Z H Z T Z N G P A C W M Z
I C S Y T E P L Z L U E Z
K E P A G E P A I W J O P
Z Z C W L O C H E O N G U
Z E N I T H T T Y A N E P
O R N A O Q D E L R T E K
```

269   HAIRSTYLES

◊ AFRO

◊ BACKCOMBED

◊ BANGS

◊ BOB

◊ BRAID

◊ BUN

◊ CORN ROWS

◊ COWLICK

◊ CRIMPED

◊ CROP

◊ CURLED

◊ DREADLOCKS

◊ FRENCH PLEAT

◊ FRIZETTE

◊ PERM

◊ PLAIT

◊ QUIFF

◊ SKINHEAD

◊ UNDERCUT

◊ WEAVE

```
S H G Z C I S D R W P F H
D D E B M O C K C A B F E
A O R F A R R F T Y E I E
E F L E O T R N V Y V U F
H F B P A I V P R D A Q R
N I U N Z D B B E O E I E
I E N E C A L P R U W F N
K K T G N U M O N A G S C
S T C G Q I R D C Y I S H
E T S I R Y E L X K R D P
L Y I C L R P I E T S R L
K B C A C W F G N D N P E
R I O U L W O I E Z V S A
S Z T B W P O C E Y I N T
T G V Z L H A X P R O D I
```

270   MUSCLES

◊ ABDOMINAL

◊ BICEPS

◊ CARDIAC

◊ COMPLEXUS

◊ DELTOID

◊ DETRUSOR

◊ EYE-STRING

◊ GLUTEUS

◊ OMOHYOID

◊ PERONEAL

◊ PLATYSMA

◊ PRONATOR

◊ PSOAS

◊ RECTUS

◊ RISORIUS

◊ SCALENUS

◊ SOLEUS

◊ SPLENIUS

◊ STAPEDIUS

◊ TRICEPS

```
R Q D S U I D E P A T S S
A D C I S P L E V I U S Z
E B S M O P Z F L I X V E
F Y D C S Y Y D R T P L C
C P E O A Z H O Z E O A N
E O A S M L S O R H R I R
A S M H T I E O M D O G D
M M X P R R N N I O T L E
S M L G L E I A U D A U T
Y E L F A E C N L S N T R
T X F L U N X X G O O E U
A B I C E P S U X L R U S
L S P E C I R T S E P S O
P S P L E N I U S U J L R
X S U T C E R C Q S Q V W
```

271   EARTH WORDS

- BORN
- BOUND
- BRED
- FULLERS
- GODDESS
- LIGHT
- LING
- MOTHER
- MOVER
- NUTS
- QUAKE
- SCIENCE
- SHAKING
- SHINE
- SIGN
- SPIKE
- TREMOR
- WARDS
- WORK
- WORMS

```
Y L L L H Q I D P B R E D
N G I S C I E N C E P A M
E K I P S S L I G H T W W
Q I Z G O D D E S S W A S
Q Z A N E E Q K Q F E R G
U R K I G H A O L E R D H
A E C K N P N F I O X S Z
K H L A Q U A M M S S Y B
E T Q H T S O E M T H M I
D O P S U Y R R C L P I B
G M Y B T T O B F A I E S
B O U N D W O X X W D N G
A V C U Q R Q W O R K I G
D E M T N A M T W B L H T
S R E L L U F X H R W S V
```

272   FARMING

- BEEF
- BYRE
- CHICKEN
- COWS
- EWE
- FENCE
- FODDER
- HARROW
- HENHOUSE
- HOG
- MILLET
- OATS
- OXEN
- PICKING
- SHEARING
- SHED
- SHEEP
- SILO
- SWINE
- TROUGH

```
H I H J F F Z R V I F E F
G U I E C N E F K B M N R
U O W B N D Q C K K H I N
O L S E D H C H H Z S W H
R Z X O C Z O H H S N S A
T O F R W R F U I X T F R
R L R N Z P R R S C E A R
L R H F M V P S F E K O O
T F C F X I H R B B Z E W
B S Q B J E L L E P O U N
Y I I C A U T L Y C T L X
R L Z R D K F B E E W E S
E O I P E E H S X T Y W C
M N Q Y H S I H O G O B W
G A N B S G N I K C I P N
```

273

SEVEN-LETTER WORDS

- ANOTHER
- ATHLETE
- BRAVADO
- CABBAGE
- DISGUST
- HOLLAND
- JACKPOT
- KITCHEN
- KNEECAP
- MUNDANE
- NOWHERE
- OUTPOST
- OVERLAP
- PERVADE
- PRONOUN
- QUARREL
- STOPPER
- UNUSUAL
- VACCINE
- WHEREBY

```
Z J O C U T S U G S I D C
P E R V A D E T Z Y Y P T
M T K F N B S O O Y B F I
D B S L R W B H V P D W B
N O W H E R E A R V P E L
B V H Y H K D F G H T E I
D E E D B N Q N U E Z A R
N R N N Q E N U L S O W E
A L T X I E R H B T D L H
L A U S H C T E O D A E T
L P W C O A C P H U V R O
O V T Q T P K A S W A R N
H I U F Q C T U V P R A A
K J E N A D N U M I B U G
N L Q J N U O N O R P Q Q
```

274

MUSICAL INSTRUMENTS

- BASS RECORDER
- BELL
- CELESTA
- CHANG
- CYMBAL
- DRUM
- ELECTRIC PIANO
- FIFE
- FLUTE
- LYRE
- MARIMBA
- PIPE
- PSALTERY
- RATTLE
- SALTBOX
- SITAR
- TENOR SAX
- TRAPS
- VINA
- VIOL

```
E Q S N E R Z G P A D N M
L L K I A L L X B T Q E U
A O E T J Y T H D E Q C R
B T I C J R L T G N L E D
M S P V T E I Z A O T L O
Y B A S S R E C O R D E R
C F E V A F I W A S W S G
J H B F L L K C A A M T N
M D M U I V T L P X L A A
A Z T P H F T E V I N A H
R E E Y N B M F R P A S C
I X V I O D S W T Y P N E
M O G X H D C L J A T P O
B I C V I M I D R A I S Y
A B T S D W T T L P K Q W
```

275

- BOUNCER
- BURGLAR
- CCTV
- DOGS
- DOORMAN
- ENCRYPTION
- ENTRYPHONE
- FIREWALL
- FRAUD
- ID CARD
- INTERCEPTED
- PROTECTION
- RISK
- SAFE
- SEARCH
- SECURITY
- SIREN
- STRONGBOX
- THEFT
- VIRUS

```
O G J S Q Y C E S X Q U U
S F R A U D O O R M A N K
T H E F T R A L G R U B C
R C C T V F I R E W A L L
O J N E I W N V E T G N N
N P U Q N O T S F W B B O
G R O H J T E W A F S E I
B O B G J C R H S F K P T
O T J N U C C Y K N C R P
X E H R N R E Z P Q P I Y
U C I E A Y P H Z H B S R
O T R E W G T G H X O K C
Y I S G X Q E O W L L N N
S O M Z C R D R A C D I E
X N V B N P P Y D O G S N
```

276

MOON CRATERS

- APOLLO
- COPERNICUS
- DARWIN
- EINSTEIN
- FARADAY
- GAGARIN
- HERSCHEL
- HUMBOLDT
- JENNER
- KOROLEV
- LEBEDEV
- MARCONI
- NOBEL
- PASCAL
- PLANCK
- ROZHDEST-VENSKY
- SCHIAPARELLI
- TSIOLKOVSKY
- TYCHO
- VEGA

```
R A K T I N O C R A M R C
O P T S I O L K O V S K Y
Z D Y C N I E T S N I E C
H B C H P P K P I F L Y O
D H H I E Z F W Y A V R P
E U O A Q R R G C A E T E
S M Z P F A S S S F D N R
T B V A D A A C O P E I N
V O E R K P R L H T B R I
E L G E N O L A E E E A C
N D A L S L R A D N L G U
S T U L M L A O N A R A S
K Y K I B O H E L C Y G E
Y G D A P K J J M E K A S
X U Z J V N O B E L V U H
```

277

WATCHES

- ◊ ANALOGUE
- ◊ KINETIC
- ◊ AUTOMATIC
- ◊ LEVER
- ◊ BATTERY
- ◊ NURSE'S
- ◊ BRACELET
- ◊ PENDANT
- ◊ CHAIN
- ◊ POCKET
- ◊ CHRONOGRAPH
- ◊ QUARTZ
- ◊ DIGITAL
- ◊ REPEATING
- ◊ DIVE
- ◊ RING WATCH
- ◊ FOB
- ◊ SKELETON
- ◊ HUNTER
- ◊ WRISTWATCH

```
R O L C I T A M O T U A X
Q T A N A L O G U E E E X
D I G I T A L I J P V B J
D H Q H C T A W T S I R W
I N C H U B T B P D D A T
N N I T V N P T R G U C E
N O I B A T T E R Y Z E K
W J T A F W V E N P T L C
F E E E H E G T R D R E O
X O A K L C Q N J O A T P
R W B V X E Z F I H U N W
K A T R J M K H C R Q T T
K I N E T I C S E S R U N
C H R O N O G R A P H P R
Y Q R E P E A T I N G A A
```

278

SPRING

- ◊ ANEMONE
- ◊ LILY
- ◊ BLOSSOM
- ◊ MARCH
- ◊ BUDS
- ◊ MAY
- ◊ BUNNY
- ◊ MIGRATION
- ◊ CALF
- ◊ NARCISSUS
- ◊ CATKINS
- ◊ NEST
- ◊ DAFFODIL
- ◊ SHOOT
- ◊ EGGS
- ◊ SPRING
- ◊ GUST
- ◊ SWALLOW
- ◊ LENT
- ◊ VERDANT

```
Y T E D V V E R D A N T C
A L H N A R C I S S U S A
M A R C H F H Y P R Q Z L
A W N B N U F R N L F P F
E T N E L E I O O N P B S
M E S E M N I Q D D U G H
C I V N G O E W X I G B T
W S G Q I F N S O E L M G
O C H R W K H E T H O Y V
L V Y O A F T S X S L L B
L W V G O T K A S C L I C
A D G A R T I O C T H L U
W D N N R G L O S S D U B
S X E M T B Z U N B S T P
T Q M V J F G R M M N I B
```

279

MUSEUM PIECE

- ANCIENT
- BOOKS
- CARVING
- CASES
- DISPLAY
- DONATION
- ELIZABETHAN
- EXHIBIT
- HISTORY
- INTERESTING
- LEARNING
- MEMORABILIA
- MOSAIC
- MUMMY
- POTTERY
- RELICS
- ROMAN
- TOURIST
- TUDOR
- VAULTS

```
A N C I E N T J W H Z V K
B O O K S I Y M M U M O Z
H E U H B N O I T A N O D
R C Y I V S S S W Y N C D
I L H R A A I S A U A Y P
C X N I E W U L X C H W I
E A C B V T P L A U T N W
S T R W W S T S T L E Y G
C T U V I S E O D S B R N
I V S D I S A P P T A O I
L T I R O N X R J Y Z T N
E E U V J R G S Q E I S R
R O M E M O R A B I L I A
T E J U R O M A N T E H E
V G N I T S E R E T N I L
```

280

VERBS

- BREATHE
- CARRY
- CHANT
- CONSTRUCT
- COUGH
- DANCE
- EXPLODE
- FAZE
- FIX
- KNIT
- LANGUISH
- PERSPIRE
- PREPARE
- REACT
- RECANT
- RECITE
- SKIP
- SWING
- TWIST
- YEARN

```
D F Y T U Y Y U F T A B T
A L D R E C A N T I D P H
N Q Z T R Q Y I G N I W S
C H Z D N V E E S K F V T
E O J V P A T L S B V C C
Z Y U A Q I H Y R R A C O
D X I G C Z X C O E F K N
W D Z E H E F V R A A L S
P E R S P I R E R T Z D T
Y R A U O F W Q W H E G R
E Z E B P T N R S E H G U
A T S P E D O L P X E Z C
R T Q L A N G U I S H T T
N V D O L R Y T W I S T Q
X I F A X W E I X K W N H
```

281   AFRICAN CAPITALS

◊ ABUJA   ◊ LUANDA

◊ ACCRA   ◊ LUSAKA

◊ ALGIERS   ◊ MAPUTO

◊ BANJUL   ◊ MOGADISHU

◊ CAIRO   ◊ NAIROBI

◊ DODOMA   ◊ NIAMEY

◊ GABARONE   ◊ PRETORIA

◊ HARARE   ◊ RABAT

◊ KHARTOUM   ◊ TRIPOLI

◊ LOME   ◊ TUNIS

```
V D O D O M A L J J A S I
H M P I V R O E B A G R B
F H S M C X B R I K U E O
L V A C A N T R I M F I R
X U A R I P O R O A Q G I
K D S A A T U G I G C L A
A H M A E R A T A P N A N
E E A R K D E B O R O X J
Y O P R I A A E M O L L I
Z Z J S T R H H R D I N I
M V H V O O T N T O W B Z
M U X N W B U G A M B M Y
I B E I T R N M B A A J B
A D N A U L I B A N J U L
A J U B A R S L R Y S K K
```

282   OCCUPATIONS

◊ ADMINISTRATOR   ◊ MECHANIC

◊ ARTIST   ◊ NANNY

◊ AUTHOR   ◊ NUN

◊ BAKER   ◊ NURSE

◊ CHEF   ◊ PROJECTIONIST

◊ COOK   ◊ TECHNICIAN

◊ DENTIST   ◊ TILER

◊ GROCER   ◊ TURNER

◊ GUARD   ◊ TUTOR

◊ LAWYER   ◊ VET

```
T D R A U G R N A N N Y F
T E J D V E M U L U K R N
S D V M L T Z R N A E A C
I K A I N W D S D N I O V
N L T N B A K E R C O A I
O T S I T R A U I K D A I
I V U S F N T N C E D H P
T O Q T S J H T I M K Z V
C G V R O C S S N Z P O Y
E D Q A E R D I A F F T W
J D O T O A U T H O R B F
O G R O C E R N C K G E V
R D S R Y W L E E Q H Z C
P R S Y J N F D M C G H V
F Z E A R E Y W A L K U O
```

283

BALL GAMES

◊ BAGATELLE   ◊ PELOTA

◊ BOULES   ◊ PING PONG

◊ BOWLS   ◊ RUGBY

◊ CROQUET   ◊ SHINTY

◊ FIVES   ◊ SKITTLES

◊ GOLF   ◊ SNOOKER

◊ HOCKEY   ◊ SOCCER

◊ LACROSSE   ◊ SOFTBALL

◊ NETBALL   ◊ SQUASH

◊ NINEPINS   ◊ TENNIS

```
D B L H S E J P S B C G J
H Y W P E E V L O T E S Y
S W O O O S V W Z E M C B
A X Q I E U L I N U I Q G
U U G W L S D F F Q O N U
Q Y T N I H S N O O K E R
S C Q N O O N O D R B T Y
O S N E C P M Q R C A B E
F E X C P M G O Q C G A K
T C E Z E F P N W E A L C
B R Z X L Z H L I M T L O
A P V O O L E I I P E E H
L X G Z T T L B O U L E S
L I T C A S K I T T L E S
J M N I N E P I N S E D B
```

284

NORSE DEITIES

◊ AEGIR   ◊ NOTT

◊ BRAGI   ◊ RAN

◊ FORSETI   ◊ RINDR

◊ FREYA   ◊ SIGYN

◊ FRIGG   ◊ SKADI

◊ GEFJON   ◊ SOL

◊ HEL   ◊ THOR

◊ HERMOD   ◊ TIW

◊ NANNA   ◊ TYR

◊ NJORD   ◊ VILLI

```
N A T B Q V I C K Q K Z O
L R A R I X W L V R N G A
D J N A L U U J D I Q A C
B X N G F Y A N C H L G R
H Q A I G Y I R A Q Q L X
F T N F E R U I E F U H I
L T P R B V X K G X I S F
P O F O R S E T I D K R P
G N E D D O Q P R Q O F D
G E T H O R V C V N O N O
Q G F F H W P Z J R N Y M
S T I J Z E P A P K S G R
O I Y R O S H S K A D I E
L W V R F N K E Q E Y S H
P U N J O R D W L Q T R J
```

285

J WORDS

◊ JACKAL ◊ JOCKEYING

◊ JADED ◊ JOKER

◊ JAILOR ◊ JOLTED

◊ JAMBOREE ◊ JOTTER

◊ JEERED ◊ JUDAIC

◊ JEJUNE ◊ JUDGED

◊ JERBOA ◊ JUGGLERS

◊ JERKIN ◊ JULIAN

◊ JERSEY ◊ JUMBLE

◊ JEWISH ◊ JUTTING

```
O O Y P F V J W M V J E W
W R J V R O L I A J U W D
R D E J U L I A N D T U H
J E R B O A J G X R T S E
U G K F G K B E H Z I E E
D D I O J C Q Q J W N U E
A U N M J A T A E U G J R
I J R A O J D J J S N Y O
C O J A H E I W R K I E B
L L E A D E R E E J Y T M
R T R S Q X L C K A E U A
K E S S H G M B K Q K G J
F D E R G Z G O M T C Q B
I L Y U C V Z T J U O V C
R I J I T R E T T O J T G
```

286

F WORDS

◊ FAMISHED ◊ FLOOR

◊ FECUNDITY ◊ FLOWER

◊ FEDERAL ◊ FOGGY

◊ FELONY ◊ FORTHRIGHT

◊ FEMUR ◊ FORTUNATELY

◊ FETID ◊ FRAMEWORK

◊ FEZ ◊ FRECKLE

◊ FIBULA ◊ FRIEND

◊ FIFTH ◊ FRIZZY

◊ FLINT ◊ FUZZY

```
F S G W O Z D X B G G Y L
P O L F F F Y I P U Z F A
F M R O E F A Q T Z W E R
R Y G T M L Z M I E T F E
A G F V U I O R I H F L D
Y F R B R N F N G S B O E
T I I F I T A I Y Z H W F
I F E U I Y R T Y G D E F
D T N F Z H J N E V X R D
N H D Z T A I L Y L E D W
U G U R J H Z R K C Y N O
C F O O E B E H K W B V J
E F G O Y C F L O A Y U X
F Z C L A L E I X Z Q K T
V Z G F F R A M E W O R K
```

287

ME, ME, ME

- MECCA
- MENDELSSOHN
- MEDINA
- MENU
- MEDIUM
- MERIT
- MEDUSA
- MERLIN
- MEERKAT
- MESMERIC
- MEETING
- METAL
- MELODY
- METERS
- MELON
- METHOD
- MEMORY
- METTLE
- MENDED
- MEXICO

```
Y Z N T R E T U G V K J P
M E D I U M F W M J E G C
M V C N L K M T E E I F M
E Q E I H R A E M O T Y S
N M A S R K E S T V I A Y
D I V E R E D M U H K D L
E S R E T E M I C D O D S
L D E H D I B S M L E D L
S M X N G N I T E E M M D
S M E X I C O M Z M C E N
O M E C E S V L I Z W C Q
H E G D E L T T E M S W A
N R K E I G Y R O M E M P
R I R E F N U A F N W B J
C T G E N V A M I E G G V
```

288

TIME

- ALARM
- MILLENNIUM
- APRIL
- MOMENT
- BIANNUAL
- MONTH
- CALENDAR
- OLDEN
- DAWN
- PENDULUM
- EARLY
- RECENT
- ELAPSE
- REGULATOR
- GREENWICH
- SECOND
- JULY
- SEPTEMBER
- LATENESS
- YEAR

```
B M S U H C I W N E E R G
D R A D N E L A C E E A U
D F Y L U J F Q V C I T N
Z M Q E D A W N E M R N R
B I C Y S L K N I E F E V
S L H H G P T E B W G M L
E L P T S L A M F U D O A
Y E U N N S E L L I H M U
L N B O L T E A E I L E N
R N H M P D T N V Q I N N
A I W E J O L D E N R X A
E U S Y R C R Y V T P L I
R M Z R O D R A E Y A A B
K P E N D U L U M R B L N
H D N O C E S T M N B E I
```

289

SHARKS

◊ ANGEL
◊ BRAMBLE
◊ BULLHEAD
◊ CARPET
◊ DOGFISH
◊ FRILLED
◊ GOBLIN
◊ GREAT BLUE
◊ HAMMERHEAD
◊ LEMON

◊ LONGFIN
◊ MEGAMOUTH
◊ NURSE
◊ PORBEAGLE
◊ REQUIEM
◊ SHOVELHEAD
◊ THRESHER
◊ TIGER
◊ WHITETIP
◊ ZEBRA

```
X P I T E T I H W H Z I N
A D L B Q P C F D T P O I
D N O N P Y V A M U O T F
A E G G E N E M B O R G G
E O L E F H U P A M B R N
H G O B L I N R F A E E O
R S W L M L S R S G A A L
E H U T Q A I H I E G T M
M B Q H R L R T N M L B E
M Z L R L M N B A T E L I
A D A E H L E V O H S U U
H R D S M M Y P U L Q E Q
I N B H F O T E P R A C E
V P L E X G N H A Q W L R
K M C R Z A I C F L I J T
```

290

UNDER THE GROUND

◊ BUNKER
◊ BURROW
◊ CARROT
◊ CAVE
◊ CELLAR
◊ COAL
◊ CONDUIT
◊ CORM
◊ CULVERT
◊ DRAIN

◊ GOLD
◊ PEANUT
◊ RABBIT
◊ RIVER
◊ SUBTERRANEAN
◊ TUBER
◊ TUNNEL
◊ UNDERPASS
◊ WELL
◊ WORM

```
D N R E R A L L E C M W D
V R V W D B A J R N J J M
Q A E L U N D E R P A S S
C L O K X N T R A L U V H
L G M T N W F Q A N S L P
J M R O G U J C Z I F B S
K W O R R U B D O E N T D
M U H R V K R I S R K U S
C J K A F L R E I P M F T
B U V C E C S T V H W P I
K C L N C O N D U I T G B
C X N V I Y Y V F N R C B
S U B T E R R A N E A N A
T U B E R R E B S T B E R
A L A O C J T M R O W V P
```

291

- ARACHNID
- BIENNIAL
- CAFFEINE
- CARAVANS
- DUMPLING
- EMIGRATE
- GARRISON
- GAUNTLET
- IMPLODED
- JOKINGLY
- MODIFIED
- OBEDIENT
- ROSEWOOD
- SEVERITY
- SLEEPILY
- SPLOTCHY
- SUNBATHE
- SUPPLIER
- ULTIMATE
- ZEPPELIN

```
E Y L G N I K O J R V U J
E T W T C S L E E P I L Y
H N A V R A U U D I I T A
T O O R N F F P H C S I Q
A S B V G Q D F P L F M J
B I E N N I A L E L D A L
N R D V R X M Y Y I I T C
U R I Z E P P E L I N E A
S A E W D R B S M U H E R
B G N C F G I P Z J C J A
U W T G E L T N U A G V
R O S E W O O D Y A R A A
L Q M O D I F I E D A X N
P A Q E R Y H C T O L P S
C U D U M P L I N G Y D M
```

292

CREATURE FEATURE

- APE
- ASS
- BULL
- CAVY
- COOT
- CYGNET
- DOE
- DOG
- ELK
- FAWN
- GENET
- HIPPOPOTAMUS
- HOUND
- LION
- MOLE
- OXEN
- PIPISTRELLE
- PORCUPINE
- PUPPY
- SKUNK

```
W G T U N D T J F R G X G
H E P K Y B O E P R A S S
I N L Y Z P O E Y T O A B
P E N I P U C R O P Z Q S
P T N O C Q V G D T L E E
O H E R F B F O R G S U L
P T X I X C U D J K Z U L
O U O A U Y M L U H X J E
T Z P C M G I N L J H C R
A M A P D N K A F O Q A T
M N L M Y E E U U B C V S
U U O Y C T P N Y E F Y I
S L R I J Q D Z P J D H P
E S B G L N W A F Z F P I
T R Y F T Q N M D F C Y P
```

293

L WORDS

◊ LATCH
◊ LIZARD
◊ LATTER
◊ LOCALITY
◊ LAXITY
◊ LODGES
◊ LEASEHOLD
◊ LOOFAH
◊ LEGISLATE
◊ LOVELY
◊ LEGUMINOUS
◊ LOWLY
◊ LEVELS
◊ LUCKY
◊ LIDDED
◊ LUNATIC
◊ LILY
◊ LYNX
◊ LITTLE
◊ LYRICAL

```
L O W L Y X D S T T B L L
L F L Y F R Y R I L Y H X
I O H S A Y T A U S X N Q
L W C Z E Z X N G I Y T L
L E I A X L A L P L F V E
E L G P L T T G N K L V A
G G U U I I L T A O L V S
I T L C M U T U I E S L E
S R P X K I F Y V L H O H
L E L L B Y N E O C T D O
A T O A D B L O T S A G L
T T V X L S F A U L G E D
E A E I K A L C I S A S O
S L L T H N U L I D D E D
L J Y Y S L Y R I C A L H
```

294

WEAPONS

◊ ARROW
◊ MISSILE
◊ BOWIE KNIFE
◊ PISTOL
◊ BROADSWORD
◊ RAPIER
◊ BULLET
◊ RIFLE
◊ CUDGEL
◊ SHOTGUN
◊ DAGGER
◊ SIDEWINDER
◊ HAND GRENADE
◊ SPEAR
◊ H-BOMB
◊ STILETTO
◊ LANCE
◊ TEAR GAS
◊ MACHINE GUN
◊ TREBUCHET

```
X O X X A R R S Z N H V R
O G W I C R E O M U F C E
E D M S T A I R E G G A D
H F R I N E P I S T O L N
B A I O S P A Z V O X Z I
M U N N W S R R J H W P W
A A L D K S I E G S H P E
C S D L G E D L A A L H D
H T H N E R I A E R S H I
I I C V L T E W O C R B S
N L A N C E E N O R I O H
E E L K G L G M A B B M W
G T O W F P Q D M D X B V
U T M I T E H C U B E R T
N O R L E P D U U C C F B
```

295

PLAYING CARDS

- ACE HIGH
- BLACKJACK
- CHANGE
- CHEAT
- DEUCE
- EIGHT
- HIGH STAKES
- KING
- LITTLE SLAM
- MARRIAGE
- POINTS
- PRIAL
- QUEEN
- RUBBER
- SEVEN
- STOCK
- STRATEGY
- SUITS
- THREE
- TRUMPS

```
Q R Y R B T H R E E Q N S
E E R E N G A J H A E F L
G B N L P N V N D V O C A
A B R J H G I H E C A C I
I U S E K A T S H G I H R
R R T E L L N X E U M K P
R X N C L A C Y U A A C G
A S I K I N G I H X L A B
M P O K D E U C E H S J M
C M P E T B I E K U E K O
U U T A Q Q H G W T L C S
U R R A Y H N N H O T A T
B T Q U E E N A F T T L O
S U I T S H E H E V I B C
H Z V A D X C C N N L Q K
```

296

FIXINGS

- BUCKLE
- CABLE TIE
- CHAIN
- CLASP
- CLEAT
- CURTAIN HOOK
- KIRBY GRIP
- KNOT
- LINK
- NAIL
- RIVET
- ROPE
- SCREW
- STRAP
- STRING
- SUPERGLUE
- TACK
- VELCRO
- VICE
- ZIPPER

```
S I A S C X V D L I M L X
T U T H V S P D N S O G Y
R E A L E I G F O T Q J V
I I R C L U F S U R W C T
N T E Y K W L B E A E Z Y
G E P H C Z V G P P R D Q
A L P L U N E I R K C P R
O B I P B O R Z N E S V T
F A Z H R G G O C A P A N
N C F C Y V T M L V E U T
L V L B K E O C Z L I E S
R E R K W C P W C G V C B
V I J G L E A O L I N K E
K O O H N I A T R U C X L
K E C W W O L V G U W J R
```

297

CLEANING

- BRUSH
- BUCKET
- CLEANING
- CLOTH
- DUSTER
- HOT WATER
- MOPS
- PINAFORE
- RINSE
- SCRUB
- SOAK
- SOAP
- SODA
- SOFTENER
- SPONGE
- SQUEEGEE
- TOWEL
- WHITE SPIRIT
- WIPES
- WRING

```
T M K S P G S U M W E E K
B I O A Y E Y N I R D I G
P C R P P R H B A E R L O
A F O I S Q E Z Z T T L T
O R W T P T E N W A E N I
S E E W E S G V N W R N E
A T V K R D E R O T I A R
O S C R E B E T S O D A O
R U V S R N U N I H J N F
B D N U E H Q Q C H I V A
U I S T T W S B Q E W Z N
R H F O G R V O R L I W I
C O L N I I V R A B R U P
S C L E A N I N G K A I V
A W G X E G N O P S I Y A
```

298

D WORDS

- DADDY
- DAIRY
- DAISY
- DANGER
- DARKEST
- DEDUCE
- DEEDS
- DETERRENT
- DIOCESE
- DIRECTORY
- DODDLE
- DODECAHEDRON
- DOLPHIN
- DOMAIN
- DOTTED
- DRAGNET
- DREAD
- DUNES
- DURABILITY
- DURESS

```
T N E R R E T E D E E D S
D I O C E S E D O G A K J
O D D R S C F A L E A Z Y
T N B E D S M D R V V S Y
T X R U D E D D G L I Z R
E U N A U U H Y G A Z Q O
D E I W R M C A D D R B T
S R D U A L D E C E T Y C
Y J P F B D D R G E E M E
E D G X I O A N A U D F R
D O D D L E A R K G S O I
T M I P I D D M K H N S D
J A H F T U I M O E M E R
X I C E Y I M N O O S R T
N N X A K D A I R U X T L
```

MOLLUSCS AND SEA CREATURES

- BARNACLE
- CEPHALOPOD
- CLAM
- COCKLE
- CUTTLEFISH
- LIMPET
- MUSSEL
- NAUTILUS
- OCTOPUS
- OYSTER
- RAZORSHELL
- SCALLOP
- SEA ANEMONE
- SEA HARE
- SEA LEMON
- SEA SNAIL
- SHELLFISH
- SQUID
- WHELK
- WINKLE

```
F S U L I T U A N D J Z E
K E N O M E N A A E S L N
L H S E A L E M O N K Q L
E S O S A R Y E H N Y I X
H I E C M A O S I N M V C
W F R N T Z E W Q P J B E
S E A E N O N L E U A U P
H L H L T R P T K R I S H
E T A I V S E U N C C D A
L T E A J H Y A S A O L L
L U S N D E C O L E E C O
F C D S P L J L M S B D P
I M Y A E L O A S A F E O
S V G E J P V U A J L O D
H S K S N C M C F U Z C C
```

ARTISTS

- BALTHUS
- BERNINI
- BRUYN
- CANALETTO
- COTMAN
- DAVIES
- GAUGUIN
- GOYA
- GRIS
- HANS HOLBEIN
- MANZU
- MONDRIAN
- NOLDE
- RENOIR
- RODIN
- STEEN
- TITIAN
- TURNER
- VERMEER
- WEST

```
S D T C A N A L E T T O J
T W S X T R C J F U T V G
E V E R M E E R B R U Y N
E C W T I N I N R E B M Y
N U O I A Z C G O D S F N
A Y Q T W Y H I N I I B I
I C N I M V O B W X R N U
R B T A V A A G A U G I G
D V N N D L N H N J S C U
N A Q O T U R N E R V Z A
O Y V H L O W V A G N X G
M E U I D D J I B A C O Z
Q S X I E I E B M W O D N
Z B N F H S V T X K Y L D
L E N I E B L O H S N A H
```

301

BEHIND BARS

- APPEAL
- APPREHENDED
- BARS
- BLOCK
- CELLS
- CORRECTION
- CRIME
- CROOK
- ESCAPE
- EXERCISE
- FORGER
- HIT MAN
- JAIL
- LOCKS
- PENAL
- PORRIDGE
- RECREATION
- REMAND
- ROBBER
- WALLS

```
N L G S U E P C V O H D E
O I L A N E P F N E R X B
I A E M I R C A O O E A N
T J B P H I M E B R P E R
C P S I A T C B C P G E E
E O L Z I C E I R Y O E C
R R W H H R S E E U U J R
R R T A C E H E M M Y S E
O I A J V E P A A K H M A
C D P S N S A C N E S P T
R G P D L K B N D K S L I
O E E L B V V F C C R N O
O D A D D Q A O V O A Y N
K W L J S L L E C L B U N
R E T E V J S U L B R C X
```

302

SHELLS

- ABALONE
- AMMONITE
- CHITON
- CONCH
- CONE
- COWRIE
- ENCRINITE
- HELMET
- MITRE
- MUREX
- MUSSEL
- NAUTILUS
- NEEDLESHELL
- OYSTER
- PIDDOCK
- QUAHOG
- RAZOR
- STAR
- TURBAN
- WHELK

```
E L K H M V G V G K G H X
L N K T O A T W T Q S C E
V L O H E L M E T U T N U
W H E L K B O E L A A O X
N B C S A Y Y I O H M C J
E E I Y S B T R Q O M E Y
N I E T C U A W W G O T K
C S E D A H M O K C N V C
R R D N L U I C J J I X O
I A K Y N E V T N W T E D
N O Z D Q V S E O Z E R D
I S X O P M W H H N N U I
T Q T U R B A N E B O M P
E R U A E R T I M L C T N
B S U K R J M M F V L A Z
```

303 — BOATS

- ◊ ADMIRALTY BARGE
- ◊ BRIG
- ◊ DORY
- ◊ DOW
- ◊ E-BOAT
- ◊ FLY
- ◊ GIG
- ◊ HOY
- ◊ MTB
- ◊ POLACRE
- ◊ PRAM
- ◊ RAFT
- ◊ REED
- ◊ RIVER CRUISER
- ◊ SETTEE
- ◊ SHIP
- ◊ TARTAN
- ◊ TUG
- ◊ VESSEL
- ◊ XEBEC

```
G C E T T D W E D O U C R
P O L A C R E O A U H Z L
R V J S L N Q T D G A E S
E C O S N L A Y M B L H M
S P N C L T R T I V I U S
I M U N W O Y Z R P R Y K
U N L V D C B W A A G T H
R A B R I G F E L U T Z O
C Z G N G I X L T C M O Y
R A F T M A R P Y E S A G
E C C B V E C E B E X I L
V E S S E L S O A T G Y E
I N Y D K I A Q R T M N U
R C I V A T Y S G E L M K
G G C V Y O V P E S K B A
```

304 — CAPITAL CITIES

- ◊ ALGIERS
- ◊ AMMAN
- ◊ ATHENS
- ◊ DUBLIN
- ◊ GEORGETOWN
- ◊ LIBREVILLE
- ◊ LIMA
- ◊ LOME
- ◊ MALE
- ◊ MONROVIA
- ◊ MUSCAT
- ◊ NASSAU
- ◊ OSLO
- ◊ PRAGUE
- ◊ RIYADH
- ◊ ROME
- ◊ TRINIDAD
- ◊ VADUZ
- ◊ VIENNA
- ◊ YANGON

```
D L O E N C U B R A M Z Q
W V I K L P C T L O O N T
E H O M Z L P G U T M V Q
T D U K A P I D S F E E K
Y A X Y N E Z V N S A L U
G Y C D R A A S E O T A P
E I W S A D M V H R S M Q
O R D O U D N M T S B L F
R H D Z N M I O A Y U I O
G F M S U R P N J K O N L
E L H K Q T H R I Q I Y Y
T O H C R R W O A R M D E
O M A N N E I V A G T Q S
W E O X C B N I L B U D Y
N N O G N A Y A V H A E G
```

305

◊ CAESAR ◊ CIGARETTE

◊ CAJOLE ◊ CLASS

◊ CAKES ◊ CLOCK

◊ CALLOUS ◊ COASTAL

◊ CAPTAIN ◊ COCKEREL

◊ CATCH ◊ COSTUMIER

◊ CAULK ◊ CRAVEN

◊ CHEATER ◊ CREATION

◊ CHORE ◊ CUCKOO

◊ CHUTE ◊ CUTENESS

```
S C K P N O O U A V S M L
S A C C D I N C H O R E E
A U O S C C A V A M F C R
L L L G L O R T L K I F E
C K C N G A S E P G E A K
U C A T C H C T A A C S C
T X O B F R R R U T C E O
E I C A A A E K F M I Q C
N V H V S T S G W C I O I
E M E E T T G C A J F E N
S N A E N S A L E L N J R
S C T A W J L L N T A L D
Z X E Z O O K C U C U X G
L T R L U C Q D P V D H B
X H E S C U E J E J T B C
```

306

◊ ALMOND ◊ MANGO

◊ BLACKCURRANT ◊ NUTMEG

◊ BLUEBERRY ◊ OLIVE

◊ CHERRY ◊ PEANUT

◊ COBNUT ◊ PEAR

◊ FIG ◊ PECAN

◊ HUCKLEBERRY ◊ PRUNE

◊ LEMON ◊ REDCURRANT

◊ LIME ◊ SATSUMA

◊ LYCHEE ◊ TAMARIND

```
M F D R Z T X F O M Z C G
C A N X N X U T A D A J Q
O Q O D U W F N G Z N M Y
B B M V T G G A A A O S R
N L L E M O N R P E A R R
U Z A J E U K R P N P X E
T G Z C G Y D U E S N I B
X K L E K N L C C A N D E
P Q J O Z C B D A T M N L
S R H P D R U E N S X I K
B L U E B E R R Y U J R C
F D O N F K A X R M J A U
L Y C H E E H L F A D M H
O L I V E L I M E I N A C
B L C H E R R Y E Q G T V
```

307

- ◊ QATAR
- ◊ QUEEN
- ◊ QUACK
- ◊ QUENCH
- ◊ QUADRANGLE
- ◊ QUERULOUS
- ◊ QUAINT
- ◊ QUEUE
- ◊ QUAKER
- ◊ QUICKSILVER
- ◊ QUALITY
- ◊ QUILT
- ◊ QUARRY
- ◊ QUIRKY
- ◊ QUARTER
- ◊ QUIZZING
- ◊ QUASH
- ◊ QUOIN
- ◊ QUEASY
- ◊ QUOTATION

```
K N V Q S U D P Q L G R O
A O P G U W Q U A R R Y J
D I Q X O E E Q U I R K Y
R T Q U L U R A T A Q S G
E A U R E B R U Z O Y B E
T T I E Y N D D L H S V L
R O Z V R T C Q U O I O G
A U Z L Y E I H U S U C N
U Q I I N R N L Q E Q S A
Q S N S E Q Q U A Q E O R
Z U G K X U A F T U S N D
I Z A C O C R L C E Q U A
I U M I K V I U D A N Q U
Q J N U N U Q U A S H R Q
F X C Q Q T Q N O Y D Y Q
```

308

- ◊ BANDICOOT
- ◊ BOGUS
- ◊ BATCH
- ◊ BRAVE
- ◊ BEAUTEOUS
- ◊ BREVITY
- ◊ BEIRUT
- ◊ BRICK
- ◊ BELLIGERENT
- ◊ BROWN
- ◊ BERMUDA
- ◊ BUCKTOOTHED
- ◊ BLEW
- ◊ BUGLER
- ◊ BLOUSE
- ◊ BUTLER
- ◊ BLURB
- ◊ BUTTERSCOTCH
- ◊ BODEGA
- ◊ BYTES

```
W T H W C B I Y F K T W B
T N E R E G I L L E B R S
B A S I B L M E H A E A E
U D R O L O B E N L A G S
T U G Q U B G D T F U E I
T M F F R B I U T B T D O
E R R Q B C B T S Y E O Z
R E H O O O K B B N O B F
S B Y O G M L C B M U T U
C O T N W O R B I R S N H
O C I B U G L E R R A F P
T C V S M B A T C H B V Y
C D E H T O O T K C U B E
H Q R K R Y S D N V G W Y
J K B K Q V K X R D E U W
```

309

VOLCANOES

◊ ACATENANGO ◊ OAHU

◊ ETNA ◊ OYOYE

◊ FANTALE ◊ PELEE

◊ FUJI ◊ RABAUL

◊ HARGY ◊ TAAL

◊ IZALCO ◊ TIATIA

◊ JEFFERSON ◊ UDINA

◊ KILIMANJARO ◊ UZON

◊ LOPEVI ◊ YASUR

◊ NYIRAGONGO ◊ YEGA

```
A L A A U Y T F I C A E E
F A N T A L E E J C D E N
K A T I A T I A A A L G K
I T E G K Z T T R E D E O
L J Z V T V E K P Y Y W M
I B U R L N H A E O B T N
M Z Z F A U T G Y C X P O
A L A N Z Z A O A O T V S
N N G L L O R M S D T D R
J O I U C N H K U G E Q E
A Z H D H O J C R V Z G F
R A B A U L O P E V I N F
O Q R T G T L A D M P E E
M G T S X T S D U E J X J
Y D N Y I R A G O N G O A
```

310

PEAR VARIETIES

◊ BARLAND ◊ NEWBRIDGE

◊ BROWN BESS ◊ OLDFIELD

◊ BUTT ◊ PINE

◊ CIPHROUS ◊ ROCK

◊ CLARET ◊ SACK

◊ CYGNET PEAR ◊ STONY WAY

◊ GIN ◊ THORN

◊ HONEYDEW ◊ TUMPER

◊ KNAPPER ◊ WATER LUGG

◊ LULLAM ◊ YOUNG HEYDON

```
G X Z D G S T Q L S H I R
R E J L G T I A D Q D E N
A M Z O U K R O C K P R S
E Y L U L L A M Q P O H S
P O N W R D O D A H G O E
T U E D E W F N T O U N B
E N V Y T B K I I D E E N
N G C L A R E T E W O Y W
G H D R W W T N B L R D O
Y E N S E U Y R V K D E R
C Y A O B P I N C L E W B
T D L B X D M A O N U L L
Q O R F G D S U I T G M C
M N A E G I N P T X S B Y
Z T B C I P H R O U S P Z
```

311

BIBLE BOOKS

◊ AMOS
◊ DEUTERONOMY
◊ EXODUS
◊ EZEKIEL
◊ GENESIS
◊ HAGGAI
◊ HEBREWS
◊ HOSEA
◊ JAMES
◊ JOEL
◊ JONAH
◊ JUDE
◊ JUDGES
◊ NAHUM
◊ NUMBERS
◊ PROVERBS
◊ REVELATION
◊ RUTH
◊ TITUS
◊ ZEPHANIAH

```
S D Y V T S A I I S S D A
I N U W U B U E O D N E M
S W U D I F H M S O N U T
E L O M I E A B I E U T S
N X Q J B I R T H X H E Z
E T C R A E A K Y R M R E
G U E G V L R Q J A Y O P
U W G O E V E S J K W N H
S A R V D M C J O E L O A
H P E N H R C N A H U M N
T R U T H O H I R C E Y I
I M M M Q A S G M J J U A
T P F O N O S E G D U J H
U L F O U Q L G A V D I K
S Q J X L E I K E Z E X C
```

312

DAMS

◊ AFSLUITDIJK
◊ BEAS
◊ BORUCA
◊ GARRISON
◊ KAKHOVKA
◊ KANEV
◊ KIEV
◊ LAUWERSZEE
◊ MANGLA
◊ MOSUL
◊ NUREK
◊ OAHE
◊ OROVILLE
◊ PATI
◊ ROGUN
◊ SAN ROQUE
◊ SARATOV
◊ TABKA
◊ THREE GORGES
◊ TUCURUI

```
A T O M E H V H Z X T A U
C A N G H M O M O S U L D
U N D B A S T D A G W A K
R U U M O R A M N N P F I
O R F S K L R E C A G S E
B E G I A C A I T Q D L V
C K B A N N S I S B R U A
S A E B E M R R V O P I A
E L L I V O R O G Y N T K
T U C U R U I I U Q H V D V
T M N Y K K N E C U O I O
A B H W D C G Z S O E J H
B L A U W E R S Z E E K K
K S E G R O G E E R H T A
A I Y D S W C R R L D N K
```

313   SCULPTORS

- ◊ ALGARDI
- ◊ KEMPF
- ◊ BACON
- ◊ LAURENS
- ◊ BLOYE
- ◊ LONG
- ◊ CALDER
- ◊ PYE
- ◊ CRAGG
- ◊ RODIN
- ◊ DEACON
- ◊ STUART
- ◊ DONATELLO
- ◊ VIGELAND
- ◊ EPSTEIN
- ◊ WELDON
- ◊ GERACI
- ◊ WILDING
- ◊ HEPWORTH
- ◊ ZADKINE

```
I D E L G I U I D P H X N
Q Y E G O S O S C M U W O
P C A A R Q R M Q A K N C
E R A E C K E M P F R T A
C W A L P O T V W J A E B
E D L K D S N I N L O N G
N O A A V E T G K I Q T B
I N L T U E R E M V D S F
K A G R Y R Q L I G W O N
D T A A Y M E A F N E H R
A E R U T J X N U I L T C
Z L D T G P S D S D D K H
R L I S Y Z I Q B L O Y E
B O V S Z J T T D I N U Y
H T R O W P E H O W E N R
```

314   BEER

- ◊ ATLAS
- ◊ LAGER
- ◊ BARLEY
- ◊ MALT
- ◊ BITTER
- ◊ PALE ALE
- ◊ BOHEMIA
- ◊ PANAMA
- ◊ BROWN
- ◊ PILSNER
- ◊ GOLD BEST
- ◊ SOBERANA
- ◊ HELL
- ◊ STOUT
- ◊ HOLSTEN
- ◊ TETLEY
- ◊ HOOKY
- ◊ WHITE BEER
- ◊ HOPS
- ◊ YEAST

```
K M V R Y O M L B F R U N
B V V K E T E T L E Y E Q
I B O W I G W G N E T K M
E O L H H R A S K S H N A
H H E I E O L L L T W P L
T E R T Q I A O I O D F T
S M T E P A H H R V M S T
E I L B C R A B A U A G U
B A F E B I N M H E Z E O
D Y X E T A A P Y Q B L T
L P P R V N R S A L T A S
O H Q S A G E L M K E E S
G V O P C Q B C E L G L Q
W J B P U T O V J Y W A A
F N X L S E S R M G I P I
```

315

◊ ACROPOLIS ◊ KINKAKU

◊ ALHAMBRA ◊ KREMLIN

◊ BAUHAUS ◊ LA SCALA

◊ CASA MILA ◊ NOTRE DAME

◊ CNN TOWER ◊ PARTHENON

◊ COLISEUM ◊ PYRAMIDS

◊ ENNIS HOUSE ◊ TAJ MAHAL

◊ FLATIRON ◊ TIKAL

◊ HILL HOUSE ◊ TOWER BRIDGE

◊ HOMEWOOD ◊ UXMAL

```
T E N N O N E H T R A P G
Q Y N O R I T A L F H J Q
I F Z N T C N N T O W E R
L E G D I R B R E W O T J
A S S L H S E A P F T F E
H C D U U O H D U Z L B C
A Z R I O K M O A H Y A O
M R T O M H A E U M A D L
J H B B P A L K W S E U I
A L B M Q O R L N O E O S
T A A A A E L Y I I O D E
W I K M M H Z I P H K D U
U X K L X Q L C S T V F M
O T I A I U L A S C A L A
F N U A L I M A S A C I S
```

316

◊ ADZEBILL ◊ GREAT AUK

◊ AKIALOA ◊ HAWAII MAMO

◊ ATLAS BEAR ◊ HUIA

◊ AUROCHS ◊ KAKAWAHIE

◊ BALI TIGER ◊ LAYSAN RAIL

◊ BUSH WREN ◊ MOA

◊ CAPE LION ◊ PIOPIO

◊ CASPIAN TIGER ◊ QUAGGA

◊ DODO ◊ TARPAN

◊ EZO WOLF ◊ YALDWYNS WREN

```
K A K A W A H I E M Y L H
S U U L A Y S A N R A I L
U H A Z K E Z O W O L F W
Q C C T L L I B E Z D A B
H A A O A Q G D N A W B U
A I O S R E Z A T L Y A S
W U L Y P U R L V Q N L H
A H A C T I A G J N S I W
I F I G A S A D N N W T R
I B K M B P Q N A J R I E
M O A E I U E P T V E G N
A Y A O A O R L O I N E K
M R P G X A A R I D G R G
O I G C T M J P E O O E G
O A L X M K Q E V Q N D R
```

317

SIX-LETTER WORDS

- ADVERB
- BARROW
- DINNER
- EXPORT
- GAZING
- GROWTH
- HOUNDS
- LEMONS
- LIMPET
- NATURE
- NOBODY
- QUENCH
- RABBIT
- ROBBER
- SAVING
- STRAIN
- TAMPER
- THANKS
- UPWARD
- WINDOW

```
X G D R A W P U P W D Q D
F R M O V E X L J W F K B
V R C B H R A B B I T X Y
T E L B T U T H A N K S Z
A P P E W T R O P X E D W
B M E R O A L R Z E B N U
R A M R R N K E A J X U Y
E T R S G G G N P U Q O D
V S C R L W N N L C S H O
D T R V O E T I I L R N B
A R J D Q W M D V Z L K O
G A N L Y P L O C A A S N
N I U A E C C C N L S G R
W N O T M S Y L M S R H N
U G Y Z H C N E U Q D T J
```

318

Y WORDS

- YAHOO
- YAKS
- YARMULKA
- YARROW
- YEAST
- YELLED
- YEWS
- YIPPEE
- YOGIC
- YOKOHAMA
- YOLK
- YORKER
- YOSEMITE
- YOUNGER
- YO-YO
- YPRES
- YUCCA
- YUGOSLAV
- YUMMY
- YUPPIES

```
C K L O Y S K C O D G M Z
I Y M M U Y Y Y P Y Q W A
K C H M R I O W O R R A Y
O T D U P Y L S U S J U O
D D W P A S E R P Y C H J
E L E L Q M S O H C I I C
L E B S I C A W A Z Q F O
L T K T S Y O H Y E A S T
E N E K E U Y Y O R K E R
Y O A S I G V O Y K Q E J
A Y W Z P O V O U U O T U
K E D P P S Z H I N V Y U
Y A R M U L K A Y O G I C
W W A W Y A L Y Q T J E F
D Q D I A V P Y J J N Y R
```

319   'GRAND' WORDS

◊ CANAL   ◊ NEPHEW

◊ CHILDREN   ◊ NIECE

◊ DUCHESS   ◊ PIANO

◊ FATHER   ◊ PRIX

◊ FIR   ◊ SLAM

◊ INQUISITOR   ◊ SONS

◊ ISLAND   ◊ STAND

◊ JURY   ◊ THEFT

◊ MASTER   ◊ TOTAL

◊ MOTHER   ◊ TOURS

```
M L Z D G Y C V W E G T M
X A W N D T M T N C F T S
I O S A O I P E T E R I A
R Y Z T U D R O H I A F R
P O A S E D U T R N W O A
R L T S L R J L E E I N R
E H Y I S J M E H Z D D T
H E H S S G K P T T U F D
T C H S M I E Q O J C J N
A H L C A N U W M G H N A
F Z M A L P A Q A O E I L
J Y P N S I O E N R S F S
H U D A G A B D R I S N I
O S R L C N W F Q I O F X
V Z Y Y C O D R V S K C Q
```

320   AIRCRAFT NAMES

◊ CATALINA   ◊ NIMROD

◊ DRAKEN   ◊ SPITFIRE

◊ HARRIER   ◊ STRATOJET

◊ HUNTER   ◊ STUKA

◊ HURRICANE   ◊ TORNADO

◊ JAVELIN   ◊ VALIANT

◊ LIGHTNING   ◊ VAMPIRE

◊ MARAUDER   ◊ VICTOR

◊ MIRAGE   ◊ VIXEN

◊ MOSQUITO   ◊ VULCAN

```
O N W M E N N X M Z C X W
D V N R N I L E V A J F B
A U S W O A U A X E Q S E
N L K T F T M A S I D V N
R C D K R P C W Z H V K A
O A O O I A N I L A T A C
T N C R R S T M V R V H I
I A E D D M A O N R P V R
U H K O F R I E J I X E R
Q U V U A J K N H E Z G U
S N I U T A O Q C R T A H
O T D P R S P I T F I R E
M E G D G N I N T H G I L
R R E F V A L I A N T M E
Z D V M Z O W T U S K X H
```

321

PARIS METRO STATIONS

- AVRON
- BERCY
- BUZENVAL
- CADET
- CHARONNE
- CRIMEE
- DUROC
- EUROPE
- HOTEL DE VILLE
- NATION
- OBERKAMPF
- ODEON
- PLACE DE CLICHY
- PORTE DE PANTIN
- RASPAIL
- ROME
- SEGUR
- SENTIER
- VAVIN
- VOLTAIRE

```
Y T Y B O W Z I P A E I N
C H A R O N N E T E E I M
B E C V Y B E G M N T E M
U E L I R N E I F N E U S
Z X R L L O R R A F D R E
E P F C I C N P K C A O G
N R U Y Y V E S T A C P U
V N I G Q D E D B M M E R
A E A A E N O D E O N P L
L U D T T H I E L C Q I F
I X R I I L W V A E A W W
M O E H Q O O C A P T L R
P R R P Y Q N V S V I O P
C O R U D J L A U V M U H
P U T R Y B R B I E S S F
```

322

JUGGLING

- ACCURACY
- BALANCE
- BALLS
- BREATHTAKING
- CATCH
- CIRCUS
- CLUBS
- HANDS
- MAKE-UP
- ORANGES
- PARTNER
- PASSING
- PERFORM
- PLATES
- POISE
- RECOVER
- RINGS
- ROUTINE
- STAGE
- THROW

```
P C O Z T A Q E I G M X C
F E R E J O R A N G E S Z
B Z R L G G X I C A T C H
A A N F A A S C Y A V X A
C Z L O O S T A L P J W N
C P E A A R W S G U R R D
U U S P N H M C R S E E S
R E I L S C D B U O N V W
A K O H R X E C B J T O Q
C A P V T N R R P L R C K
Y M H I D I X Z I H A E S
S B U L C O N O T N P R L
R O U T I N E Q P L G K L
P L A T E S P W K C T S A
B G N I K A T H T A E R B
```

323   ANCIENT CIVILISATIONS

- ◊ ARAMAEAN
- ◊ MINOAN
- ◊ ASSYRIAN
- ◊ NABATAEAN
- ◊ AZTEC
- ◊ OTTOMAN
- ◊ CHALDAEAN
- ◊ PERSIAN
- ◊ EGYPTIAN
- ◊ ROMAN
- ◊ HITTITE
- ◊ SABAEAN
- ◊ INCA
- ◊ SHANG
- ◊ LYDIAN
- ◊ SUMERIAN
- ◊ MAYAN
- ◊ XIA
- ◊ MINAEAN
- ◊ ZHOU

```
I A J U N O N I K G S G R
R A O R A A Z U Q N Y U H
A H C Q O T T O M A N J J
Z M R N B M N I I H O Z W
T O I F I A A S X S D E M
E M M N E H U N P C E X S
C D G A A M I L Y D I A N
O H N E E E M T W M B P N
A I K R G P A H T A X W A
M N I X K Y A D E I T I E
N A I S R E P A L Z T K A
N W L N I J N T O A P E M
A S S Y R I A N I T H Q A
N A Y A M B H Q U A D C R
B Z N A B A T A E A N J A
```

324   JAZZ WORDS

- ◊ ACID
- ◊ HARD BOP
- ◊ AFRO-CUBAN
- ◊ IMPROVISED
- ◊ BEBOP
- ◊ JIVE
- ◊ BLUES
- ◊ MODAL
- ◊ BOSSA NOVA
- ◊ MODERN
- ◊ CLASSIC
- ◊ POST-BOP
- ◊ COOL
- ◊ RAGTIME
- ◊ FREE-FORM
- ◊ SOUL JAZZ
- ◊ FUSION
- ◊ SPIEL
- ◊ GROOVE
- ◊ SWING

```
V Y V X E E Y U Z P E J M
G N I W S H X Q O G V R P
R G R M B O S S A N O V A
A R V L V H T X H F O C Z
G W I Y C B K P E L R L Z
T D U V O K O E H I G A A
I I L P D B R A Z M P S J
M C J O D F V F S P O S L
E A O R O P Q R Y R B I U
F Q A S X C N O B O E C O
U H J I V E G C L V B T S
S Y N E A U B U U I M P T
I N R E D O M B E S I T I
O L A D O M E A S E J B O
N P Y D L V F N L D M Z I
```

325   STAY SECURE

- ALARM
- BODYGUARD
- BOLTS
- CAMERA
- CCTV
- CODE
- DOGS
- HACKER
- INTERCEPTED
- MINDER
- MONITORING
- PATROL
- RISK
- SAFE BOX
- SAFETY
- SEARCH
- SENSOR
- SHIELD
- SIREN
- THEFT
- TROJAN
- VULNERABILITY

```
R C Y N Z A R E M A C G J
I N T E R C E P T E D O M
S T I R B L L G E K D E T
K C L I M O S E N S O R S
G O I S R R D Z Y H V B V
N D B T A J W Y S E O O V
I E A L L P E Z G V P T L
R P R N A M C O O U C T S
O S E A R C H S D C A A W
T T N J E S A B R K F R R
I F L O E F H E O E T O D
N E U R E X D I B L A K N
O H V T R N L O E W T C R
M T Y X I T X Z P L P S G
E Q U M R E K C A H D F W
```

326   COFFEE BREAK

- AROMA
- BEANS
- BODY
- BREW
- FILTER
- GREEN
- GROUND
- HOUSE
- ICED
- IRISH
- JAR
- JAVA
- KENYAN
- MILL
- MOCHA
- MORNING
- NOIR
- RISTRETTO
- STRONG
- TABLE
- TASTE
- WHITE

```
Z L E V R N A R E T I H W
V L T Y Q I E H I J A R E
P I A G K M S S C O K Y R
N M H F R U A T U O N D B
B K Y S X E G R R O M O A
F E M K I N E O P E H B F
S I A D I R C N Y S T X T
W T L N D X I G K X K T N
L F R T S A I I C E D D O
A O R M E X K L N T N T U
M E A T Y R D Y H U N D T
O Q F A Z G A H O M M A J
R P N S J N I R O B B P A
A O R T X Q G I D L R X V
M X D E Q L W O E M P H A
```

327 ROULETTE

- BALL
- BASKET BET
- BLOCK BETTING
- CHANCE
- COUP
- EVEN BET
- GAMBLING
- HIGH OR LOW
- HOUSE
- LUCKY
- NO MORE BETS
- ODD BET
- PARLEY
- PERCENTAGE
- PRESS
- SLOTS
- SPECIAL LINE
- TIERS
- TOKE
- TRIO BET
- WHEEL
- ZERO

```
W O L R O H G I H N I N P
T R I O B E T O K E C O R
B V Z I Z S H W G Z R M E
L P E N Q U L E E H W O S
O I E N O O S T O L S R S
C T L R I H L U C U S E G
K H E L C L F H A C N B N
B Z A B C E L F Y K V E I
E F L N T O N A I Y S T L
T V I P C E U T I E R S B
T D E J A E K P A C G P M
I J O N M R W S F G E P A
N U J L B R L L A B E P G
G O D D B E T E D B G Q S
V O M T E J T L Y B Y B F
```

328 ALL TOGETHER NOW

- ASSEMBLE
- BAND
- CLUB
- CLUSTER
- COLLECT
- CREW
- GATHER
- HEAP
- HERD
- HUDDLE
- MASS
- MUTUAL
- PACK
- PARTY
- PILE
- SHEAF
- STACK
- STRING
- SWARM
- TEAM
- TUFT
- UNITED

```
C L Y M S F I E H O Q T O
K L L A U I C L N E B I K
R C U S N S Q B Q N R D E
J L S S I L D M R V K D Y
E S U F T X D E S I W X I
D L D A E E H S H E A F G
Y A D Q D T R S W A R M A
P E S D A M B A T E T T L
H F B G U U G O S H Z A Q
N E F P L H A Z A W U R W
W M A C D L G H E T B S E
M C R P A R T Y U A T W R
K G N I R T S M N A U S C
C O L L E C T D C O F X K
C K T E A M V K Z H T O R
```

329

- ABRUPT
- BRIEF
- CONCISE
- CONDENSED
- CURTAILED
- CUT SHORT
- DEFICIENT
- DIRECT
- DWARFISH
- LACONIC
- PITHY
- PRECISE
- SCANTY
- SHARP
- SNAPPY
- SQUAT
- STRAIGHT
- SUCCINCT
- SUDDENLY
- SUMMARY
- TERSE
- UNCIVIL

```
G D W Q U T H G I A R T S
W W B C O N D E N S E D S
T A U Q S T C N I C C U S
Q R P T H S O I U X I S Y
T F E T C D U Q V T P H S
R I S P K E Q D N I L A U
O S I U S L R E D D L R M
H H C R B A I I C E S P M
S T E B R C O Z D L N Q A
T T R A I O M S K I A L R
U P P F E N P C N A P J Y
C G E V F I U A S T P N A
M D W V T C U N M R Y G Q
U Z Y H T I P T D U T E F
E S I C N O C Y R C H N N
```

330

AMPLE

- ABUNDANT
- ADEQUATE
- AMPLE
- BIG
- BROAD
- ENORMOUS
- ENOUGH
- EXTENDED
- FULL
- GALORE
- GENEROUS
- GRANDIOSE
- GREAT
- LARGE
- LAVISH
- MASSIVE
- PROFUSE
- RICH
- ROOMY
- UNSTINTED
- VOLUMINOUS
- WIDE

```
V J Z X C H B G S S S W A
D E T N I T S N U U R J M
L A V I S H M X P O I W P
A D E Q U A T E L N C D L
R W T G S C O C S I H E E
G B Z S S E N O R M O U S
E D I E F U L H G U O N E
E V L A T H O R T L G K T
E M E D I W M R U O B M N
G R A N D I O S E V T U A
B C X G V E X T E N D E D
I R P R O F U S E N E F N
G C O E A G A N O F U G U
B S C A R O O M Y L E M B
D K U T D H G A L O R E A
```

331

- CIRCLE
- CONE
- CRESCENT
- CROSS
- CUBE
- DISC
- ELLIPSE
- GLOBE
- HEART
- HELIX
- KITE
- NONAGON
- OBLONG
- ORB
- OVAL
- PENTAHEDRON
- PRISM
- RHOMBUS
- ROUND
- SPHERE
- SQUARE
- STAR

```
K C R X P K O G O J T T L
I I O S P H E R E Z R A O
T R B M S I R P L S A U G
E C L B K O E F L T E K S
F L O I Y S R J I K H V R
E E N G D I B C P M U E O
C Z G C R D R H S C L P U
E R P E N T A H E D R O N
B K E H Z O X R O G S D D
U L U S I I A I S M I P V
C A W E C T A Q L O B G D
I V N A S E U F G E L U I
U O N O G A N O N O H J S
C R F M R N T T B J F V C
V B G E L G X E H F R A R
```

332

- ACCELERATED
- AGILE
- ALERT
- BRISK
- BUSY
- DEFT
- FAST
- FEVERISH
- FLEET
- MOBILE
- PRECIPITOUS
- RAPID
- READY
- RED-HOT
- RUSHED
- SMART
- SPRY
- STRAIGHT AWAY
- STREAKING
- SWIFT
- VELOCITY
- WINGED

```
V Q S U O T I P I C E R P
T F E D D Y S U B Z A Q L
R U S H E D T O T P B F A
Y S D B T O R C I F L A Y
T T B T A E E D Y E F R R
I R R Y R L A N E A P A E
C A I S E G K T S S I E A
O I S V L H I T S Y H H D
L G K R E N N Y W A S Q Y
E H P F C V G M S W I F T
V T E M C S O A L E R T O
R A Z L A B X G T G E I H
H W D Z I A K T M T V J D
I A A L A G W I N G E D E
X Y E G T R A M S J F I R
```

333

NAUTICAL TERMS

- AFT
- BILGE
- BOAT
- BOWS
- BRASS POUNDER
- CREW
- DINGHY
- FREEBOARD
- FUNNEL
- MAST
- MESS
- PILOT
- PORT
- PROW
- SHIP
- SOS
- STATEROOM
- STEERAGE
- STERN
- WEATHER DECK
- WINGS
- YACHT

```
P Z Y O V D V L K K F M I
F Q P O R T S A M P R O W
S W O B I V W O T W E W Y
K K C E D R E H T A E W P
J G A Q Y J C S U K B V M
E F V T P A T O S E O R J
T U E B Y E Q Z T G A D Q
Q N T S R U B A A A R I F
P N S N P O A E T R D N O
U E B I V U G S E E Z G P
M L L R U L O G R E K H R
B O S H I P E N O T S Y W
T A O B W U I I O S S O S
N W O V C R E W M A R N L
M R E D N U O P S S A R B
```

334

MANY LANGUAGES

- AFRIKAANS
- ARAMAIC
- BHOJPURI
- CATALAN
- CHINESE
- CREOLE
- DUTCH
- FLEMISH
- GERMAN
- GREEK
- HAUSA
- HINDI
- HUNGARIAN
- LATIN
- ORIYA
- PUNJABI
- SINHALESE
- SUNDA
- TELUGU
- THAI
- URDU
- VIETNAMESE

```
E A D W Z B N P Y K R E N
X D J Q G A Z L A T A W N
M N W C M H F T H K F R A
B U X R R C I A M A R A I
H S E D R E I N H N I F R
O G I D L S O S D I K I A
J Q U N X E I L B I A Q G
P Q Q I H M S A E A A S N
U U E C E A J E G J N E U
R G T L A N L R N I S R H
I U F O U T E E T I H J N
D L H P R E A A S A H Y I
F E E M K I L L U E U C A
V T Z K A V Y S A S P R I
U D R U L Z A A X N D Y R
```

335

LOVELY CAKES!

- ANGEL'S FOOD
- CARROT
- CHEESE
- CHRISTMAS
- CREAM GATEAU
- CURRANT
- EASTER
- ECCLES
- FAIRY
- FRUIT
- GINGER
- ICING
- LARDY
- LAYER
- MACAROON
- MARBLE
- MIXTURE
- MOCHA
- PAVLOVA
- RAISIN
- SCONES
- WEDDING

```
Q H B I X S N G I J S I A
Y W N G E C C L E S Y F H
R S O N M I X T U R E U C
A V O L V A P I I W Z A O
P C R S Y V Y A S F U E M
S G A A S Y F K K Z E T P
G X C M Q P D E L B R A M
N S A T E T O R R A C G E
I H M S A Y E C A U A M D
D R A I S I N S R L R A W
D T U R T B F R E F P E L
E G Y H E Q A I G E A R A
W P U C R N Y V N X H C Y
F R U I T A I C I N G C E
Z D O O F S L E G N A A R
```

336

AT THE SALON

- BRUSHES
- CLEANSER
- COMBING
- COSMETICS
- CREAM
- CURLS
- EMERY BOARD
- EYEBROW PENCIL
- EYELINER
- FACIAL
- MASCARA
- MIRROR
- NAIL POLISH
- PEDICURE
- PERFUME
- RINSE
- ROLLERS
- SALON
- SCISSORS
- STYLIST
- TINTING
- WASHING

```
M V M F C S E H S U R B C
E Y E B R O W P E N C I L
X T S I L Y T S Q R V P E
R T D R A O B Y R E M E A
M M I I C S H M R C M D N
N A Z N Z O I Z O M S I S
A S O S T R S M L L A C E
I C K E R I B M L V L U R
L A U O Y I N C E K O R A
P R R R N E F G R T N E P
O A X G L A L A S E I R H
L H S R O S S I C S A C B
I G N I H S A W N I X M S
S E M U F R E P O E A L V
H O J S N A M E Y I R L U
```

337

FURNISHINGS

- ◊ CABINET
- ◊ CARVER
- ◊ CHEST
- ◊ CLOCK
- ◊ CLOSET
- ◊ COUCH
- ◊ DESK
- ◊ DRESSER
- ◊ FEATHER BED
- ◊ FREEZER
- ◊ GAS FIRE
- ◊ HALLSTAND
- ◊ LARDER
- ◊ MIRROR
- ◊ OVEN
- ◊ PIANO
- ◊ READING LAMP
- ◊ SCATTER RUG
- ◊ SCREEN
- ◊ SETTEE
- ◊ SOFA
- ◊ WHATNOT

```
H Q Z G U R R E T T A C S
C K D B J E W K V H C W H
U Q D E B R E H T A E F Z
O D C A B I N E T R P Z Q
C Q N R E Z E E R F M D R
O P M A P E O V E N A T N
N T O N T A H W V H L E K
J E U T T S E H C H G S J
K S E D O R L P I A N O Y
M S S R K C O L C D I L C
A I G A C B F O A V D C A
F Q R E S S E R D H A D R
O R W R T W L A R D E R V
S A S O O G A S F I R E E
I J H E Q R U Q Q Z E Z R
```

338

IN UNIFORM

- ◊ ADMIRAL
- ◊ AIR STEWARD
- ◊ AIRMAN
- ◊ CHEERLEADER
- ◊ CHEF
- ◊ CLEANER
- ◊ DRIVER
- ◊ GUARD
- ◊ GUIDE
- ◊ JOCKEY
- ◊ MAID
- ◊ NANNY
- ◊ NURSE
- ◊ PILOT
- ◊ PORTER
- ◊ PRISONER
- ◊ REFEREE
- ◊ SAILOR
- ◊ SHOP ASSISTANT
- ◊ SURGEON
- ◊ USHER
- ◊ WAITRESS

```
P T J A G Y A N E D L R E
R N O C L E A N E R I D G
I A C H F N D E Y I S A D
S T K B N E R I R C C E M
O S E Y N U H O U C R G V
N I Y N G A N C L G E A R
E S S H M D D T B I D I E
R S N F P O R T E R A R H
S A A A L W A I T R E S S
U P D V M P U L E F L T U
R O H M I R G V E S R E M
G H B L I F I R A N E W I
E S O V M R E A I L E A Y
O T P T D E A H I D H R A
N D N U R S E L S V C D P
```

339

BAD FOR THE WAISTLINE!

- ALCOHOL
- BEER
- BISCUITS
- BUNS
- CAKES
- CHEESE
- CHIPS
- CHOCOLATES
- CREAM
- CRISPS
- FRITTERS
- FUDGE
- HOT DOGS
- JAM
- PASTRIES
- PEANUTS
- PORK PIES
- POTATOES
- ROLLS
- SUGAR
- TREACLE
- WINE

```
H R P R G P S E Z X K S U
L O H O C L A P Z H R S V
P F O U Q P O S O E E T S
M A J R W T F T T H U T
C H S I A Z D T A R Y N I
R X N T B O I L X F I A U
A E O J G R O D W C P E C
M E W S F C R E A M O P S
S O H Z O C G Q E P R E I
C Z I H C Z H L B C K G B
O A C Z H L C I U R P D E
B S K M E A G O P I I U R
N U B E E R A G U S E F V
K G N R S Y M K S P S O O
J Q T S E R O L L S B Z Y
```

340

LET'S CLEAN UP

- BROOM
- BRUSH
- CLEANSER
- CLOTH
- DETERGENT
- DUSTER
- FOAM
- FRESHEN
- GRIME
- MOPS
- PUMICE
- RINSE
- SOAK
- SOAP
- SODA
- SPARKLING
- SPONGE
- SUDS
- TIDYING
- WHITE SPIRIT
- WIPES
- WRING

```
R E T S U D E Y P A O S F
C L O T H G K Q T L E W B
L S S K N P Z N S P O M F
E M P O D J E T I A D R O
A J P A A G R W W L E H A
N S D Q R K J C O S N S M
S X I E E K W U H Q R U I
E L T E M R L E D P M D Q
R E F S I I N I M J G S A
D W B N K P R V N O P D G
U U G I N V U G I G O L O
H S U R B X D M S S P R X
T I R I P S E T I H W J B
M T I D Y I N G F C W X A
N Y F O R Q L F W G E G M
```

341

FONTS AND TYPEFACES

- ARIAL
- BAUER
- BOOKMAN
- CAMBRIA
- CASTELLAR
- CENTURY
- CHEVIN
- COOPER
- COURIER
- FLAMA
- FRUTIGER
- FUTURA
- GARAMOND
- HELVETICA
- HUMANIST
- MYRIAD
- NUEVA
- OFFICINA
- SYMBOL
- TAHOMA
- UNIVERS
- WINGDINGS

```
A G B O H D L R O G N K A
S I R A L L E T S A C J T
N F R A U N I V E R S C C
F N I B A E N U E V A O L
O R T Y M W R M A T T U V
A F U R W A Y F U T U R A
C O F T V R C L P W D I T
I O Q I I U O A Y I N E S
T S O A C G C M B N O R I
E Y D P H I E A O G M N N
V M N K E B N R O D A I A
L B F N D R T A K I R V M
E O G R O T U W M N A E U
H L U D E U R H A G G H H
A M O H A T Y K N S H C C
```

342

BRIDGES

- AKASHI-KAIKYO
- CLIFTON
- FORTH
- FREMONT
- GOLDEN GATE
- GREAT BELT
- HUMBER
- KHOTUR
- LONDON
- MENAI STRAITS
- MINATO
- PORT MANN
- RIALTO
- RIO GRANDE
- SEVERN
- STORBAELT
- TAY
- TOWER
- TRANSBAY
- TYNE
- VRESK
- YANGPU

```
M X E M S P X P R S P R R
C E D E K T O V R E S K I
U P N T C P O R K C W T A
A K A A L B F R T E C O L
K E R G I Y R E B M U H T
A N G N F S I Y Y A A M O
S Y O E T O T P A V E N Y
H T I D O N K R T N A L N
I U R L N T O F A D G H T
K M V O U O A M O I C P O
A T Y G R Z L N E R T A U
I G S E V E R N I R T S T
K R U T O H K Y H M F H A
Y P D K G R E A T B E L T
O L Y A B S N A R T B S G
```

343   TOSSED SALAD

- ◊ CAESAR
- ◊ CELERY
- ◊ CHEESE
- ◊ CHICORY
- ◊ CHIVES
- ◊ CRESS
- ◊ CROUTON
- ◊ FENNEL
- ◊ GREEN PEPPER
- ◊ HERBS
- ◊ LETTUCE
- ◊ NICOISE
- ◊ OLIVE
- ◊ PEAS
- ◊ POTATO
- ◊ RADISH
- ◊ ROCKET
- ◊ SWEETCORN
- ◊ THOUSAND ISLAND
- ◊ TOMATO
- ◊ WALDORF
- ◊ WALNUTS

```
D E U S E S I O C I N J O
T A R S A C R O U T O N T
H T W E K E F E N N E L A
O E P R P V Z M C C S Y M
U K R C Y P A I U W Z R O
S C E B A B E T N S M E T
A O A S S U T P C W S L J
N R S M E E Y S N E D E O
D C H H L E T R V E O C U
I W A B S U H I O T E C C
S N J E N I H C A C V R J
L N W L S C D T F O I E G
A H A X C A O A B R L H U
N W P S D P R J R N O K C
D J K F R O D L A W L L K
```

344   DRESSMAKING

- ◊ BOBBIN
- ◊ CHALK
- ◊ DUMMY
- ◊ EDGING
- ◊ FABRIC
- ◊ GARMENT
- ◊ HOOKS
- ◊ LACE
- ◊ MODEL
- ◊ NEEDLE
- ◊ PINS
- ◊ REELS
- ◊ SCISSORS
- ◊ SEWING
- ◊ SILK
- ◊ SPOOL
- ◊ STITCHES
- ◊ TACKING
- ◊ TAILOR
- ◊ THREAD
- ◊ YARN
- ◊ ZIP

```
B X S F U H L G L S P L W
D Z F E Z N N D G T Q E M
S Z C P R I X S N V V D V
P A I S W C Z N I B B O B
L N I E I Q V F K Y Y M N
S L S R O S S I C S A R R
K T B Z F B C D A E O R L
N A I S P O O L T L S B N
F P D T S N S I I D K T J
D C V I C L F A E E O H U
B U O R E H T X D E O R S
K B M E G T E Z G N H E H
G A R M E N T S I I L A F
Z M B X Y Q A Q N B V D N
B O O C H A L K G L T Y M
```

345

HOTEL STAY

◊ ANNEX
◊ BALCONY
◊ BIBLE
◊ BILL
◊ CHAIN
◊ CHEF
◊ COMPLAINT
◊ DOORMAN
◊ EN SUITE
◊ FOYER
◊ GUIDE

◊ HOSTELRY
◊ KEYS
◊ LINEN
◊ LODGE
◊ PORTER
◊ RESERVATION
◊ RESORT
◊ RESTAURANT
◊ ROOMS
◊ STAIRS
◊ WAITER

```
H R E T R O P E R H M E R
U Y P K Q P Z Y B C J M E
Z K C H A I N T A X H R Y
R D O O R M A N L R E E O
K E Y S M D M H C S N N F
S C S H R P R O O M S S R
N R D E E O L R N G P U E
E K I S R P T A Y H H I S
N A V A B V L T I O Q T T
I A R E T I A W S N M E A
L N E R G S H T X U T B U
O N L P P U E D I U G I R
D E B F E L E I H O Q L A
G X I O R O Z J E P N L N
E B B Y E X R Q M U V T T
```

346

INVENTORS

◊ BELL
◊ BENDIX
◊ BENZ
◊ BIRO
◊ BUNSEN
◊ COLT
◊ DAIMLER
◊ DUNLOP
◊ DYSON
◊ EDISON
◊ FORD

◊ GOODYEAR
◊ MARCONI
◊ PERRY
◊ PULLMAN
◊ SCHICK
◊ STEPHENSON
◊ TESLA
◊ TULL
◊ VOLTA
◊ WATT
◊ WESTINGHOUSE

```
P Z Q E W S A L S E T J B
X O S I E W U P S N O E D
I Y A W D Z F C O B L N L
D Y S O N J H S S L L L R
N W E S T I N G H O U S E
E A B E C E G F I T P W L
B D C K H H O M N K U X M
J D I P G P O T O U L N I
R C E S J Q D W C J L E A
O T D R O F Y W R P M S D
S R F N V N E A A K A N Z
E U I V O W A T M W N U N
M Q W B L W R T F H A B E
L C O L T R D U N L O P B
J S N M A Q P P E R R Y I
```

347

◊ ATLANTA
◊ BERT
◊ BIG BIRD
◊ BILL AND BEN
◊ DR TEETH
◊ ELMO
◊ FOZZIE BEAR
◊ GONZO
◊ GROVER
◊ GUY SMILEY
◊ JUDY

◊ KERMIT
◊ LOOBY LOO
◊ MITCH
◊ MR PUNCH
◊ PERKY
◊ PINKY
◊ ROWLF
◊ SOOTY
◊ TEDDY
◊ VIRGIL
◊ ZELDA

```
R P A V J G G P E R K Y N
Y K N I P V O Y J F D D Y
U R W R T C N K E R M I T
S E L G G C Z H I N F G U
S J H I W A O B G H L F O
X O K L D S G V U N W O O
J Y O L A I J Y Y G O Z L
J Y E T B T U O S X R Z Y
W Z P Y Y F N C M U R I B
E L M O D N B A I M E E O
H J N E B D N A L L I B O
J C G R O V E R E T E E L
R U T W H H F T Y R A A Y
T W D I H T E E T R D R O
J U M Y M R P U N C H W W
```

348

ORCHESTRA CONDUCTORS

◊ ABBADO
◊ ANCERL
◊ BERNSTEIN
◊ CHALABALA
◊ CONLON
◊ DANON
◊ EDWARDS
◊ EHRLING
◊ HOGWOOD
◊ JANSONS
◊ KARAJAN

◊ KEMPE
◊ KRAUSS
◊ LEVINE
◊ MONTEUX
◊ MOTTL
◊ MUTI
◊ ORMANDY
◊ RATTLE
◊ SALONEN
◊ SIMONOV
◊ STOKOWSKI

```
A D D R I E P Q M G G I B
L N O V G C L H X R Z E E
A K E O D E H T D D N E R
B B V N W E N R T S U H N
A N S O O G L I D A H R S
L A T M J L O R V Z R L T
A J O I V A A H U E I I E
H A K S Q W Z S Q T L N I
C R O M D K R A U S S G N
A A W E K V G M G M N T Q
B K S N C X U E T N O M Z
B O K K Y X Q P V Z S O K
A X I Y D N A M R O N T B
D A N O N L R E C N A T J
O N O L N O C K T R J L Q
```

349 ZOOLOGY

- ACAUDAL
- ALULAR
- ANGUINE
- ANNELID
- ANTERIOR
- ANURAN
- ARACHNOID
- AVIAN
- CANINE
- FELINE
- JOINTED
- MANTLE
- OVIPAROUS
- PALLIUM
- PEDATE
- SALIENTIAN
- SCALY
- SPIDERY
- UNGULATE
- UNIVALVE
- VAGILE
- WARM-BLOODED

```
W E L I G A V R A L U L A
U A S F N U N G U L A T E
A R R U A R Y N H J R A H
K N R M O R I L E D M C P
H A G M B V A A A L I A A
N A K U A L I C Y C I U L
Y N C L I N O P H F S D L
R T V Q C N T O A N U A I
E E R F P A E L D R O L U
D R X E E S N N E E O I M
I I M L D A V I A N D U D
P O H I A D E T N I O J S
S R N N T J N F C E A A Z
P K U E E G E N I N A D P
N A I T N E I L A S I A N
```

350 JUICY FRUITS

- APPLE
- APRICOT
- BILBERRY
- BLUEBERRY
- CHERRY
- CRANBERRY
- GRAPE
- GUAVA
- KIWI
- LEMON
- LIME
- MANGO
- MELON
- NECTARINE
- ORANGE
- PAPAYA
- PEACH
- PEAR
- POMEGRANATE
- RASPBERRY
- STRAWBERRY
- TOMATO

```
G M Y R R E B L I B C O W
P O M E G R A N A T E D Y
K S K N F G R A P E Y R U
A V A U G C Y Q U R R C Y
T R R S K A D X R E O R R
O M A G P W S E B T B A R
C W E A S A B W A N C N E
I U P C P P A M E W C B B
R V C P S R O C A H D E E
P L L A T T T L E M N R U
A E R S P A M R M E O R L
U M M E R A R I N L M Y B
S J A I N Y G W K O E R U
Q C N G L G D I I N L A I
H E O X O F X K R B W K M
```

351

- AIOLI
- APPLE
- BARBECUE
- BLACK BEAN
- BLANQUETTE
- BROWN
- CAPER
- CHEESE
- CURRY
- ESPAGNOLE
- GARLIC
- GRAVY
- HOLLANDAISE
- MORNAY
- PEPPER
- PESTO
- PLUM
- PRIMAVERA
- TABASCO
- TARTARE
- TOMATO
- WHITE

```
G C I O Y W C M E A E I A
B I V H T P J K O N V R B
E L C I D A H U A R E H M
T R A V L O M E X V N E Y
I A P N Y O B O A B L A E
H G E Y Q K I M T O E S Y
W S R G C U I A N R I V O
F N U A S R E G A A M D C
M G L P P K A T D U Q H S
O B N P E P R N T P E M A
T S H L S A A Y Z E O U B
S T H E T L V X S P G L A
E V E H L A U E A P K P T
P N W O R B A R B E C U E
H A H G C U R R Y R M S K
```

352

SCOTTISH TARTANS

- AINSLIE
- BRANDON
- CAMERON
- DOUGLAS
- FRASER
- HUNTER
- JACKSON
- KENNEDY
- KERR
- MACDONALD
- NAPIER
- OGILVIE
- PRINGLE
- RAMSAY
- ROBERTSON
- ROYAL STEWART
- SINCLAIR
- STUART
- TAYLOR
- URQUHART
- WILSON
- WYLIE

```
R E T N U H F F K C O W D
A I N S L I E L C U T N Y
N Q M N N B R A N D O N I
O R R R O L Y D E N N E K
S P O D Y R E I P A N Y R
T K R Y L Y E R V J C O N
R E K I A A F M W Y L I E
E R P S N L N R A Y B M N
B R M D O G S O A C T Z O
O A S O J G L T D S V F S
R X T U Z A I E E C E S K
M N U G N O S L I W A R C
R I A L C N I S V T A M A
V T R A H U Q R U I W R J
N X T S I U U D L S E Q T
```

353

SEASIDE FUN

- ◊ BEACH-BALL
- ◊ PEBBLE
- ◊ BIKINI
- ◊ PIERS
- ◊ BOATS
- ◊ ROCKS
- ◊ CHALET
- ◊ SEAGULL
- ◊ CLIFF
- ◊ SPADE
- ◊ COVES
- ◊ SPRAY
- ◊ FLAGS
- ◊ STARFISH
- ◊ INLET
- ◊ TIDES
- ◊ LIFEGUARD
- ◊ TOWEL
- ◊ MUSSELS
- ◊ WAVES
- ◊ PARASOL
- ◊ YACHT

```
W Q Q S V H F V N H B Y G
Y L P R R V M U S S E L S
H A I O X E K U N I A D C
V Z C F S T I J J F C N A
S K J H E P L P L R H W X
S E C L T G R E W A B T T
P V A X S P U A L T A O P
O H U G F Q V A Y S L W E
C B A E U E H C R P L E B
S L I E S L U O V D R L B
F E I K H G L V R B I S L
O I D F I N L E T P T W E
J G W I F N M S P A D E Y
J P Q G T I I Y O K N M O
L O S A R A P B U H U K M
```

354

SO VERY BAD

- ◊ ABOMINABLE
- ◊ HURTFUL
- ◊ BAD
- ◊ IMMORAL
- ◊ BANEFUL
- ◊ NASTY
- ◊ CORRUPT
- ◊ NAUGHTY
- ◊ DEPRAVED
- ◊ NOXIOUS
- ◊ DISGUSTING
- ◊ RASCALLY
- ◊ DISHONEST
- ◊ ROTTEN
- ◊ EVIL
- ◊ SINFUL
- ◊ GROSS
- ◊ VILE
- ◊ HARMFUL
- ◊ VILLAINOUS
- ◊ HORRIBLE
- ◊ WICKED

```
D T R S Y L A R O M M I N
F I A T Q M T C W F W E D
G L S B D N K P W L T A E
J A C G B E A D U T A E K
N H A N U A P U O R C U C
R P L K O S N R G Y R R I
D V L U H X T E A H W O W
I D Y T F O I I F V T K C
S S O R G T R O N U E Y S
H P I L T V R R U G L D N
O C I N B A P U I S W T V
N V L U F M R A H B A D V
E S K R Y U T E L Q L F I
S U O N I A L L I V F E L
T S E L B A N I M O B A E
```

355

◊ BEACH-BALL
◊ BICYCLE
◊ CATAPULT
◊ FRISBEE
◊ FURBY
◊ KITE
◊ MECCANO
◊ PINATA
◊ PLASTICINE
◊ RACING CAR
◊ RAG DOLL

◊ ROCKING HORSE
◊ ROUNDABOUT
◊ SCOOTER
◊ SEESAW
◊ SLEDGE
◊ SLIDE
◊ SWING
◊ TEDDY BEAR
◊ TRAIN SET
◊ YACHT
◊ YO-YO

```
T G P L L O D G A R F S T
W G R A C G N I C A R C E
R D F O L A M H P J J O S
O W W A U L T E J M V O N
C E R A K N A A C G M T I
K N M A S E D B P C I E A
I I J E E E L A H U A R R
N C S H D B E C B C L N T
G I G I B S Y S Y O A T O
H T L J Q I T D V C U E Y
O S S E O R Z H D H I T B
R A E W K F T U C E Z B R
S L C K I I P I N A T A U
E P C B H N T A F E Y E F
O Y O Y B G G E G D E L S
```

356

◊ ANDREW
◊ ARREST
◊ CALVARY
◊ CHRIST
◊ FRANKINCENSE
◊ GOLD
◊ HEROD
◊ JOHN
◊ JUDAS
◊ LAST SUPPER
◊ LAZARUS

◊ LUKE
◊ MARY
◊ MESSIAH
◊ MYRRH
◊ PHILIP
◊ REDEEMER
◊ ROMANS
◊ SIMON
◊ STABLE
◊ TEMPLE
◊ TRIAL

```
H F R A N K I N C E N S E
E T B R N I J H Q T Z U J
R C T R N D R U R T K C R
E A H E J I R I D O R E H
N L D S S L A E G A I H L
R V B T C L X R W O S H A
E A Y A E R O M W S L G Z
D R F R T M E S O J R D A
E Y J L A S T S U P P E R
E T P N S M Y L Y E K D U
M W S I Y I U G M L I C S
E D A R L K M H Q P D D H
R H R W E I Y O V M I F H
L H H H J O H N N E J H K
Q E V R X I P P R T B E M
```

357

DISTANCE

- AFAR
- BREADTH
- CLOSE
- CUBIT
- EXTENT
- FATHOM
- FOOT
- FURTHEST
- HECTARE
- HEIGHT
- INCH
- INFINITY
- MILE
- PLACEMENT
- REACH
- ROOD
- RULER
- SIZE
- SPACE
- THICKNESS
- WIDTH
- YARD

```
B R E A D T H F T R S Z A
Y A R D R O O D S P V F U
Q F O B C R U L E R E C B
F A T H O M W F H F O O T
S S E N K C I H T R Q C U
E Z P L O X D L R T I U M
R U Y A A K T K U N H B S
J M B C C L H G F E X I P
F Z E F X E C I I M Z T Y
F I E R R X N G E E K T P
L B K X A I H B S C G R W
M M U O T T K K O A X E L
I D C Y L E C J L L C A Q
L X M D A Q N E C P Q C O
E R Q I N C H T H Y O H K
```

358

SO MANY TROUBLES

- BAD LUCK
- BANE
- BLEAK
- BLOW
- BOTHER
- CATASTROPHE
- CURSE
- DEFEAT
- DISASTER
- DISQUIET
- DISTRACTION
- EXTREMITY
- FAILURE
- FALL
- GLOOM
- HASSLE
- MISFORTUNE
- PROBLEM
- RAW DEAL
- SLUMP
- TRIAL
- UPSET

```
L D B M K T A V Z N X R I
E A I A E X T R E M I T Y
G H E S D L J R T R I A L
Y L P D A L S T X W Y K L
B U O O W S U S P F E M L
U J P O R A T C A A R I A
R F C T M T R E K H U S F
E W Z K J Q S S R V L F U
H F D I S T R A C T I O N
T E I U Q S I D T F A R V
O P M U L S I I G A F T D
B B D W T A E F E D C U H
T G P R O B L E M Q S N U
S Z V D J L F Z O H I E C
E N A B N A B I C U R S E
```

359 RUSSIA

◊ ARKHANGELSK
◊ SIBERIA
◊ FABERGE
◊ SMOLENSK
◊ HERMITAGE
◊ STAR CITY
◊ IRKUTSK
◊ ST BASIL'S
◊ KAMCHATKA
◊ SUZDAL
◊ KARA SEA
◊ THE DUMA
◊ KREMLIN
◊ THE GUM
◊ LAKE LADOGA
◊ VOLGA
◊ MOSCOW
◊ VYBORG
◊ MURMANSK
◊ WHITE SEA
◊ ROSTOV
◊ YAUZA

```
M M H A Y S T B A S I L S
U L U A N H E M S A I L S
R H U G G C O M G A T A I
M Z E M E S Z O C V A D S
A K J R C H D Y Y E A Z M
N A G O M A T B S G I U O
S M W H L I O E F A R S L
K C D E C R T N Q O E K E
F H K R G I I A S H B A N
V A A H H L N T G S I R S
L T B W M V O O J E S A K
S K P E F V A G L O V S S
S A R I R K U T S K K E J
X K S L E G N A H K R A R
B N A M U D E H T M A M R
```

360 RATHER AWKWARD

◊ CLUMSY
◊ SLOW
◊ COARSE
◊ STIFF
◊ DIFFICULT
◊ TRICKY
◊ GAUCHE
◊ UNCOUTH
◊ GAWKY
◊ UNEASY
◊ HAM-FISTED
◊ UNFIT
◊ INELEGANT
◊ UNGAINLY
◊ INEPT
◊ UNLEARNED
◊ ROUGH
◊ UNREFINED
◊ RUDE
◊ UNWIELDY
◊ RUSTIC
◊ WOODEN

```
D F A F T Y U N C O U T H
I D S P S Y K C I R T X V
F X E M I B R U S T I C B
F N U T K E N Z D T A K V
I L O F S W H E A L P T U
C N Y W I I N C X D R I L
U B E E Q R F Y U Q F F D
L U L L A N L M K A L N E
T D Q E E N T J A M G U N
Y S L S I G R T P H A O I
W N L A T U A N D H W N F
U A G O D I B N F G K I E
Q N T E W T F E T U Y W R
U U N E A S Y F G O X F N
N E D O O W C O A R S E U
```

361

◊ ANGEL

◊ BEZANT

◊ COPPER

◊ CROWN

◊ DANDIPRAT

◊ DENARIUS

◊ DIME

◊ DUCAT

◊ FARTHING

◊ FLORIN

◊ GROAT

◊ MOIDORE

◊ NAPOLEON

◊ NOBLE

◊ OBOL

◊ POUND

◊ REAL

◊ SHILLING

◊ SOU

◊ STATER

◊ THALER

◊ THREEPENNY BIT

```
N R E T A T S R W E T C E
N O E L O P A N F R S M N
T R E L L O C O A W I C Y
H T C M B R Q J R D C D P
R A A O O T Y E T G O E O
E R L W U I L S H H P N U
E P N C V A O H I T P A N
P I U W H F U I N Z E R D
E D X T M A G L G M R I T
N N P U U C F L O W Z U N
N A N G E L O I D U O S A
Y D U O O Z D N X U L V Z
B F Z R B O D G P A C S E
I S I I R L J N E I N A B
T N R E S Q E R I H W P T
```

362

◊ BEER

◊ BLOOD

◊ CLOUDS

◊ CONDENSATION

◊ EDDY

◊ GEYSER

◊ GRAVY

◊ GUSH

◊ KITE

◊ MAGMA

◊ MILK

◊ RIPPLE

◊ SALAD
  DRESSING

◊ SLIDE

◊ SMOKE

◊ STEAM

◊ STREAM

◊ TIDES

◊ TRAFFIC

◊ TRICKLE

◊ WATER

◊ WINE

```
F E M A E R T S M E B P S
K F U U I Z B A E T E S E
G G V P D E G L A I E E D
W R P U Y M K A R K R C I
J L A Q A C I D K M O M T
E U C V I M E D K N I Y G
C M C R Y W C R D L H D E
F I T F T Y N E K R H D Y
U G F O U J N S K I I E S
A R Q F G S T S F K V D E
Z W E W A E C I R E U Z R
E F P T A R N N E O W T B
M Z I M A U T G L I O P M
D O O L B W V C N H S U G
N R U S L I D E S M O K E
```

363

- AEROBICS
- BARBELL
- BENCH
- DANCE
- EXERCISE
- FITNESS
- GYMNASIUM
- HORSE
- INSTRUCTOR
- LEOTARD
- LEVERAGE
- MASSAGE
- MUDPACK
- PILATES
- PULLEYS
- SAUNA
- SHOWER
- STEPS
- TRAINING
- TREADMILL
- WEIGHTS
- YOGA

```
G Y M U I S A N M Y G C L
F G I Y L S G U M B A E L
E F O R U E D V E D V A E
G G I O E P O N J E N G B
A R G T A K C T R U N W R
S E D C N H R A A I R S A
S W K U N E G S N R T N B
A O G R E E S I X H D P C
M H S T D C A S G Y M U Y
G S T S Y R N I E B E L J
G I E N T R E A D M I L L
J U P I I W B P D W G E K
N E S I C R E X E E M Y C
S E T A L I P O H O R S E
N X S C I B O R E A W X D
```

364

- ANKLET
- BANGLE
- BEADS
- BRACELET
- BROOCH
- CAMEO
- CHAIN
- CHARM
- CHOKER
- CLASP
- CLIP
- COLLAR
- CROWN
- DIADEM
- EARDROP
- EARRINGS
- LOCKET
- PEARLS
- PENDANT
- SUNBURST
- TIARA
- WATCH

```
H B O F Q T D Z S Q G U O
C N W O R C P E N D A N T
T N C H O K E R J C W I X
A A K L O X N E L G N A B
W R L M E D A I D Q P H R
I A N L A T J S N P A C A
R I P C C G G X V E U H C
Z T O H P N O E M A C C E
K S R A I S P X G R V O L
B K D R M W A I U L U O E
M E R M X F F L M S D R T
P A A N K L E T C A P B T
E I E D X T S R U B N U S
V V L B S S T E K C O L P
B P R C U E C C I D Y D E
```

BOOK TITLES

- BLEAK HOUSE
- BORN FREE
- CARRIE
- COUSIN BETTY
- DEENIE
- DUNE
- EMMA
- ENIGMA
- FATHERLAND
- I'M OK, YOU'RE OK
- INFIDEL
- JANE EYRE
- MOBY-DICK
- OFFSHORE
- PANDORA
- POLLYANNA
- ROOTS
- SHIVER
- STAYING ON
- TARA ROAD
- THE ILIAD
- WALDEN

```
C N E M Y R J P D D Q Z W
P E N O G N I Y A T S U J
O J I E P P E I R R A C W
L I G E H N L N L O N F C
L P M Z P I I E E E O A O
Y M A O E D E E D S E T U
A D Q H K R R L I U R H S
N R T B F Y A J F O O E I
N D U N E W O U N H H R N
A V R E E U R U I K S L B
F O N S H I V E R A F A E
B A A R O D N A P E F N T
J U X D M R X E G L O D T
T A R A R O A D E B X K Y
W W I W C M O B Y D I C K
```

ROMANS

- BATHS
- CAESAR
- CASSIUS
- CONSTANTINUS
- CRASSUS
- DECIUS
- DIOCLETIANUS
- EAGLE
- FORUM
- GALLEY
- LATIN
- NERO
- NERVA
- PATRICIAN
- PLINY
- PROBUS
- QUINTILLUS
- SENECA
- TIBER
- TITUS
- TOGA
- VILLA

```
S U N I T N A T S N O C D
T U B E R B A F I I P E H
D I Q H R S V O Q T C O L
Q I B Q K O R Y C I U V P
D U O E A A E S U E I S A
C F I C R L N S H L U C T
A R G N L I Z G L T N T R
E C C A T E M A E B A P I
S V G A E I T U P S O B C
A E L L S T L I R L T K I
R G G V W S W L A O I T A
V A O C Q I I K U N F N N
E I C T T N M U Z S U U Y
S U S S A R C Y S C W S V
S U B O R P U A C E N E S
```

367

THAT'S BETTER

- A CUT ABOVE
- BIGGER
- CURED
- ENRICHED
- FINER
- FITTER
- GREATER
- HEALED
- IMPROVED
- LARGER
- LONGER
- MENDED
- NICER
- RECOVERED
- RECTIFIED
- REVAMPED
- REVISED
- SMARTER
- SUPERIOR
- SWEETER
- WELL
- WORTHIER

```
T R V D E R E V O C E R Z
D E I F I T C E R H G L K
E V A W R D E S I V E R D
D A R C O E E L F N G N R
I M E T U B T L F I N E R
M P G P R T R A A C T N C
P E R F E E A D E E F R R
R D A V G O J B E R H I E
O E L G N B X W O D G C T
V G I Z O Q S N T V N H R
E B M H L I I F Y U E E A
D V G O T R E T T I F D M
H Q Y Y G R L L E W A H S
S U P E R I O R J K F V I
K B N U O M U W D E R U C
```

368

ART MEDIA

- ABSTRACT
- BATIK
- CARTOON
- CERAMICS
- DAUB
- ETCHING
- GILDING
- GLAZING
- GOUACHE
- GRADATION
- GRAPHIC
- MONTAGE
- MOSAIC
- OUTLINE
- PASTEL
- RELIEF
- SHADING
- SKETCH
- TEMPERA
- TINGE
- TRACERY
- WOODCUT

```
M W G N I D L I G A V V C
O O F E I L E R Z Q G I A
N O I T A D A R G O L F R
T D M S J P L E T S A P T
A C A E H C A U O G Z J O
G U A I R A H B A T I K O
E T C R W C D E E X N U N
N R O O T S Y I V G G C T
I U L E K S C V N D N E B
L W K C K J B I V G M I X
T S M S O Z L A M P A W T
U M D I P D D I E A N F X
O J T R A C E R Y Y R Z Z
V G J U C I A S O M Q E M
O O B S K G N I H C T E C
```

369   POULTRY PEN

◊ APPENZELLER   ◊ LEGHORN

◊ ARAUCANA   ◊ MARANS

◊ AUSTRALORP   ◊ MINORCA

◊ BLACK ROCK   ◊ ORPINGTON

◊ BRAHMA   ◊ PEKIN

◊ CHANTECLER   ◊ SASSO

◊ COCHIN   ◊ SILKIE

◊ CREAM LEGBAR   ◊ SULTAN

◊ FRIZZLE   ◊ SUMATRA

◊ HAMBURG   ◊ SUSSEX

◊ IXWORTH   ◊ VORWERK

```
J K C O R K C A L B M F S
C R E A M L E G B A R U H
N M I N O R C A R I L R A
N I A X R R P A Z T V E N
L I H P E D N Z A A K L A
R E K C P S L N R U R C C
O Z G E O E S Y N S E E U
R S S H P C N U A T W T A
P D S S O I C Z S R R N R
I P P A U R X S E A O A A
N R A G S M N W I L V H X
G B R A H M A E O O L C X
T E I K L I S T F R J E D
O H A M B U R G R P T C R
N X U V E H D Z F A Z H C
```

370   SPACES AND HOLES

◊ BLANK   ◊ PASSAGE

◊ CAVITY   ◊ PERFORATION

◊ CLEFT   ◊ PUNCTURE

◊ CRANNY   ◊ RECESS

◊ CRATER   ◊ RIFT

◊ DIVOT   ◊ SPOUT

◊ DRAIN   ◊ STOMA

◊ GULF   ◊ THUMB HOLE

◊ HOLLOW   ◊ TUNNEL

◊ INLET   ◊ VENT

◊ ORIFICE   ◊ VOID

```
R P N X Z G G S V H K K O
P E N P U G M E T Y P X K
U R T L G P N S N Q H Y W
N F F A J T E G A S S A P
C O B D R A I N U S Z D N
T R L T I C V I P U I P A
U A A C F S T O N O U C R
R T N L T H U O V L R V E
E I K E W T O Z V A E C C
H O B F U L U L N I I T E
C N P T E F E N L F D D S
C A V I T Y Y N I O J W S
F E G M G L R R N Q W F C
T H U M B H O L E U S H Q
K I M I B X I A M O T S L
```

371 AUTHORS

- AUSTEN
- BAKER
- BRONTE
- BUNYAN
- CLARKE
- COLLINS
- DOSTOYEVSKY
- ELIOT
- HARDY
- JOYCE
- KINGSLEY
- LONDON
- POE
- POPE
- SEWELL
- STOWE
- TRESSELL
- TROLLOPE
- TWAIN
- VERNE
- WILDE
- WOOLF

```
T B Q Y O O G L P J M D U
N A R N E L F P S O Y A D
L T R O L L O P E L P D D
L M G E N I S Y I F S E L
E B W N A T P G F L O O W
S E A A Z F E O N D Q I N
S K Z Y D Z C E L I O T E
E L O N D O N O L C K W T
R H P U L F F X L L I A S
T O V B E N R E V L R I U
E S C L A R K E D K I N A
E T Q T M K C E G Z I N H
D O S T O Y E V S K Y Y S
S W L M O Y D R A H W G Q
U E C J O G B G H Z C S Z
```

372 SCHOOLDAYS

- ALGEBRA
- BAG
- BELL
- BOYS
- BUS
- CLASS
- CRICKET
- ESSAY
- FRENCH
- GREEK
- HALL
- KIDS
- LIBRARY
- PASS
- PENCIL
- PLAYGROUND
- PUPIL
- REPORT
- SHORTS
- SWOT
- TIE
- TUCK SHOP

```
P T X E R F K P D A N U H
E L I M R F U B N V A K Z
Y T A A J P U S W O T R L
A O J Y I S E L H P U K C
M I I L G O T N L O O N A
A R E P O R T P C A R A I
R O G I J C O G A I H T E
B R G D L H P U A S L O S
E L B A S S S W N B S T E
G H S K E S S A Y D E J Y
L S C Y F C Y G C K G L W
A U K N Y C R O C X F R L
T D I B E E L I B R A R Y
P N D F E R R P R I B N B
G O S K B C F D C O D W L
```

373

- ANORAK
- APRON
- BOOTS
- BRASSIERE
- DOUBLET
- DRESSING-GOWN
- FROCK
- JEANS
- PANTS
- PARKA
- PINAFORE
- SARI
- SHIRT
- SHOES
- SKIRT
- SKULLCAP
- SOCKS
- STOCKINGS
- TABARD
- TANK TOP
- VEST
- YASHMAK

```
O M Z K S G N I K C O T S
R V R C T S B I K Z H Z T
P Y M O O L K U O E M S R
J A E R O D O U B L E T I
L E N F B R Z W L T K H K
X K A T V E D Y X L O K S
L Q J N S S A S R Y C H S
E R E I S S A R B O I A A
R M Q T H I T A P R O N P
O G M M O N F N T A E S T
F U A S E G D O Y I R S A
A K A F S G B R R X E K B
N N S K C O S A N V S L A
I D H C H W S K L B E J R
P N U T A N K T O P V Q D
```

374

CRASH, BANG, WALLOP!

- BEAT
- BLOW
- BOOM
- CLATTER
- CRACK
- DETONATE
- EXPLODE
- HAMMER
- KNOCK
- LICK
- PEAL
- POMMEL
- RATTLE
- RESOUND
- RING
- SHOT
- SLAM
- STRIKE
- THRASH
- THUMP
- THUNDER
- THWACK

```
D P O D H Y N B D K J Z R
G D N U O S E R J K R Z K
H T H W A C K C S E W G D
B B P G B E L L M D U T E
T E O M J A A M M T H C T
H K A O T M A N N U C E O
U C S T M H P O M M E L N
N A E L I C K P U A B T A
D R G M E D O L P X E T T
E C N H Z G H E V D L A E
R N I K S E K I R T S R L
C Y R Q N A Q B S B B K N
M T Q I W O R R M S H O T
P E A L W M C H D D K U Y
M E F N R J K K T W O L B
```

375   ANCIENT WRITERS

◊ AESOP

◊ ARISTOPHANES

◊ CATULLUS

◊ CICERO

◊ EURIPEDES

◊ HESIOD

◊ HOMER

◊ HORACE

◊ JUVENAL

◊ LIVY

◊ LUCIAN

◊ MOSES

◊ OVID

◊ PINDAR

◊ PLATO

◊ PLINY

◊ SAPPHO

◊ SENECA

◊ SOCRATES

◊ SOPHOCLES

◊ TACITUS

◊ VIRGIL

```
R J A E L D H Z U A V M W
P L A T O I P L L P H H V
D I K D F V I A C E N E S
S A P P H O N V X G X D E
S L I V Y E D O W M W X N
E H X B V O A Y S S S W A
L E T U D C R E V U E C H
C S J U N X T I K L D I P
O I G A Q A R S P L E C O
H O M E R G H E O U P E T
P D Z C I O Y S S T I R S
O L O L R Q A O E A R O I
S S I A Z K O M A C U K R
L T C N L U C I A N E X A
L E I H Y S U T I C A T M
```

376   ELEMENTS

◊ ACTINIUM

◊ ANTIMONY

◊ ARGON

◊ ASTATINE

◊ BORON

◊ ERBIUM

◊ EUROPIUM

◊ GOLD

◊ IODINE

◊ IRON

◊ LUTETIUM

◊ NEON

◊ NICKEL

◊ OXYGEN

◊ PROMETHIUM

◊ RADON

◊ RHODIUM

◊ SAMARIUM

◊ SULPHUR

◊ THULIUM

◊ XENON

◊ ZINC

```
L Q N A A C T I N I U M B
E X O X R T I K P Z Q O L
K R D R V G R S U X R I M
C H A U N P O C W O L U U
I O R H O F N N N Z I O I
N D I P M G O L D P M X R
Z I R L U K Y T O M U Y A
N U I U I H L R Q W I G M
G M O S L E U C K M H E A
N G D S U E T G M J T N S
C O I S H D E W H V E G Y
N E N I T A T S A O M V L
I E E E R B I U M V O L N
Z Y O Q X D U N Z S R M U
N X A N T I M O N Y P H I
```

377

YOUNG ANIMALS

- CALF
- CHICK
- COLT
- CRIA
- CUB
- CYGNET
- ELVER
- FAWN
- FLEDGLING
- FOAL
- FRY
- JOEY
- KID
- KITTEN
- LAMB
- LEVERET
- NYMPH
- OWLET
- PIGLET
- PUPPY
- TADPOLE
- WHELP

```
T W C O F T E L G I P C T
F R E V L E G Q Y V M L N
F X O G E I U L A P O P M
D I K C D L A M B C P M C
J X A H G V N F D Q N U X
F L U I L C A Y S A E L P
F B G C I W R A D L C Y H
I Y E K N F G I O R Y I H
D N T T G J W P A F G N T
Y O E T C T D S C A N Y R
F E W T D A D Z R O E M E
J O O L T P L E H W T P I
E C A J E I R G V B Z H Q
J U F L A T K K B L Z Q J
D B A L E V E R E T Y Y N
```

378

ITALIAN TRIP

- ANCONA
- APPENINES
- ARNO
- CALABRIA
- CORTINA
- ELBA
- GENOA
- LAZIO
- LOMBARDY
- MARCHE
- MILAN
- MOLISE
- MOUNT ETNA
- NAPLES
- PADUA
- PARMA
- PIAVE
- RIMINI
- ROME
- TIBER
- TURIN
- VENICE

```
A X O L S E N I N E P P A
N Q G B K K H A P U E I E
T X E N O X P K P A R M B
E S N H Y E G I B B O Q D
T H O A H C I L A R W P H
N A A C N P E L S V S W L
U V R L A O A L A V E O I
O A T D A C C R E Z M U N
M A U B A A S N M B I C I
N A P L E S I O A A L O M
T H J D N C L R C B A R I
B I K I E I D C A L N T R
K V B N S Y N I R U T I N
M Q O E F N P B N E X N N
Q C L Y R H W E O T J A Q
```

379

WHITE THINGS

- ANTS
- BEECH
- CHOCOLATE
- CURRANT
- DWARF
- FLAG
- FOX
- FRITILLARY
- GOLD
- HEATHER
- HORSES
- LIES
- LILY
- NILE
- RICE
- SAUCE
- SNOW
- SPIRIT
- WATER
- WEDDING
- WILLOW
- WINE

```
C X S P A M A E D G V W Y
H J E N G D R J I E G K D
O U S Y R A L L I T I R F
C I R R E H T A E H S A X
O E O D M D L H C G A Y U
L V H M W F L Y X K U W S
A N T S G A L O E S C I T
T F R D A I R C G U E N B
E W O X L V E F H Q A E V
B I E X F C A B Q R W C S
E L C D W A T E R O I Q Y
E L I N D O X U N A R V D
C O R X O I C S P I R I T
H W W K V T N S E I L Z E
I S B U P H P G U T M A W
```

380

PUZZLING

- ACROSTIC
- CLUES
- CODES
- CRYPTOGRAM
- DOMINO
- FILL
- FUTOSHIKI
- GAME
- IMAGINATION
- LINKS
- LOGIC
- MIND
- NUMBER
- ODD ONE OUT
- PLAY
- POSER
- QUIZ
- QUOTES
- SUMS
- TEST
- TILED
- WORDSEARCH

```
U C W X Y O E W T Z D Q N
L O I A L M M U A B E H U
C L L T A I O W I I L C M
C P I G S E N K D W I R B
O R B F N O I K S N T A E
D U Y O P H R O S Q Q E R
E Y D P S D H C L U E S S
S D E O T U G O A X V D V
O L T L H O K X Z L Z R M
Q U O T E S G E R E S O P
F J W Z Q A C R E Y Y W W
N O I T A N I G A M I S N
N U T E S T G X V M U E E
Q D N I M U O D O M I N O
X W S O M D L Q S B U W B
```

381

IN THE WINTER

- BLANKETS
- BLEAK
- COALS
- COLDS
- COUGH
- FIRESIDE
- FREEZING
- FROSTY
- GALES
- GUSTY
- ICICLE
- INFLUENZA
- LOGS
- NEW YEAR
- NIPPY
- SCARF
- SKATING
- SKIING
- SLEET
- SNEEZE
- SNOWSTORM
- WINTRY

```
O Y N M W J C S A O D A K
S C R Y U E S Q G O R W X
C L K X X Z L K N O C J I
I Y E B L E A K A S L N E
M T L E W E O M K T F D C
R S C K T N C I J L I Z O
O U I N E S I N U S V N U
T G C U L N J E E S C E G
S X I W G S N R E C D W H
W F R E E Z I N G A Y Y F
O L T L A F H Q R R S E R
N P A C O L D S T F W A O
S G D S T E K N A L B R S
A W R T K U I Y P P I N T
H J T E G W Q I C K H O Y
```

382

BRITISH PARLIAMENT

- BILLS
- COUNT
- HEALTH
- HOME OFFICE
- LIBERAL
- LOBBY
- LORDS
- MACE
- MEMBERS
- POLICY
- QUESTION TIME
- RECESS
- SEAT
- SITTING
- SPEECH
- TORY
- TREASURY
- VETO
- VOTES
- WESTMINSTER
- WHIG
- WHIP

```
X G I U C B D S E P T J P
L I B E R A L C D L N I I
W M Y I E L X Z H R U H H
H G E C I F F O E M O H W
I X A B H E A L T H C L Y
G M T A E S I O A I E H B
Q U E S T I O N T I M E M
M D W E S T M I N S T E R
S M M Z T G D Q H R M E K
P V P X X T M R E B C U D
E L O B B Y O A E E L T L
E O L T G D S R S N C U A
C S I I E U S S Y O T E V
H A C Y R S I T T I N G G
F E Y Y Z V I U S J T A G
```

383   DICTATORS

◊ AMIN   ◊ MUGABE

◊ ARAP MOI   ◊ MUSSOLINI

◊ BOKASSA   ◊ NORIEGA

◊ CASTRO   ◊ PERON

◊ CEAUSESCU   ◊ PINOCHET

◊ DUVALIER   ◊ POL POT

◊ FRANCO   ◊ SADDAM

◊ HITLER   ◊ SHWE

◊ LUKASHENKO   ◊ STALIN

◊ MARCOS   ◊ SUHARTO

◊ MILOSEVIC   ◊ TITO

```
G C I V E S O L I M T M S
Z C R N U B Y M Z O A M R
O D O R T S A C D D C U T
D C L K M O I G D G C Q E
O Q N N V U P A U S P W Y
T S W A J P S L E M H E A
R R O T R S I S O S T I R
A E I C A F U N O P O Z A
H T L K R A J Z O L E M P
U S O T E A W D U C I J M
S B T C I A M E N N H N O
L U K A S H E N K O T E I
D U V A L I E R Y I R E T
N O R E M I S U T A R E O
A G E I R O N O I Y W V P
```

384   FAMOUS BILLS

◊ BAILEY   ◊ MORRIS

◊ BEAUMONT   ◊ ODDIE

◊ BRYSON   ◊ REHNQUIST

◊ CLINTON   ◊ ROGERS

◊ CODY   ◊ SYKES

◊ COTTON   ◊ TIDY

◊ GATES   ◊ TRAVERS

◊ HALEY   ◊ TREACHER

◊ HICKS   ◊ TURNBULL

◊ LAWRY   ◊ WILSON

◊ MAYNARD   ◊ WYMAN

```
R V W N S E K Y S C R S W
S K C I H E U B G E R X S
F F M Z B M Y T H E O L N
W I L S O N N N V H G A P
Y K O Z L O Q A I A E A N
E F Z O M U R S T L R O N
L S W U I T I U D E S A O
I M A S S R R T H Y D N T
A E T E R N I C R M O W N
B H T O B D A B C A D Y I
P A M U Y E D O Y Y D M L
G W L C R B T O R N I A C
I L O T J T W O W A E N E
S D Z B O E J W A R M R C
Y D V N M L X T L D N Q X
```

385

- BIOGRAPHY
- CHILDREN'S
- CRIME
- DRAMA
- EPIC
- ESSAY
- FANTASY
- GOTHIC
- HISTORICAL
- LIBRETTO
- PARODY
- PICARESQUE
- POLEMIC
- POSTIL
- PROSE
- PULP
- SAGA
- SATIRE
- THESIS
- TRIAD
- TRILOGY
- VERSE

```
P Y S A T N A F X I N T Q
A T R I A D L U C X R R C
R C H L A C I R O T S I H
O F I A E R I T A S P L Y
D T H M O M J F R E W O O
Y S T E E Q C I H T O G C
E E I E U L I V V F U Y B
F S S S R A O P O S T I L
Z R O Y E B O P L U P H S
M E N R C H I L D R E N S
U V B T P E T L O M T Q A
A G A S S X G E P S T R E
C A W S Y H P A R G O I B
A M A R D P M Z K T O F O
S Y E U Q S E R A C I P N
```

386

- ATTLEE
- BEVIN
- BROWN
- CABLE
- CLARKE
- CLEGG
- COOK
- CROSSLAND
- DOUGLAS-HOME
- FOX
- HAGUE
- HEATH
- HURD
- LLOYD GEORGE
- MACDONALD
- MACMILLAN
- OSBORNE
- OWEN
- PERCEVAL
- PYM
- RIFKIND
- WILSON

```
M A E M O H S A L G U O D
M A C M I L L A N S X R F
C H C A O S B O R N E E B
R P Q D S R T A P E W E C
P E G R O E G D Y O L L B
L D K W K N D G F S E T G
A N N R G A A L H G B T G
V A A O W E N L G Z H A E
E L R I F K I N D Z N N L
C S E S A N D H R O I E B
R S L U D R U H S V G H A
E O C Z G X Y L E L T F C
P R O B U A I B G A O Q F
Y C O L I W H U E X A A V
M I K S B H P H X Z R Q U
```

387

◊ ARTIFICIAL   ◊ GHOSTLY

◊ DREAMY   ◊ IDEAL

◊ EERIE   ◊ LEGENDARY

◊ ELDRITCH   ◊ PHANTASMAL

◊ ELFIN   ◊ PRETEND

◊ FABULOUS   ◊ SORCEROUS

◊ FAIRYLIKE   ◊ SPECTRAL

◊ FANCIFUL   ◊ SUPERNATURAL

◊ FASCINATING   ◊ UNEARTHLY

◊ FEY   ◊ UNREAL

◊ FICTIONAL   ◊ WEIRD

```
L A M S A T N A H P S F E
O C P N Y I T C G U A M D
L F R M F Y T H O I A D S
A I E L Z I O R R U G U Y
N M E Y R S E Y V N P E Q
O P G D T C L L I E C I N
I R L L R I Y T R A S R Y
T E Y O K M A N O R P E R
C T S E A N A Q U T E E A
I E W E I T S A H H C T D
F N R C U N R E A L T U N
H D S R D R I E W Y R S E
Z A A R T I F I C I A L G
F L S U O L U B A F L K E
L A E D I F A N C I F U L
```

388

◊ ACUMEN   ◊ KNOWING

◊ ASTUTE   ◊ MENTAL

◊ BRAINY   ◊ RATIONAL

◊ BRIGHT   ◊ SCHOOLED

◊ CLEAR-HEADED   ◊ SENSIBLE

◊ CLEVER   ◊ SHARP

◊ DISCERNING   ◊ SHREWD

◊ EDUCATED   ◊ TUTORED

◊ FACULTIES   ◊ UNDERSTANDING

◊ GENIUS   ◊ WELL-READ

◊ INSTRUCTED   ◊ WISDOM

```
E D U C A T E D S O S G C
C D K Q S U Y J H A C N L
L E N P T T N C R U H I E
E T O N U O I P E Y O D L
A C W S T R A R W F O N B
R U I U E E R A D A L A I
H R N I O D B H C C E T S
E T G N G H L S W U D S N
A S H E W A R V F L M R E
D N E G T O M E Z T O E S
E I L N I Y J O V I Q D N
D W E L L R E A D E A N C
H M U D Q M B Q W S L U S
G N I N R E C S I D I C F
K F R A T I O N A L G W I
```

389

- APPREHEND
- ARREST
- CLUTCH
- COLLAR
- CORNER
- ENMESH
- ENTANGLE
- ENTRAP
- GRAB
- GRASP
- GRIP
- HANG ON
- HOLD
- HOOK
- LATCH ON TO
- NET
- OVERTAKE
- ROUND UP
- SEIZE
- SNAP UP
- STOP
- SURPRISE

```
E Z I E S R S W E C Z D E
E G Q T K B A H F B W Y C
S N O P O A A L G S J R L
U P T S H T T R L J D E E
R H Q A X Y N R G O P N N
P R L R N N U O E A C R M
R U S G E G I A H V H O E
I U F T P N L R O C O C S
S N A P U P T E E S T J H
E N T R A P H S E T O A C
H J D E Y F D O E X I U L
G O Y K M F X R O R W U U
R R L H A N G O N K R G T
R F I D N E H E R P P A C
O D H P U D N U O R I E H
```

390

- CHECK
- CONSIDER
- ESPY
- EYE UP
- FOCUS
- GAPE
- GAWP
- GAZE
- GLANCE
- GLIMPSE
- INSPECT
- NOTICE
- OBSERVE
- REGARD
- SEEING
- SIGHT
- SPY ON
- STARE
- STUDY
- SURVEY
- TAKE IN
- VIEW

```
Z M D D J G N I E E S G V
T E U N Y G L I M P S E P
S D Z E Z A G S T U D Y I
X R S D Q W J A U G M L L
O A D T X P T Y E V R U S
H G E P A G G Z L X X W F
S E T E V R E S B O U J R
U R C M E I E C S I G H T
C S E S Y G E Q I T I H A
O P P D E K Z W C T P O K
F Y S G L A N C E Y O J E
W O N M I I X S H M G N I
C N I R K Q F E U E W K N
E F S R E D I S N O C C D
R W P U E Y E P Q V X K K
```

GREEK MYTHOLOGY

- BELLEROPHON
- CHARYBDIS
- CLIO
- DAEDALUS
- ERATO
- EURYDICE
- GAIA
- HELEN OF TROY
- HYDRA
- ICARUS
- ICHOR
- LETHE
- MEDUSA
- NEREID
- OEDIPUS
- ORION
- PLEIADES
- PRIAM
- PSYCHE
- PYTHON
- STHENO
- STYX

```
T Z S Q A S U D E M F F W
H T E U G A E A H N A U R
L Y E Q L J W R C O L O M
M E D U T A X U Y X S F Z
C H A R Y B D I S U R M I
P P S N A E T E P R I A M
Y D E O A H U I A D C J X
T A D I B T D R I D H F Y
H B A R P E M E Y Q O F T
O G I O O L R U P D R K S
N I E W H E R A T O I K T
H E L E N O F T R O Y C H
A V P C Q U L I O C Q E E
R Y H G S S U R A C I V N
N O H P O R E L L E B H O
```

SWEET TO EAT

- ANISEED
- BONBONS
- BRITTLE
- CANDY
- CARAMEL
- COCONUT ICE
- CREAM
- FONDANT
- FUDGE
- HUMBUGS
- JELLY BEANS
- LIQUORICE
- MARSHMALLOW
- MARZIPAN
- NOUGAT
- PEPPERMINTS
- POPCORN
- PRALINE
- SHERBET
- SYRUP
- WAFERS
- WINE GUMS

```
V L S N O B N O B D G T Y
J E L L Y B E A N S Y O D
I E O Y B R I T T L E E N
C C M A R Z I P A N G O A
A I C A N I S E E D H S C
R T E B R E H S U P G W N
A U L L M S Y F O U I G Q
M N P Q I R H P B N E T K
E O R D U Q C M E C B N M
L C A P N O U G A T U A T
B O L C R H U O D L E D H
E C I N N M V N R R L N Q
N U N S S Q Y Y C I W O M
N K E O W A F E R S C F W
T O S T N I M R E P P E P
```

393

◊ BLOGS
◊ CACHE
◊ DOMAIN
◊ EXTENSION
◊ FIELD
◊ FREEWARE
◊ HEADER
◊ HISTORY
◊ HTML EDITOR
◊ KEYWORD
◊ LINKS
◊ MODEM
◊ NESTING
◊ ONLINE
◊ PACKET
◊ PAGES
◊ POPULARITY
◊ SEARCH ENGINE
◊ SERVER
◊ SPIDER
◊ SURFING
◊ VIRUS

```
E M K S K N I L L R V C B
N O E I F S E V B L O G S
I D L H E W E S I E U X I
G E O F T N S G T R I M W
N M K M R M I E A I U K U
E Q B Y A E L L R P N S P
H X H R H I E E N V W G O
C P T C L S N W D O E R P
R A A E P H U E A I W R U
A C M I N I E R A R T U L
E K D M O S Z A F G E O A
S E L L E T I V D I U G R
R T E F R O N O O E N V I
T G I J M R M H N T R G T
O O F K E Y W O R D I E Y
```

394

◊ AROMA
◊ BALLOON
◊ BLIMP
◊ BREEZE
◊ BUBBLE
◊ CLOUDS
◊ CURRENT
◊ DRIZZLE
◊ DUST
◊ HAZE
◊ KITE
◊ MICROLIGHT
◊ MIST
◊ MOTH
◊ NITROGEN
◊ OXYGEN
◊ PLANE
◊ POLLEN
◊ SMOKE
◊ STEAM
◊ WIND
◊ ZEPHYR

```
V N T N S D A G N T H W W
B I V Q M P K Z M W S I L
B B A L L O O N S A N U Z
U C D R I Z Z L E D I D D
B U T H G I L O R C I M K
B R S N P O X Y G E N P H
L R I E L L Z F Y E W P Z
E E M L C O E C Z U H C G
B N B L I M P A L A J M F
R T E O Z G H L S O A V A
E A L P T J Y Y A E U R P
E K O M S L R R T N O D R
Z I C O Y E L S M M E Q S
E T O T J B K H A I X X T
N E N H N E G O R T I N D
```

395

- ARUM
- BLUEBELL
- BUGLE
- CAT'S EAR
- CORNFLOWER
- FAT HEN
- FEVERFEW
- FLAG
- FLAX
- HEMP
- HOP

- IVY
- LILY
- NETTLE
- PENNYROYAL
- RUSH
- TANSY
- TEASEL
- VETCH
- VIOLET
- WOAD
- YARROW

```
W X A Y M W R T Y P W J Y
W K K H W T M A N M Q W D
C O R N F L O W E R O O R
F S A H C A E S T S T R D
U B S D T L T Z T B T R K
W U K Z G S O H L S T A Z
R L C U T E A S E L T Y C
S Y B U A W M I U N E T W
D F B B L U E B E L L A W
P L M F H A Y F M X O N K
O A I C Y S W Q R I I S H
H G T L T U R A X E V Y S
P E N N Y R O Y A L V J X
V Z M U R A Z L L I F E W
O J W P D R H T F Y L I F
```

396

WORDS ENDING IN X

- ADMIX
- AFFIX
- APEX
- BRONX
- COAX
- COCCYX
- COWPOX
- EARWAX
- IBEX
- ICEBOX
- INBOX

- INFLUX
- LARYNX
- LATEX
- LINUX
- LUMMOX
- MARX
- POLLUX
- PREFIX
- PREMIX
- ROUX
- XEROX

```
C U X U L L O P M P Q T X
U O I K Y A Q B X R I A I
P K W D X A T V H E X I I
X X Z P P P O E A M H R U
X T B D O E M O X I X F B
O D B X H X A X C X B I Y
M X Z I W W A D M I X C K
M A G F T W X T C B O E H
U D P F R D X L V C D B Q
L X R A M C A H C F X O Y
I B E X L R O Y A A B X A
N W F U Y I X A B X R Q L
B J I N O U I X X R O U X
O S X I X Q X U L F N I I
X X R L C D X O R E X R N
```

FAST FOOD

- BUNS
- CALORIES
- DOUBLE
- FISH
- FRIED
- FROZEN
- HEAT LAMP
- KIDS
- LETTUCE
- MAYO
- MEALS
- MENU
- MUSTARD
- OBESITY
- ONIONS
- PARTY
- PICKLES
- PLASTIC
- SALAD
- SUPERSIZE
- TABLES
- TOMATOES

```
N P P N E Z O R F O Y A M
A L Z M N C A M F V Y Y Z
E A H U A A I U X E H U J
Z S N W C L D S T T Z H F
I T S S L E T T U C E R S
S I R N E X T A T F I I E
R C S S O I G R E E Z P O
E H Y L E I R D D H H P T
P J S K A L N O O J P I A
U Y T I S E B O L A R C M
S P Z U F D M A R A J K O
B W N I B E I T T B C L T
K E M O U U Y K U Z O E V
M Y D A L A S N H W X S I
L D X L B Q S D O U B L E
```

AUCTION

- AUCTIONEER
- BUYER
- CHEST
- CHINA
- CLERK
- COMMISSION
- DEALER
- ESTIMATE
- GAVEL
- GUIDE
- JARS
- LOTS
- MEMORABILIA
- OWNER
- PORCELAIN
- PRICE
- PROXY
- RARITY
- RESERVE
- SALESROOM
- STYLE
- TICKET

```
N O I S S I M M O C N D T
E K W S X Q X P P Y A E I
C M R N U Z N J R R C A C
K P F E E L E V A G I L K
O O R O L R S Q R L C E E
R R E E Q C L F I I P R T
S C S R E Y U B T S R A J
A E E E B N A C Y T U T E
L L R T U R O Y H G Y L C
E A V A O N Q I U E Y D I
S I E M G I D I T T S P R
R N E I W I D Z S C R T P
O M E T I E L T O O U Y U
O S U S A L O R X O M A W
M L H E C L V Y A N I H C
```

399

- ANTENATAL
- BIRTH
- CAESAREAN
- DELIVERY
- DOCTOR
- FATHER
- FIRST CRY
- FORCEPS
- FULL TERM
- HEARTBEAT
- INFANT
- LAYETTE
- MATERNITY
- MIDWIFE
- MONITOR
- NATURAL
- NEWBORN
- NINE MONTHS
- PREGNANCY
- PUSHING
- SCAN
- WEIGHT

```
Q K N C B S P E C R O F J
M O N I T O R U E R W J B
F I R S T C R Y S E H J Y
F T F N H W E I G H T J P
H G A U A I G J Y T I F R
W C D N L T N X X A X N E
S A E O T L U F Y F A M G
Z E L R C E T R A X H A N
M S I Y B T N E A N J T A
I A V L J E O A R L T E N
D R E U T V D R T M J R C
W E R I E T T E Y A L N Y
I A Y N R O B W E N L I P
F N T A E B T R A E H T V
E S H T N O M E N I N Y B
```

400

- CLAM
- COCKLE
- CORAL
- COWRIE
- CRAB
- CRUSTACEAN
- KELP
- KRILL
- LAVER
- LIMPET
- MANATEE
- MUREX
- MUSSEL
- OCTOPUS
- ORCA
- OYSTER
- PIDDOCK
- SHARK
- SQUID
- WHALE
- WHELK
- WRACK

```
K D C I J J O V I K K J L
C I T R P Y R D S Q U I D
A X E R U M C O C K L E X
R F A K X S A K J O J R O
W H A L E E T A N A M E P
R E T S Y O E A Q F Y V H
T X J W H E L K C C R A B
V E O C T O P U S E L L K
S A P K H J D I U D A A Z
O A E M L C L P D U K N M
Q L Y D I S O E A D L U D
P K R I L L H W S A O N U
Y D P I K J U A R S R C D
A N R G I Z X O R I U W K
V M Y M Z C C H N K E M A
```

401

TAKE A HIKE

- BINOCULARS
- BLANKET
- BOOTS
- CAMERA
- CELL PHONE
- COMPASS
- FIELD GUIDE
- FOOD
- GLOVES
- HAT
- KNIFE
- MAP
- MATCHES
- RUCKSACK
- SCARF
- SOCKS
- SUNGLASSES
- TORCH
- TREKKING POLE
- VACUUM FLASK
- WATER
- WHISTLE

```
A J J F K D K S S A V G E
H W A C J R N C E G A B D
G E A X J B I O V Y C E I
F L Q T C A F M O M U L U
A O D E E Q E P L O U T G
A P O F E R O A G J M S D
K G G D C N T S S G F I L
C N Y J K A O S C C L H E
A I W G P A M H A T A W I
S K C O S H B E P A S R F
K K R C C O U A R L K T F
C E N R O T E K N A L B O
U R O T F D M A T C H E S
R T S E S S A L G N U S C
E F S R A L U C O N I B D
```

402

CUSTOMER SERVICES

- CALMNESS
- CARE
- CLIENT
- COMPETITORS
- ENQUIRY
- FOCUS
- HELP
- INTERNAL
- LISTEN
- PEOPLE
- PHONE
- PROBLEM
- RAPPORT
- RESPECT
- RIGHTS
- SKILL
- SUCCESS
- TACT
- TEAM
- TRUST
- VALUES
- WELCOME

```
D S Q B W P L M S B V M T
C L I E N T L I M L A A S
B C R E R E A N S V L E U
P A E H H N G T K T U T R
C L R N E F N E I T E U T
O M I Q O L C R L C S N Q
M N G R N Z P N L Y S Y T
P E H A D E K A W U Y C M
E S T P O B Y L C W E L E
T S S P L V Z O E P N L L
I L L O Q T F L S F Q P B
T E C R L A C E E F U H O
O N I T J O R A W N I O R
R F Y Y M F C X T V R N P
S S S E C C U S J G Y E N
```

403   TREES AND SHRUBS

◊ ABELE   ◊ LARCH

◊ ACER   ◊ LIME

◊ BAMBOO   ◊ ORANGE

◊ BLACKTHORN   ◊ PEAR

◊ COCONUT   ◊ PLUM

◊ DATE   ◊ POPLAR

◊ ELDER   ◊ QUINCE

◊ EUCALYPTUS   ◊ SALIX

◊ GORSE   ◊ SPRUCE

◊ HAZEL   ◊ TULIP

◊ HEMLOCK   ◊ YEW

```
X U T E T A D A Z B B B E
P S Q U I N C E L L A T U
E B D E N S K A F M Y X C
A A B Y D O C A M K P Z A
R M K U U K C Y U S I E L
K B S M T T P O V U L H Y
O O X H E M L O C K U I P
R O O S A A K C J O T O T
A R R C R Z Y Q P O P E U
N O M C E L E B A L M S S
G R H N Z C R L A I U R P
E Z E V H E H R L G D M R
J N I C D C Q N Y A H H U
N X I L A S G T E U Q Q C
A G E O H V E K W V R I E
```

404   TENNIS COURT

◊ ACE   ◊ GRIP

◊ BALL   ◊ HENMAN

◊ BLOCK   ◊ LET

◊ BLOOMFIELD   ◊ NADAL

◊ BREAK   ◊ NALBANDIAN

◊ CLIJSTERS   ◊ NET

◊ DEMENTIEVA   ◊ OUT

◊ EXHIBITION   ◊ PLAYER

◊ FAULT   ◊ SEED

◊ FORTY   ◊ SET

◊ GAME   ◊ SMASH

```
S W D K C D P V N W O F O
X G Q F E L R N M P C F D
D B H E X H I B I T I O N
S E S N O F W J K H P R E
E N M Z A L O V S K H B G
T A A E W M X R I T L E P
Y I S L N T N D T O E B A
M D H R X T M E O Y T R P
F N R K K J I M H A O E S
L A N E T G F E T C T A K
A B U B Y I K C V E R K C
D L O L E A J E M A E B O
A A L L T R L N G M A U L
N N D P J T T P A L T H B
Y Z L I V B U G L X W Q M
```

405

WOODLAND WALK

- BADGER
- BEECH
- BEETLE
- BIRCH
- BRACKEN
- CANOPY
- CELANDINE
- COW PARSLEY
- CREEPER
- CROW
- DEER
- FENCE
- HOLLY
- IVY
- LEAVES
- MAPLE
- OAK TREE
- OWL
- STREAM
- TRUNK
- TWIGS
- WOODPECKER

```
Z T L W H J M N I J L U Y
E W O O D P E C K E R W P
L K J C H E P D T Z Z O O
T S Z C I Y E P K L E A N
E G R G A R L R N N O K A
E I V T K E N L I T U T C
B W U H M G I D O W O R C
R T Q T A D N K X H V E T
A C O W P A R S L E Y E S
C R X H L B T M H C E E B
K E E E E R B N U S C Z J
E E C B E U Z Z R Y N K U
N P M A Y A B I G T E B N
I E M S E V A E L T F O B
T R Y Z J Y I X F D V P R
```

406

FIRE!

- ARSON
- ASHES
- BLAST
- BLAZE
- CRACKLE
- DESTRUCTION
- EMBERS
- EXPLOSIVE
- FIERY
- FLAMES
- FLARING
- FUEL
- FUMING
- FURNACE
- GLOW
- HEAT
- IGNITED
- INFERNO
- KINDLING
- SET ALIGHT
- SMOKE
- WATER HYDRANT

```
N B S R E B M E R C J W A
O L M H I N F E R N O T R
I A Z W O L G A E R N T S
T S N X A U C K T A K A O
C T F F Z K O Y R W I E N
U F L A L M R D K E N H S
R U A E S E Y O D V D W E
T M M J I H R E L I L N T
S I E F R E T F K S I I A
E N S E Z I L Y M O N E L
D G T A N A O Q S L G U I
A A L G R F V E M P F G G
W B I I H U H M H X U R H
Q S N M A S H C N E E R T
M G E C A N R U F T L D N
```

407

- ◊ AFTERSHAVE
- ◊ BATH MAT
- ◊ BATHTUB
- ◊ BIDET
- ◊ CISTERN
- ◊ FLANNEL
- ◊ FLUSH
- ◊ HAIRBRUSH
- ◊ HAND TOWEL
- ◊ LOOFAH
- ◊ NAIL CLIPPERS

- ◊ PLUG
- ◊ RAZOR
- ◊ RELAXING
- ◊ RUBBER DUCK
- ◊ SHAMPOO
- ◊ SHOWER GEL
- ◊ SINK
- ◊ SOAP
- ◊ SPONGE
- ◊ SUDS
- ◊ TALCUM POWDER

```
H A F O O L F T M R B M O
H T J R U B B E R D U C K
A H A I R B R U S H T K N
M F C L Z E R T S A H Q A
O Y T H C O L U E S T K I
I O H E Z U L A G I A N L
S N P A R F M C X U B I C
C H R M N S S P B I L S L
B O O E A D H T O E N P I
A E A W T H T A E W J G P
T G P D E S S O V D D O P
H N S A E R I J W E I E E
M O S U O A G C R E F B R
A P S D U S S E D E L M S
T S T L E N N A L F T A P
```

408

- ◊ ARMAGH
- ◊ BANGOR
- ◊ BATH
- ◊ BRISTOL
- ◊ CARDIFF
- ◊ COVENTRY
- ◊ DERBY
- ◊ DURHAM
- ◊ ELGIN
- ◊ ELY
- ◊ EXETER

- ◊ GLASGOW
- ◊ HEREFORD
- ◊ KIRKWALL
- ◊ LINCOLN
- ◊ NEWCASTLE
- ◊ NORWICH
- ◊ RIPON
- ◊ ROCHESTER
- ◊ ST PAUL'S
- ◊ TRURO
- ◊ WELLS

```
N S E L T S A C W E N U M
E L K F I E N G B Y L N A
X L A W I N L O R X O O H
U E G S B A C T R P T P R
N W Y I S P N O I W S L U
J S V G N E B R L V I W D
D D O J V I Y A S N R C K
E W V O T S Q E N G B T H
R O C H E S T E R G H O K
B L F C N H E R E F O R D
Y R V L L A W K R I K R W
H G A M R A O R U R T Y B
K R E T E X E H C Q L A S
L S L U A P T S D E T P F
Q B C A R D I F F H T A Q
```

409   FIREWORKS PARTY

- ALIGHT
- BEACON
- BONFIRE
- BURNING
- CELLARS
- CHINESE
- DISPLAY
- FIERY
- HEAT
- HOT DRINKS
- IGNITE
- KING JAMES
- MASKS
- OUTDOORS
- ROCKET
- SCORCH
- SMOKY
- SPECTATORS
- TORTURED
- TRAITOR
- TREASON
- VOLCANO

```
O Q K N I Q E W S D G D G
Y R E T I N G I K S Y E N
K A O T B U I E N K D R I
O I L C R T N R I S H U N
M U N P K A K B R A E T R
S B T G S E I O D M R R U
O N G D J I T T T H I O B
Q N N R O A D B O Z F T F
F Z A O T O M M H R N R S
S I Q C C T R E A S O N A
D C E L L A R S S U B L O
D P O R Q O E S E N I H C
S D A R Y T V B J G F E H
N P L N C X U U H U S A N
Z N T X J H Q T R M V T J
```

410   RAINY DAY

- ANORAK
- CLOUDS
- DAMP
- DELUGE
- DRIZZLE
- DROPLETS
- GUMBOOTS
- HOOD
- JACKET
- LOW PRESSURE
- OILSKINS
- POURING
- PUDDLE
- RAINCOAT
- SHOWER
- SODDEN
- SPLASH
- SPRINKLING
- SQUALL
- STORM
- TEEMING
- WETNESS

```
R N X I T W R P L Q E A U
T S P E U A E P J K Z N A
E T T D E G O T H B E O E
T E E M I N G C N G D R R
V L K N O Q R S N E I A U
S P C E L E T I X I S K S
T O A L W O L L Z D A S S
O R J O O K Z Z N S A R E
R D H B N U U E Z N W M R
M S M I H K D K L I I T P
G U R Q O D Q S L K R E W
G P U J O S P L A S H D O
S J G S D X E G U L E D L
E L D D U P F O Q I S K Z
M G N I R U O P S O Y R V
```

411

SUSTAINABLE ENERGY

- AVIATION
- BATTERY
- BIODIESEL
- BIOGAS
- BUTANE
- CARBON TAX
- DAMS
- DEMAND
- FUEL TAX
- GASOHOL
- HEATING
- HYDROGEN
- INDUSTRY
- INVESTMENT
- METER
- METHANOL
- OIL PRICE
- RAIL
- STORED ENERGY
- TRANSPORT
- URANIUM
- WAVE POWER

```
E C I R P L I O G G M P I
L I N D U S T R Y E D P N
E T I O J R B A T T E R Y
S R H R I M A H N H K G L
E A E A J T A N H L R W X
I N A I N N A Y I E V A X
D S T L O L D I N U T V C
O P I L S R D E V L M E A
I O N N O E D G E A Q P R
B R G G M E A U S B B O B
U T E A R S F C T I D W O
T N N O O R M C M O A E N
A D T H Q R D W E G M R T
N S O A E A G R N A S H A
E L D R E T E M T S I G X
```

412

VERY DRY

- ARID
- BAKED
- BONE-DRY
- BRUT
- DEHYDRATED
- DESICCATED
- DRIED UP
- DRY-EYED
- MEDIUM-DRY
- PLAIN
- SCORCHED
- SEAR
- SEC
- SERE
- SHRIVEL
- SOBER
- SOLID
- THIRSTY
- TORRID
- WATERLESS
- WILTED
- WITHERED

```
K J S U R U S E T A U E P
C L U E L C N U R X R H Z
O E B I R I R D W E G W D
O O S A A B E I F W S J E
S L E L C Y T P A K D W T
S S P Y E H U T P H I T A
C H B Y E D E N M L R H C
O Q R R E R I E T J R I C
R D E I L Q D E D T O R I
C D R E V I D E A M T S S
H D S M U E C E Q R V T E
E S Z M V X L H K I I Y D
D E D Q D I L O S A G D D
M R Y R D E N O B E B E D
Y K V D E T A R D Y H E D
```

413

- BEAUJOLAIS
- BLANC
- BODY
- BRUT
- BURGUNDY
- CHENIN
- CUVEE
- DRY
- HOCK
- LOIRE
- MEDOC
- MUSCAT
- NAPA
- PAARL
- RESERVE
- RETSINA
- RIOJA
- ROSE
- ROUGE
- SHIRAZ
- SWEET
- YARRA VALLEY

```
F N R P S D A Q N J T I W
S I A L O J U A E B R I T
T N R E T S I N A G A H U
E E Z R E S E R V E O Y B
E H A I M I A B Y C L E V
W C R O U Z U U K A R L L
S M I L S Z S R C N A L B
H O H V C L U G K M A A C
Z I S O A R O U G E P V D
B O D Y T P B N P K K A I
T E R F C V Q D Q A Y R M
M N Y I R U J Y J E T R E
K R A O O G V A O U V A J
L O S P U J F E R D O Y T
U E B G A Y A B E G X W O
```

414

BENEATH THE GROUND

- BOREHOLE
- CAVE
- COAL
- CORM
- CRYPT
- DRAIN
- FOSSIL
- GOLD
- MYCELIUM
- PEANUT
- RABBIT
- RADISH
- RIVER
- ROOTS
- SILVER
- SPRING
- SUBWAY
- TUBER
- TUNNEL
- WARREN
- WELL
- WORM

```
L V X L M V M J G H S R Q
W W A R F G L F T D G S L
I O O V O D N R O U L G P
C C F S D L D I L S B O L
M Y C E L I U M R L S E G
J H S Z Z I R M F P E I R
R S T I P U T O X L S W L
E I E L L E Q L O C A V E
D D V U S V A H L T M F N
R A A E C U E N U J S A N
A R B R R R B R U Q U I U
I C Y R O O M W K T H W T
N P X B N E R R A W P O R
T M L S N U U T W Y Q R F
N P L J T I B B A R N M E
```

415

◊ BICYCLES   ◊ COMICS

◊ BOTTLES   ◊ COPPER

◊ BOXES   ◊ DIRECTORIES

◊ BRICKS   ◊ GLASS

◊ CANS   ◊ IRON

◊ CARDBOARD   ◊ JARS

◊ CARPET   ◊ PLASTIC

◊ CARRIER BAGS   ◊ SHOES

◊ CARTONS   ◊ STEEL

◊ CHEMICALS   ◊ TIMBER

◊ CHINA   ◊ TOYS

```
B P A X R X T Z S S Q C Z
S I H X I E E K C C S A D
Y R C A L T P A L I N R K
O Q N Y I N R P Y M A R D
T C D M C T A C O O C I B
N H B I O L C N B C T E O
O E K N R F E D D C L R T
R M S J A E R S G E Q B T
I I T A N A C S E L S A L
Y C I R C P I T Y L A G E
E A X S A D S I O J R S S
B L R X O S K C I R B R S
I S M P L A S T I C I L L
C P S Q B O X E S H O E S
A N I H C T O B B B D G S
```

416

◊ BALLS   ◊ NEEDLE

◊ BEADING   ◊ PATCHWORK

◊ CAST OFF   ◊ PATTERN

◊ CHAIN   ◊ PICOT

◊ DOUBLE   ◊ PURL

◊ DROPPED   ◊ REPEAT

◊ EDGING   ◊ ROWS

◊ FACING   ◊ SHAWL

◊ HANKS   ◊ SPOOL

◊ HOBBY   ◊ WOOL

◊ MOHAIR   ◊ YARNS

```
D D O T O C V G S D Q G S
P W Q O D M A I A O G R W
Y F Z C N R B S H T O E O
E F I I K R B Q T O X M R
D T C P D E E X E O B V W
G N I C A F L T A J F B W
I M N D A X B J T Y R F Y
N G I D I M U H L A E F A
G N A S R Z O H O M P Y R
G E H B K O D S O T E S N
F E C W A N P H P V A A S
Q D T O T L A P S P T P H
D L L O S I L H E G U F A
G E L L R Z N S Q D V R W
O S K R O W H C T A P X L
```

417 FAMOUS PEOPLE

- AL CAPONE
- AL GORE
- ANNE RICE
- BB KING
- BONO
- CHER
- DESI ARNAZ
- EMINEM
- ESTEE LAUDER
- FERGIE
- JOHN KERRY
- MADONNA
- MARY HART
- MIA HAMM
- NEIL YOUNG
- P DIDDY
- PELE
- PRINCE
- RON WHITE
- SEAL
- SELENA
- SHAKIRA

```
S Y D D I D P A W S E T E
R V L B Q X C N N E R R C
A R I K A H S N J C O A R
L V N E I L Y O U N G H O
C X L S R G H D T I L Y Y
A E E T O N U A M R A R Z
P T C E K I G M M P A A A
O R I E U K S E A L N M R
N S R L G B D Z H R E E O
E R E A E B B C A F L N N
Y C N U F R G I I E E I W
W H N D P B S A M R S M H
H E A E V E O C A G X E I
T R V R D Z C N U I V O T
A Z C H Y U X Y O E Y I E
```

418 GOOD-LOOKING

- ATTRACTIVE
- BONNY
- COMELY
- CUTE
- DAPPER
- DISHY
- ELEGANT
- EXQUISITE
- FAIR
- FASHIONABLE
- FINE
- GLAMOROUS
- GORGEOUS
- GRAND
- HANDSOME
- LOVELY
- PHOTOGENIC
- PRETTY
- RADIANT
- SHAPELY
- SMART
- STUNNING

```
Q D O E P H Y L E V O L D
E W N S H A P E L Y F P C
I I F R S U O E G R O G I
F E X Q U I S I T E L S N
R F F A S H I O N A B L E
A A T S K Y L E M O C E G
D I S H Y Q M O F Y V T O
I R O W B O R X T I R G T
A G C O S O A T T A T N O
N D N D U D E C M D A I H
T N N S B R A S A G I N P
Y A C I P R C P E A K N S
H R L U T U X L P P V U U
Q G E T T N E U E E U T G
T V A F U E T X F Q R S M
```

GEOGRAPHICAL FEATURES

◊ ARCHIPELAGO
◊ OASIS
◊ ATOLL
◊ PLATEAU
◊ BASIN
◊ PRAIRIE
◊ CANAL
◊ RAPIDS
◊ CAVERN
◊ RIDGE
◊ CREVASSE
◊ RIVER
◊ GLACIER
◊ SLOPE
◊ HILL
◊ STEPPE
◊ ISTHMUS
◊ STREAM
◊ LAKE
◊ SWAMP
◊ MARSH
◊ WOODLAND

```
M E P P E T S M J U Z X W
B J M G G Y W J E U O K X
X N A N L M D Y B A S I N
K W D N A L D O O W C S R
M B C S C X F I K M I T E
A R C H I P E L A G O H V
E M R D E I R G P I A M A
R M W L R G A J V G S U C
T V L I K E P E O U I S L
S I A C P R I L G M S L A
H R O O R S D F A D O X N
P F L Y W P S R J T I X A
K S A A V E S S A V E R C
A Q M F K H R I V E R A U
D P F N E E X Z M J D N U
```

SAFARI PARK

◊ ANIMALS
◊ LIONS
◊ BABOON
◊ LLAMA
◊ BIG GAME
◊ MEERKAT
◊ BREEDING
◊ MONKEY
◊ BUFFALO
◊ NATURAL
◊ CARNIVORE
◊ OSTRICH
◊ DROMEDARY
◊ PELICAN
◊ ELAND
◊ TIGERS
◊ ENDANGERED
◊ VULNERABLE
◊ GUIDES
◊ WALLABY
◊ HABITAT
◊ WILDLIFE

```
J Y E K N O M C S M I I E
O S N O I L Z X B T N P F
E N D A N G E R E D A Y I
E L B A R E N L U V C R L
N F T A T I B A H A I A D
A A T X D A U X R G L D L
N N T D B H K N O N E E I
I B X U I G I R A I P M W
M U I T R V I B E D T O A
A F Z G O A L G Q E R R L
L F L R G R L U P E M D L
S A E O W A A I K R C D A
H L Y P Y I M D P B S A B
N O O B A B A E L A N D Y
H C I R T S O S R E G I T
```

421

◊ AMAZON
◊ NIGER
◊ COLORADO
◊ NILE
◊ CONGO
◊ ODER
◊ DELAWARE
◊ ORINOCO
◊ ELBE
◊ RHINE
◊ EUPHRATES
◊ RHONE
◊ GANGES
◊ RUHR
◊ GREEN RIVER
◊ SEINE
◊ HUANG
◊ SEVERN
◊ HUDSON
◊ SOMME
◊ INDUS
◊ VOLGA

```
N O S D U H E Z H E R G L
G O E D E L A W A R E M E
A R S N I R A P W G G U H
N I E N I V H P C M I P F
G N T E J H G U O P N H N
E O A C N B R U A R P N D
S C R S P R G C O N G O C
E O H U E F I C H Q G Z F
I G P D R V O V O L G A Z
N I U N H L E S E W L M C
E A E I O E H R O R B A Q
U L V R N B O H N M O H A
Z N A D E L O U O D M H P
G D K K S E H R E C T E X
O R B Z E X E R F C X U J
```

422

◊ ADWALTON MOOR
◊ GUADALCANAL
◊ JENA
◊ ALAMEIN
◊ JUNO
◊ ANZIO
◊ NASEBY
◊ ATLANTIC
◊ NILE
◊ BALAKLAVA
◊ RUHR
◊ BOYNE
◊ SADOWA
◊ BULL RUN
◊ SOMME
◊ CRECY
◊ SWORD
◊ CULLODEN
◊ TOURS
◊ DUNBAR
◊ VERDUN
◊ GAZA

```
W E R O A U E Y Y D J Y C
T T C K D N X M G H D U G
J I P R Y U Z G I Y L B W
A L H O E P N I I L A I S
W A B K N C U B O L S K O
O N S X U I Y D A R O P R
D A O A D T E K U R U V T
A C M V R N L H M L E H B
S L M A E A J B A L P Z R
N A E L V L O C I O I J X
A D W A L T O N M O O R S
S A G M S A S R U O T V W
E U A E C M A N E J J J O
B G Z I R Y Z C E Y F O R
Y H A N N U R L L U B S D
```

423

VEGETABLE BOX

◊ BAMBOO SHOOTS
◊ BEAN
◊ CABBAGE
◊ CAPER
◊ CELERIAC
◊ CHARD
◊ CORN
◊ CRESS
◊ ENDIVE
◊ ESCHALOT
◊ GARLIC
◊ LENTIL
◊ LETTUCE
◊ OKRA
◊ ONION
◊ PEPPER
◊ PULSE
◊ SAGE
◊ SAVOY
◊ SOYA
◊ TOMATO
◊ YAM

```
C N R O C H F B E M B P G
Y E K E N Z A E G E A W A
Y R L Y A I I V E E M Y R
A N E E L A O N G C B V L
T H O A R I D N A H O S I
T U K E D I T Q S A O S C
O S B M V G A N I R S B C
L E Z E N C C C E D H A R
A I T A V C A P E L O M E
H O E F V B A E G V O N S
C B T W B E A P S S T K S
S B Q A O I N P E L S P A
E Z G M M A E E O R U K V
I E N A Y O S R A F E P O
N T T E C U T T E L R S Y
```

424

WILD WEST USA

◊ BLACK BART
◊ BOB FORD
◊ BUTCH CASSIDY
◊ CALAMITY JANE
◊ GAUCHO
◊ HOLSTER
◊ HOWDY
◊ LARIAT
◊ OK CORRAL
◊ OUTLAWS
◊ POSSE
◊ RODEO
◊ ROUND-UP
◊ ROY BEAN
◊ SALOON
◊ SAM BASS
◊ SPURS
◊ STAMPEDE
◊ STEER
◊ STETSON
◊ TOMBSTONE
◊ TOM HORN

```
Z X Q M H P T N A S E V I
Y M J O O A I A T D N A K
K M W S I E D E P M A T S
T D S R D Q T B G K J B O
Y E A O R S F Y C J Y U V
P L K U O R E O H J T T B
E Z Y N F C N R G L I C L
R O N D B B O Y A S M H A
M E R U O U T W U P A C C
S D E P B O S Y C U L A K
A O M T M P B V H R A S B
L R P H S E M B O S C S A
O K O O K C O R R A L I R
O R M C R E T S L O H D T
N S S A B M A S G N U Y N
```

425   A TRIP TO THE DENTIST

- ◊ AMALGAM
- ◊ BITE
- ◊ BRACE
- ◊ CAVITY
- ◊ CHAIR
- ◊ CLEANING
- ◊ DECAY
- ◊ ENAMEL
- ◊ FLOSS
- ◊ GUMS
- ◊ INCISORS
- ◊ MOLARS
- ◊ MOUTH
- ◊ NURSE
- ◊ ORAL
- ◊ PLATE
- ◊ POLISH
- ◊ ROOT
- ◊ TARTAR
- ◊ TEETH
- ◊ TOOTHPASTE
- ◊ ULCER

```
C S V I A N W R G X Q H S
H N S R O S I C N I T Q R
K P O E N A M E L E A N A
C O S A H P A I E Q R U L
T L S C A V I T Y D T R O
J I O E W C S A E E A S M
I S L Y T P S Q J C R E U
N H F X C S R M R A A E J
U A M A L G A M U Y O R D
L A R O E L V P G G U D B
C T I B A L U P H J B X M
E S I F N K A L X T Y D I
R T P W I H V A E Y O U P
E U L J N K G T H T U O M
X X S P G N C E I X P T T
```

426   TELEVISION

- ◊ BROADCASTING
- ◊ BULLETIN
- ◊ CARTOON
- ◊ COMEDY
- ◊ COOKERY
- ◊ CREDITS
- ◊ CRIME
- ◊ DRAMA
- ◊ FILMS
- ◊ HEALTH
- ◊ INTERVIEW
- ◊ LIVE
- ◊ MUSIC
- ◊ NEWS
- ◊ ON-AIR
- ◊ OPERA
- ◊ QUIZ
- ◊ SOAPS
- ◊ SOUND
- ◊ SPORT
- ◊ STUDIO
- ◊ TRAILER

```
S I O B N H E U L E F A W
O S N F I S K M V N R D Q
A Y A T T B P I I E D N D
P K I G E Z L A P R S U C
S L R J L R I O S M C O N
W W O Q L D V U L P O S C
H H E X U N M I Q K O C A
B T R N B Y F A E Q O R R
A G L E D D D R K W F E T
C M Q A L L Y E A L L D O
C R U D E I S M M V W I O
I Y N S S H A C G O D T N
X Q K G I R B R Y U C S Q
B R O A D C A S T I N G R
I P K W A N C S B V G P E
```

427

◊ ADRIATIC
◊ GULF OF MEXICO
◊ ARAL SEA
◊ GULF OF SUEZ
◊ ATLANTIC OCEAN
◊ KARA SEA
◊ BAFFIN BAY
◊ LAKE ERIE
◊ BAIKAL
◊ LOCH NESS
◊ BALKASH
◊ NORTH SEA
◊ BALTIC
◊ PACIFIC
◊ BASS SEA
◊ RED SEA
◊ BLACK SEA
◊ SEA OF GALILEE
◊ CASPIAN SEA
◊ TIMOR SEA
◊ CORAL SEA
◊ YELLOW SEA

```
E E L I L A G F O A E S A
C A E S N A I P S A C R E
A Y E L L O W S E A A G S
T W S S E N H C O L U U S
L H S A K L A B S L C L S
A C R A W C F E F L I F A
N I I E E K A O C A T O B
T F P T D S F L L K A F L
I I D I L S R J B E I M A
C C A H U A E O S E R E K
O A O E A D B A M R D X I
C P Z K R U R C A I A I A
E A E S L A R O C E T C B
A N R H K A E S H T R O N
N M B A F F I N B A Y R H
```

428

◊ ALBERT
◊ DEMETRIUS
◊ ANSELM
◊ ETHELBURGA
◊ ASAPH
◊ FERGUS
◊ ATHANASIUS
◊ GEORGE
◊ AUGUSTUS
◊ JEROME
◊ BARBE
◊ LUDGER
◊ BARTHOLOMEW
◊ MATTHEW
◊ BERNHARD
◊ MAURUS
◊ CECILIA
◊ URSANE
◊ CLARA
◊ VITUS
◊ DAVID
◊ XAVIER

```
V L W E M O L O H T R A B
I M A T T H E W K S Q B O
Q S L H D Z F N U O I C S
N Y B E R T E N A S R U F
Z F E L S Z Y G A J G A R
B A R B E N E S D R T U J
F T T U K O A R E H R G S
X A Y R R P A F A S E U E
V Y R G H H X N T U I S M
K I E A N Y A V A R V T O
D S T R L S I D T U A U R
Y A E U I C Q E N A X S E
R B V U S H M C T M K B J
F A S I C E C I L I A G D
Z G L U D G E R V R H J X
```

429

LET'S DANCE

- BOP
- CANCAN
- CONGA
- FOXTROT
- GAVOTTE
- JIG
- JIVE
- LIMBO
- MAMBO
- MAZURKA
- MINUET
- POLKA
- QUADRILLE
- REEL
- RUMBA
- SAMBA
- SHAKE
- SHIMMY
- TANGO
- TARANTELLA
- TWIST
- WALTZ

```
H B F Z U K V I W U Y O T
A K R U Z A M G O Y B Y A
A R V E T V J L C M U S N
G B O F E C Y I A U Z Q G
K V M J O L T M N T G I O
K J R U F X A B C A J V C
Q V D I R Q T O A R G L K
U V U U O A J R N A U I I
A G N O C K W Z O N Q T F
D Y A T D L A S T T M W K
R S M V E O L A E E V I J
I H Q M O P T M U L X S O
L A D L I T Z B N L X T P
L K U V M H T A I A V O R
E E N P Y I S E M I B D E
```

430

KEEPING BEES

- APIARY
- BEEKEEPER
- BOARD
- BROOD
- BUZZING
- CELLS
- COMB
- DRONE
- EGGS
- FOOD
- GARDEN
- HIVE
- LARVA
- MITES
- POLLEN
- PUPA
- QUEEN
- SOCIAL
- STING
- TREES
- VEIL
- WAX

```
C D F E B T N E D R A G Y
F A V Z W F K M Z O Z V R
P I Q B X Y I R I P O J A
H U W S E O S B A T N F I
S A P N E E U Q W T E R P
X O P A R Z K D U R L S A
F N C F Z L I E H I L A P
T K K I K P B Z E H O B J
D W N D A L M V K P P E A
B G Z Z A L O C S E E R T
R C S R Z N C S A T K R E
O T V G M T R E L R I B R
O A W H G D I L V L M N D
D R O N E E L M L N E O G
K T M C A M B O A R D C E
```

431

CHEESES

◊ ABERTAM
◊ ACORN
◊ BOCCONCINI
◊ CABOC
◊ COOLEA
◊ DOLCELATTE
◊ DOOLIN
◊ DUNLOP
◊ EDAM
◊ FETA
◊ KASERI

◊ LAPPI
◊ LEYDEN
◊ MASCARPONE
◊ MEIRA
◊ OLDE YORK
◊ RED LEICESTER
◊ TYNING
◊ UBRIACO
◊ ULLOA
◊ WATERLOO
◊ YARG

```
W A O L L U B R I A C O J
D I P O N S G I A H B T B
U P R L L R D C B W O C T
N R B E A R O E E S C H Y
L E E Y S O E T R A C N N
O N Q D L A E T T B O O I
P O Y E L T K A A H N L N
U P A N N E K L M W C D G
Z R M R I F I E A M I E G
Q A O E O L N C K K N Y U
A C C D I B O L E S I O A
A S A A I R N O A S M R Q
G A B M R L A D D P T K M
O M O G L N G V N F P E N
J A C V X H Y X L E N I R
```

432

NATIONAL EMBLEMS

◊ BAMBOO
◊ BAOBAB
◊ CAMEL
◊ CASTLE
◊ DAHLIA
◊ ELEPHANT
◊ FALCON
◊ GENTIAN
◊ HARP
◊ JAGUAR
◊ LEEK

◊ LINDEN
◊ LLAMA
◊ MAGNOLIA
◊ OLIVE
◊ POPPY
◊ ROSE
◊ SAINT DAVID
◊ SHAMROCK
◊ SUN OF MAY
◊ THREE CROWNS
◊ TULIP

```
N E Y E W L M G I J K L N
T L P Q E I E C N F C P T
H E P L J N O L S D O P W
R P O B T L I T I U R A B
E H P I I N F V A Q M B A
E A A V D V A C I A A F M
C N E E K D L J L B H A B
R T N L T E B L O U S L O
O E D N U I E A N Q F C O
W D I A L J B L G E S O R
N A C Y I Q A A A R B N Q
S H S A P Z F G M Z D P P
E L Y A M F O N U S R Z D
I I C B U E G J Q A U O B
T A C A S T L E H S R C I
```

433 BIRDS

- ◊ AUKLET
- ◊ BULBUL
- ◊ BUZZARD
- ◊ CHUKAR
- ◊ CUCKOO
- ◊ DICKCISSEL
- ◊ DRAKE
- ◊ DUNNOCK
- ◊ EAGLE
- ◊ EGRET
- ◊ GOOSE
- ◊ GREBE
- ◊ HOBBY
- ◊ OYSTER-CATCHER
- ◊ RAVEN
- ◊ REDWING
- ◊ RHEA
- ◊ ROCK DOVE
- ◊ SHELDUCK
- ◊ SHRIKE
- ◊ SPARROW
- ◊ STARLING

```
B K S T O L A S L H H G O
A E H R B U Z Z A R D M Y
C A E G R E T N E V A R S
A G L N E K O W Y Q K Z T
L L D I K N O U G R E B E
E E U L A R E D W I N G R
S I C R R M G Y Y H E B C
S A K A D O R T E L K U A
I L P T O U C Z B H I L T
C S Z S Y Y N K I M R B C
K H E Z B A V N D U H U H
C L U B M W W Y O O S L E
I X O K O O K C U C V F R
D H P M A T C U U L K E U
N I E T U R C V L G G S B
```

434 SCOTTISH ISLANDS

- ◊ ARRAN
- ◊ EDAY
- ◊ ERISKAY
- ◊ FARAY
- ◊ FETLAR
- ◊ FUIAY
- ◊ HANDA
- ◊ HOY
- ◊ INCHTAVANNACH
- ◊ JURA
- ◊ LAMBA
- ◊ LUING
- ◊ MEALISTA
- ◊ MULL
- ◊ NOSS
- ◊ ORONSAY
- ◊ SEIL
- ◊ SOAY
- ◊ SWONA
- ◊ TAHAY
- ◊ UNST
- ◊ VAILA

```
K U Q J S H Q T S V M D M
Q V A S X D R V N E H Y E
I O O M L U Z F A L I H C
P N O P V W Y L V X T L S
G B C A L G I R A L T E F
P A I H E S A F A R A Y J
Y L K G T A R U J G H B P
A F A A K A U B M P A V P
K U U N S T V V K U Y B O
S N G Y W O C A B D L Y F
I C A S M C A G N I U L U
R D Z R W X A Y W N G D I
E Q O O R O N S A Y A X A
A B M A L A N M C C K C Y
Y O H L Y V C A A D N A H
```

435 ASTROLOGY

- AIR SIGN
- CRAB
- CUSP
- EARTH
- FIRE
- GEMINI
- GOAT
- HOROSCOPE
- HOUSE
- LEO
- LIBRA
- LION
- MOON
- PLANETS
- PREDICTION
- RAM
- READING
- TWINS
- VIRGO
- WATER
- WHEEL
- ZODIAC

```
F M O W E B G S X O U Q H
M S A E P L A N E T S G I
L O N R L E R G E M I N I
I K O O H A B R C U Y J I
O E O N I R I O S U N S E
N K S T K T L A B P S V I
H H A N V H C T S F H P E
S O U I I J I I R B M K P
G W G I Q W V M D L I Z O
Z R C R A B T Q Z E J I C
R E A D I N G O L E R I S
F T H N C V D W P H S P O
I A I R S I G N H W T O R
R W S Y A A D W T B G S O
E I R C W T Z K E S U O H
```

436 THE COCKTAIL HOUR

- ACAPULCO
- BATIDA
- BELLINI
- BRONX
- CHI-CHI
- COBBLER
- DAIQUIRI
- EGGNOG
- GIMLET
- GRASSHOPPER
- JULEP
- MOJITO
- PANAMA
- RICKEY
- ROB ROY
- SAKETINI
- SAZERAC
- SEA BREEZE
- SIDECAR
- SNOWBALL
- WHISKY SOUR
- ZOMBIE

```
C I R I U Q I A D I T A B
T H A B C O B B L E R E U
E R I M R Z L Q O F U I G
L W R C A O P T C N V B J
M B H D H N N P L W F M S
I F W I G I A X U Q S O A
G R A S S H O P P E R Z K
P I J M E K M X A B L X E
W S I X O I Y B C L M S T
R I N R G J R S A E A E I
P D I P I E I B O Z N R N
S E L H E C W T E U C F I
F C L Z X O K R O B R O Y
J A E U N U A E G G N O G
E R B S J C U E Y L V G C
```

437

RIVERS OF CANADA

◊ ALBANY
◊ MOIRA
◊ ATHABASCA
◊ MOOSE
◊ BATTLE
◊ OLDMAN
◊ CHILCOTIN
◊ OTTAWA
◊ COPPERMINE
◊ PEACE
◊ EXPLOITS
◊ PELLY
◊ FOND DU LAC
◊ RIDEAU
◊ HORTON
◊ SASKATCHEWAN
◊ KAZAN
◊ SLAVE
◊ LIARD
◊ THELON
◊ MACKENZIE
◊ YUKON

```
K S T I O L P X E L E U G
F O N D D U L A C A I J E
Y U K O N O B H M H Z O N
L S I Q L A A O O J N J I
L I R D T C O R I U E L T
E E M T H S S T R A K I O
P A L S E A Z O A E C A C
N E D C L B C N I D A R L
Y O A W O A N D O I M D I
T E P N N H V T O R D Y H
P E X H V T T E O B S N C
S S A S K A T C H E W A N
B E Q C W J L J W W E B V
K A Z A N K R Y M J P L R
E N I M R E P P O C I A L
```

438

JUST RELAX

◊ CATNAP
◊ SHUT-EYE
◊ DAYDREAM
◊ SIESTA
◊ DOZE
◊ SLACKEN
◊ DROWSY
◊ SLEEP
◊ FORTY WINKS
◊ SLOW DOWN
◊ HIBERNATE
◊ SLUMBER
◊ IMAGINE
◊ SNOOZE
◊ LOOSEN UP
◊ STARGAZE
◊ NOD OFF
◊ TAKE A REST
◊ RELAX
◊ UNBEND
◊ REPOSE
◊ UNWIND

```
S L O W D N W O D W O L S
H I B E T A N R E B I H Y
F U H F S C Q R Z J L F S
W N N L B A L T O N O P W
F B E R N T X A D R E U O
T E K Q E N N R T Y Z N R
P N C S Z A E Y E A A E D
F D A D O P W T T L G S B
F U L E O I U S W F R O R
O N S S N H E Q Q X A O E
D W E K S I V H A K T L B
O I S D S X G L S V S X M
N N M T A K E A R E S T U
C D E B J R R Y M U H T L
M A E R D Y A D X I Z X S
```

439

◊ ARCADE

◊ BANDIT

◊ BARS

◊ BELLS

◊ CANCEL

◊ CHERRIES

◊ COLLECT

◊ CREDITS

◊ DOUBLE

◊ FEATURES

◊ GAMBLE

◊ JACKPOT

◊ LIGHTS

◊ MACHINE

◊ NUDGE

◊ ORANGE

◊ PAYOUT

◊ PLUMS

◊ REPEAT

◊ SLOT

◊ SOUNDS

◊ START

```
C P L U B B E O T O L S J
T H Z P A Y O U T E S D E
O D S N S H Y E C F B L A
K F D K X R L N E N B X S
B I R P E B A J V U Z L E
T E E T M C L B O D I E R
C Q L A C R T D B G X G U
D T G L F E I O H E I N T
P M M I S D L T P R Z A A
T R A T S I S L E K Y R E
T U H M X T O P O T C O F
S O U N D S E D A C R A C
R L U Y N A F O J U A P J
P I M T T M A C H I N E R
J P F S E I R R E H C D S
```

440

◊ AIRBUS

◊ BALLOON

◊ BOBSLEIGH

◊ CANOE

◊ COACH

◊ CRAFT

◊ CYCLE

◊ FLIGHT

◊ GLIDER

◊ HANSOM

◊ HORSE

◊ JOURNEY

◊ KETCH

◊ LORRY

◊ PASSENGER

◊ SEDAN

◊ SMACK

◊ SUITCASE

◊ TANDEM

◊ TRUCK

◊ VEHICLE

◊ WHERRY

```
B M F P Q F H W I M C J Q
E O M H K C U R T A E J V
B S M E T S Y E N R U O J
O N A E D G C O A C H N R
B A K C K N E T B T O E W
B H R E T G A Q T O G Z N
Q G N A L I G T L N F E F
D J A I D W U L E D L U R
O A D R S L A S C C I W H
Y E E B O B S L E I G H P
R R S U E A J A I I H E E
G T R S P S M A C K T R L
E N Q O B C R J T F A R C
S V E Z L O I O B N W Y Y
Z V C U E L C I H E V B C
```

441

BREAD BOARD

- BAGEL
- BAKER
- BRIOCHE
- BROWN
- DOUGH
- FLOUR
- FRENCH
- KNEAD
- MILLER
- NAAN
- OVEN
- PROVING
- RISING
- ROLLS
- RYE
- SAUCE
- STICK
- TOAST
- WHEAT
- WHITE
- WHOLEMEAL
- YEAST

```
M D R N K P S U B N O D O
M Y E C Z A Q L F R E V S
E V I P L Z I N L E O S H
O T D E B L A N O O T W C
S L G O C A G V U C R S N
E A E H U N K F R E N C E
B E U N B G J E U M R W R
Y M L C J F H N R D H K F
W E T H E B N W A F S E H
T L G J P T H E Y A H A L
S O N T O I N F B C N Z Y
A H I A T K E V O B W T H
E W S E C G N I V O R P O
Y T I H F P R E L L I M E
N T R W Q B B J M F Z A P
```

442

WINDS

- BLAST
- BLOW
- BOREAS
- BREATH
- BREEZE
- CYCLONE
- DOLDRUMS
- DRAUGHT
- EASTERLY
- FOEHN
- FORCE
- GALE
- GENTLE
- GUST
- HIGH
- KHAMSIN
- MISTRAL
- PREVAILING
- PUFF
- SAMIEL
- SANDSTORM
- SIMOOM

```
O Q H W I V H Z M B X R A
C Y O A E T H L M R M V N
Y L E L A G E F D P D H I
B G D E I N C M O O M I S
K L R H A I R C L E T Y M
L B A F B L O E D B H R A
S T U S Q I F G R M E N H
A O G N T A K B U R L M K
M F H M V V J L M O T E U
I I T O D E B Y S T N N N
E A S T E R L Y R S E O H
L F Z T E P P A P D G L F
W S A E R O B U F N U C V
K A Z J U A F M E A S Y O
L E E A I F L U P S T C I
```

GENEALOGY

- BANNS
- BIBLE
- BIRTH
- CEMETERY
- CHURCH
- COAT OF ARMS
- DEATH
- DEEDS
- DIVORCE
- FAMILY
- FOREBEARS
- MILITARY
- MOTHER
- ORPHAN
- PARENT
- SIBLINGS
- SISTER
- SONS
- SPOUSE
- WIDOW
- WIFE
- WILLS

```
S Q S C E M E T E R E O C
M F D Y S L Z F H T A E D
R E E L E I B P I V X Y Z
A C E I P S S I L W E R S
F R D M F Y U T B H B E G
O O X A I W R O E A F T N
T V D F I K U A P R W E I
A I B D R F F X T S S M L
O D O O Z P A R Y I G E B
C W T R V Z A Y E J L C I
E T C J P H C R U H C I S
A W P E A H T A E F T N M
F O R E B E A R S N O O H
S N N A B R P N I S T R M
N S L L I W L H F B Z A S
```

SWIMMING POOL

- BIKINI
- BRAWN
- COLD
- CRAWL
- DIPS
- DIVE
- FENCE
- FIGURE
- FLOAT
- GUEST
- MUSCLE
- PARTY
- POSERS
- RAFT
- SNORKEL
- SPLASH
- STROKE
- SUNSHINE
- SUNTAN
- TOWEL
- TUBE
- WADING

```
E N I H S N U S Q T P Y Y
O S L L K B D S P T F H N
H N D J M T L O U I U A D
M U S C L E S O G N I B R
W D Z Q K E T U L U T C E
E L L R R A R D Z Q R A F
R M O S O E O Z R I X J N
W N I L N L K T S E U G S
S V F N T Q E B L N S N Z
B Q M O I T C V P P W I H
F G W T Y K X H I A R D S
L E C G W T I A R D W A A
L L N O K H R B C R A W L
B Z E C L B F A C E G Q P
N B J C E D D I P S J L S
```

445   NUTS AND FRUITS

- BANANA
- BEECHNUT
- BLACKCURRANT
- CLEMENTINE
- COBNUT
- FIG
- FILBERT
- HUCKLEBERRY
- LEMON
- LIME
- MANGO
- MELON
- ORANGE
- PAPAYA
- PEACH
- PEAR
- PECAN
- PISTACHIO
- PRUNE
- QUINCE
- TAMARIND
- WALNUT

```
P P R E J A Q K V F U R Y
E I R N Y B E M I L O Z R
A S T A M A R I N D R E B
C T P H B N T U N L A W A
H A C U N A C E P E N V E
P C O C C N T W N M G B N
I H B K P A F U G O E E I
H I N L V I R G C N P E T
R O U E L P O H I Q P C N
U E T B M Q G G U A E H E
S H E E N A A I N F A N M
P R G R M I N V S A R U E
T I A R I C N O L E M T L
F A T Y E S R Q B P Y M C
Q T N A R R U C K C A L B
```

446   QUITE PERFECT

- CONSUMMATE
- CORRECT
- ENTIRE
- EXCELLENT
- EXPERIENCED
- EXPERT
- FAULTLESS
- FINISHED
- FLAWLESS
- IDEAL
- MODEL
- PEERLESS
- PRECISE
- PURE
- SHEER
- SINLESS
- SKILFUL
- SPOTLESS
- SUPERB
- TEXTBOOK
- THOROUGH
- ULTIMATE

```
G S Z V I H G U O R O H T
D E C N E I R E P X E E C
K F D P B E S I C E R P E
P V U E B R I O D W I U R
E R E S H C E J Y A M L R
E K T T P S Q P U E F T O
R R O C A O I N U A R I C
L E D O M M T N U S E M F
E S S A B R M L I D E A L
S I V K E T T U E F H T A
S N H P I L X N S S S E W
I L X N E L T E L N S P L
N E L S Z I F N T M O G E
Z S S A R J A U S X L C S
C S J E X C E L L E N T S
```

447   SCULPTORS

◊ ALGARDI   ◊ GORMLEY

◊ BACON   ◊ HANSON

◊ BERGIER   ◊ KEMPF

◊ BLOYE   ◊ LACOMBE

◊ CALDER   ◊ LAURENS

◊ CRAGG   ◊ LONG

◊ DA VINCI   ◊ MOORE

◊ DEACON   ◊ PISANO

◊ DONATELLO   ◊ PYE

◊ EPSTEIN   ◊ WELDON

◊ GERACI   ◊ WILDING

```
B J I R I R D G F K N N S
I N G P O P D O G K R I N
D A V I N C I R T A Z G E
N O X I P X E F X M R M R
I E N C W I L D I N G C U
E Y S A G F S L L O N G A
T I J R T H P A A G F M L
S X E E Z E Y M N B C O G
P B H G N N L E E O P O A
E B A C O N X L L K A R R
X B D S C L A C O M B E D
E G N J A C L D H L R Y I
P A V D E B J W E L D O N
H Y R E D L A C O L S L G
U P E P G P W S T T B B B
```

448   CLOCK WORK

◊ ALARM   ◊ KEY

◊ ANALOG   ◊ MAHOGANY

◊ ANTIQUE   ◊ MANTEL

◊ BRASS   ◊ OAK

◊ BRONZE   ◊ REGULATOR

◊ CUCKOO   ◊ STRIKING

◊ DESK   ◊ TABLE

◊ ELECTRIC   ◊ TIMEPIECE

◊ FACE   ◊ TURRET

◊ FLYWHEEL   ◊ WALL

◊ GRANDFATHER   ◊ WATER

```
E A N Y X U M W R T E R J
C R L S S A R B B E E D C
A O F A N D U D S H T V B
F T K T R D H L T P Z A Y
B A E T C M X A R T K Z W
R L L C S L F S I Y Q A O
O U E C M D G M K T G J O
N G C L N M E Y I M O T K
Z E T A S P E L N A L U C
E R R Y I K O Y G H A R U
J G I E S H X H V O N R C
L K C E E L B A T G A E E
L E D E U Q I T N A P T V
A R F N W J J I X N K O H
W E C U L E E H W Y L F A
```

449 EARLY

◊ ADVANCE
◊ DAWNING
◊ FIRST
◊ FORESTALL
◊ FORMER
◊ FORWARD
◊ FUTURE
◊ GAINING TIME
◊ INCOMING
◊ IMMATURE
◊ INITIAL

◊ IN FRONT
◊ IN STORE
◊ INTRODUCTORY
◊ PREVIOUS
◊ PRIMITIVE
◊ PRIOR
◊ READY
◊ SUNRISE
◊ TOO SOON
◊ UNRIPE
◊ YOUNG

```
Z G S U O I V E R P O L O
A D V A N C E S E L D L P
T D I N C O M I N G R A Z
O R I U L Q G R S Y A T A
O E O Q A Y G N Q R W S X
S V E P I R N U H O R E I
O I Q S T Q I S E T O R I
O T S R I F N K R C F O N
N I A F N A W G U U P F F
R M K A I F A N T D R P R
E I H Y O S D U A O I L O
A R C R S F R O M R O X N
D P M Q C E F Y M T R W T
Y E E M I T G N I N I A G
R N E R O T S N I I J N G
```

450 WEAPONS

◊ AIRGUN
◊ ASSEGAI
◊ BAYONET
◊ BAZOOKA
◊ BOWIE KNIFE
◊ BULLETS
◊ CATAPULT
◊ CROSSBOW
◊ CUDGEL
◊ H-BOMB
◊ LANCE

◊ MACHINE GUN
◊ MISSILE
◊ PISTOL
◊ RAPIER
◊ RIFLE
◊ SCIMITAR
◊ SHILLELAGH
◊ SHOTGUN
◊ SPEAR
◊ SWORD
◊ TEAR GAS

```
A K O O Z A B Q B C S B U
L E G D U C J I O A H M F
W O B S S O R C W T I O J
M S D R O W S E I A L B L
X A S R A E P S E P L H E
Y G C C W K Q Z K U E O L
L R X H I I R H N L L R I
O A T B I M A I I T A E S
T E N E A N I G F J G I S
S T V C R Y E T E L H P I
I A W I E O O G A S E A M
P O B U W U N N U R S R C
S H O T G U N E E N G A Y
J Z S T E L L U B T J Q E
T H V N G M N U G R I A J
```

451

PLUMBING WORK

- BASIN
- BEND
- BIDET
- BOILER
- COLD
- DISHWASHER
- ELBOW
- FLUX
- FORCE
- HOT
- LEAKS
- O-RING
- PLUG
- RESTRICTOR
- SINK
- SOAKAWAY
- SOIL PIPE
- TANK
- TAPS
- TRAP
- WASTE
- WATER

```
F A F I T T P P W J R W X
S T T O Z A I O L E L X U
W D H P R P B R L U U F L
U A I T T L F I K T G E F
P D T S E A O N S I A R W
S L I E H B N G V K V P W
I O N B R W X K S Y P N S
N C I Y A W A K A O S G V
K G E L Z J A S M D M P C
A A H C P Y H S H M M D C
D B B D R I J B T E C G M
N I S A C O P L I E R U D
J C U A S W F E N D S N X
R E S T R I C T O R E M Z
P H S N M T N T Q B V T Z
```

452

THE GARDEN POND

- BEETLES
- BLANKET WEED
- CARP
- CASCADE
- DESIGN
- INSECTS
- KINGCUP
- KOI
- LINER
- MINNOW
- NEWTS
- NYMPH
- PEBBLES
- POND SKATER
- POOL
- PUMP
- RIPPLE
- ROCKS
- SLABS
- STATUE
- STONES
- TOADS

```
R I P L P E L P P I R Z L
H O K V E O S K C O R C R
R K I E O M G E A G N C I
E T N P D S P Q L B N M V
T B G Q N A D M X B S B P
A L C S A E C A U Y B E E
K A U L H E W S O P A E C
S N P U I C I T A T L T P
D K Y P R N A V S C S L V
N E M M G J E R M M T E V
O T X I P K X R P I C S U
P W S B Q H H Q K N E Q W
V E H T Q Q W B W N S T Y
D E S E N O T S T O N E R
X D G E U T A T S W I N H
```

453

DELICIOUS CHOCOLATE

◊ BARS
◊ BOURBON
◊ CAKE
◊ CANDY
◊ CARAMEL
◊ CHIPS
◊ COCOA
◊ COOKIE
◊ DARK
◊ DIGESTIVE
◊ DRINKING

◊ EGGS
◊ LIQUEURS
◊ MILK
◊ MOCHA
◊ MOUSSE
◊ PLAIN
◊ PUDDING
◊ RICH
◊ SAUCE
◊ SWEET
◊ WHITE

```
S A U C E W S N I A L P T
R F G O A C Q X X P Q F O
U N T O B R Y I U J N P E
E R P K M E A D P L B K B
U F W I Z V D M C P A W U
Q O L E I I Q D E C P J O
I K A X N T H A Z L E K G
L Y Z G E S S R A B T N D
O P F G G E Y K A W I Y F
G V G I S G E D F K H H L
M S G S P I H C N G W T R
U O U W P D E I I A W E I
Z O C N O B R U O B C E C
M Q V H N D V X C E K W H
B J E Q A O C O C I X S Q
```

454

CHILDREN'S BOOK CHARACTERS

◊ BABAR
◊ BADGER
◊ BALOO
◊ CINDERELLA
◊ FLICKA
◊ KANGA
◊ MAD HATTER
◊ MARCH HARE
◊ MOWGLI
◊ MR TOAD
◊ NODDY

◊ ORINOCO
◊ PHOENIX
◊ PIGLET
◊ RABBIT
◊ RUPERT
◊ SCARECROW
◊ SMAUG
◊ TARKA
◊ TIGGER
◊ TIN MAN
◊ WHITE FANG

```
P D A O T R M H A J U O W
T A R K A U P G N Q G O Z
T E L G I P B H R K R V Q
E S G N M A E A O C L O B
C R Q N B O B F E E R F K
T C A A B W R Q I N L D
T I R H I F A G N A K I X
I N N T H C E O L B X C X
G D O M S C C T V I T K U
G E D T A O R J I U V A M
E R D R K N S A S H W O U
R E Y E X M R Y M W W O U
M L T P A D Q C T G S L V
D L E U R E T T A H D A M
D A G R R E G D A B P B D
```

455   BIRDS OF PREY

◊ BARN OWL   ◊ HOBBY

◊ BUZZARD   ◊ JAEGER

◊ CARACARA   ◊ KESTREL

◊ CARRION CROW   ◊ KITE

◊ CONDOR   ◊ MERLIN

◊ EAGLE   ◊ OSPREY

◊ FALCON   ◊ PEREGRINE

◊ FISH HAWK   ◊ ROADRUNNER

◊ GOSHAWK   ◊ SPARROWHAWK

◊ GRIFFON   ◊ TAWNY OWL

◊ HARRIER   ◊ VULTURE

```
F D C R L W O Y N W A T G
A K C P E G L E R T S E K
L W G F C N Q X F Q K R F
C A R R I O N C R O W U R
O H E Q I S N U P J Q T Q
N S T U Y F H D R Q E L F
Y O I I R N F H O D C U R
E G K C S I W O A R A V E
R B J H A L I B N W U O I
P U A Y E R Z B S H K M R
S Z E L I E A Y D J V S R
O Z G K W M K C F V G K A
H A E L W O N R A B T Q H
E R R E N I R G E R E P R
D D K W A H W O R R A P S
```

456   GLOBAL WARMING

◊ ALBEDO   ◊ GLACIER

◊ ARCTIC   ◊ ICECAP

◊ ATMOSPHERE   ◊ ICE SHELF

◊ BIOMASS   ◊ IPCC

◊ CARBON   ◊ METHANE

◊ CLOUDS   ◊ OCEAN

◊ COAL   ◊ OIL

◊ COOLING   ◊ OZONE

◊ DROUGHT   ◊ SUN

◊ FEEDBACK   ◊ TREES

◊ FOREST   ◊ WATER

```
S S A M O I B O I P C C N
F U O I M C O X D P K A G
I O O Z C E E Z X E E Q L
Q I R E D E T H O C B W H
L J G E A Q C H O N T L V
E L W X S L C A A O E S A
R H S F A T K O P N U Q P
E S C O N H F R O N E F D
H K C A B D E E F L C T R
P U S Z R I W A F L I Z O
S E L E C B R A O H S N U
O K M A E C O U T Q K I G
M J L M T R D N H E X W H
T G S I S S T N Y O R Y T
A Y C L Q F L E H S E C I
```

457

IN YOUR DREAMS

- ALIENS
- ANIMALS
- CASTLES
- CHASES
- CLOUDS
- COFFINS
- CROWDS
- EATING
- FALLING
- FANTASY
- FLOWERS
- FLYING
- FOOD
- FOOTBALL
- NIGHTMARES
- SAILING
- SHEEP
- SINKING
- THE PAST
- THE WIFE
- WEALTH
- WORK

```
L L A B T O O F C N P E G
J T R C N D T O I Y T N W
S N N Q W B F G J S I T S
D V D O O F H X A L L M H
W C R W I T T P I C I O P
O K Q N M W E A L T H E G
R O S A A H S S H K E R N
C S R S T B E M E H S J I
S E E Q R F Y V S S L E Y
S I A L I E N S C T A J L
K B N W T L W L A T M H F
G G E K V S O O I T I C C
E H U D I U A N L F N I J
T A D D D N G C J F A A F
R X Q S K H G N I L L A F
```

458

GOLFERS

- AZINGER
- BOROS
- BROOKS
- CALCAVECCHIA
- CLARK
- COUPLES
- CRENSHAW
- DALY
- FURYK
- GOOSEN
- GRAHAM
- JANUARY
- LEONARD
- MAHAFFEY
- NELSON
- NORMAN
- OLAZABAL
- PRICE
- SINGH
- SUTTON
- WEIR
- WOODS

```
L L B Y K W N E S O O G V
T O Y Q U Y E C L M J A Y
S S V R L Q S I M A I O R
O F A A A U G S R H X L Z
R L D W T U Y J C A A A S
O C E T U L N C M F X Z E
B R O O K S E A V F O A L
T N N H N V H N J E L B P
Y R O K A A F U R Y K A U
P K S C R M R N W I D L O
R R L G Z S A D Z O G A C
I A E A M M I C X U O A C
C L N N R S G N Y G P D F
E C A O A Z I N G E R K S
A C N A C R E N S H A W B
```

459

ANIMAL FARM

- ANIMALS
- BLUEBELL
- BOXER
- CLOVER
- COMMANDMENTS
- COWSHED
- DOGS
- FOXWOOD
- HOOF AND HORN
- HORSES
- HUMANS
- JESSIE
- MANOR FARM
- MOLLIE
- MOSES
- MR JONES
- MURIEL
- OLD MAJOR
- PIGS
- PINKEYE
- SNOWBALL
- WINDMILL

```
S S W A S L A M I N A A E
T Z Z L L E B E U L B G I
N O H U M A N S N L F M S
E S H F R E V O L C A U S
M R G M W F E L J N E R E
D H T I W I A Y O R K I J
N O H U P B N R E L M E J
A R Z R W U F D M K H L D
M S G O D A L O M O N Z A
M E N G R X L O R I S I J
O S Q M R L K W G E L E P
C J L J I W O X Y A X L S
O P D E H S W O C P U O P
N R O H D N A F O O H G B
G N O L D M A J O R J Z W
```

460

SHADES OF BLUE

- AQUAMARINE
- AZURE
- BRIGHT
- CERULEAN
- COBALT
- DARK
- FRENCH
- LAZULINE
- LIGHT
- NAVY
- PEACOCK
- POWDER
- PRUSSIAN
- PURPLE
- ROYAL
- SAPPHIRE
- SKY
- STEEL
- TEAL
- TRUE
- TURQUOISE
- ULTRAMARINE

```
C E L L S J S Y C O O O L
M O N C H H M K S Z M V L
I I B L V C J S T H G I L
M D F A S A N P L Y W L M
L A Z U L I N E V G A S Z
E R X F F T Q A R Y C G P
L K U T R C N T O F T T O
P A Q U A M A R I N E N W
R J E X E T H G I R B K D
U L T R A M A R I N E C E
P C C L Y E X T U Y S O R
S A P P H I R E G C T C E
E S I O U Q R U T T E A L
P R U S S I A N Z Z E E M
N A E L U R E C N A L P X
```

DOUBLE LETTER STARTS

- ◊ AALBORG
- ◊ AARDVARK
- ◊ AARHUS
- ◊ AARON
- ◊ EELAM
- ◊ EELPOUT
- ◊ EELWORM
- ◊ EERIE
- ◊ EEYORE
- ◊ LLANERO
- ◊ LLEWELYN
- ◊ LLOYD
- ◊ OOCYST
- ◊ OOGAMOUS
- ◊ OOGENESIS
- ◊ OOGONIUM
- ◊ OOLITH
- ◊ OOLONG
- ◊ OOMPAH
- ◊ OOSTENDE
- ◊ OOTHECA
- ◊ OOZING

```
T S Y C O O M S E E B K O
E N X W P R Y D P G Q R O
E E L P O U T G N Q Q A G
B S Y W H F S I M S X V O
R M L O X A Z I U P R D M
E E S C R O P H T S E R U
E E F H O E R M U R D A I
F X R T N A G O O L N A N
M L U I A Y M I L O E C O
A E L L E A L A D F T E G
L A O O G E N E S I S H O
E A X O Y E U F W V O T O
E R O M R D R A K E O O O
O O L O N G Y D S W L O K
L N H G R O B L A A E L H
```

CRIME

- ◊ ARSON
- ◊ ATTACK
- ◊ CONVICT
- ◊ EMBEZZLEMENT
- ◊ FELONY
- ◊ FORGERY
- ◊ FRAUD
- ◊ HACKING
- ◊ HOOLIGANISM
- ◊ INDECENCY
- ◊ KIDNAPPING
- ◊ MURDER
- ◊ NUISANCE
- ◊ OFFENCE
- ◊ PIRACY
- ◊ POLICE
- ◊ RACKETEERING
- ◊ SABOTAGE
- ◊ STEALING
- ◊ THEFT
- ◊ TREASON
- ◊ VICE

```
Z N P D E G N I K C A H G
J Z K C U N X V I I P N Y
X E I A V A B P N I I R M
E V C D M U R D E R E S C
O M Y N O L E F E G I U C
S D B Q E C L E R N Y X O
T A B E E F T O A R S O N
E Q B N Z E F G R A E Y V
A T C O K Z I O T H C N I
L Y H C T L L T E A I O C
I S A E O A A E R Q L S T
N R E O F C G I M E O A T
G R H G K T P E R E P E M
Z G Z E C N A S I U N R M
Z G N I P P A N D I K T M
```

463

FOUND

- ◊ ASCERTAINED
- ◊ CAME UP
- ◊ CHANCED
- ◊ CONSTITUTE
- ◊ DETECTED
- ◊ DISCOVERED
- ◊ ESTABLISHED
- ◊ FELT
- ◊ GOT HOLD
- ◊ GROUND
- ◊ HAPPENED
- ◊ INCURRED
- ◊ LAUNCH
- ◊ NOTICED
- ◊ OBSERVED
- ◊ PLANT
- ◊ RECEIVED
- ◊ RETRIEVED
- ◊ SAW
- ◊ SET UP
- ◊ VIEWED
- ◊ WITNESSED

```
W D E R E V O C S I D E J
D E V E I R T E R N Q H V
R E Q C J I N C U R R E D
X C C E U E M O Y B O F E
D E N I A T R E C S A W H
L Q E V T G J N D S Q I S
S A T E P O P Z W R C T I
A D U D O L N H E A L N L
G E T N A B A T M E C E B
O T I N C P S E F J A S A
T C T J P H U E P L S S T
H E S E J P S X R U W E S
O T N U Q S B V R V T D E
L E O U D E W E I V E E J
D D C D E C N A H C G D S
```

464

TEA TIME

- ◊ ASSAM
- ◊ BADULLA
- ◊ CAMEROON
- ◊ CEYLON
- ◊ CHINA
- ◊ CHUN MEE
- ◊ DARJEELING
- ◊ DOOARS
- ◊ GINSENG
- ◊ GREEN
- ◊ GUNPOWDER
- ◊ HAPUTALE
- ◊ HUNAN
- ◊ INDIA
- ◊ JAPAN
- ◊ JASMINE
- ◊ MATCHA UJI
- ◊ MATURATA
- ◊ NINGCHOW
- ◊ ORANGE PEKOE
- ◊ PEPPERMINT
- ◊ TAIWAN

```
T N I M R E P P E P E I O
T B H G A L N D G Z N N R
N H N N C H I N A D I A A
G L O I R A M K I V M W N
U G O L B V E A M M S I G
N I R E J F I A A Q A A E
P N E E R G T A S N J T P
O S M J C C L D S N R V E
W E A R H L S R A O O D K
D N C A U N M H U N A N O
E G U D N M J V J O K U E
R J A S M H A P U T A L E
I B Y L E A P C E Y L O N
B T P H E M A T U R A T A
E W O H C G N I N A U E X
```

465

LARGE LIST

- AMPLE
- BROAD
- BULKY
- BUMPER
- CAVERNOUS
- COSMIC
- ENORMOUS
- EPIC
- EXTENSIVE
- GIANT
- GREAT
- HEAVY
- HEFTY
- HUGE
- HULKING
- IMMENSE
- JUMBO
- LARGE
- MAMMOTH
- MASSIVE
- TITANIC
- VAST

```
Y O N I Q E S I O H S L E
K B E F G T U U T U A G V
L M C U D R O O O R B N I
U U H A U T M N G A E I S
B J O V M M R E G M C K N
D R A W A E O S Y N I L E
B S H M V M N H M S N U T
T C R A A M E H K E A H X
I I C H S A A T E L T V E
H M B Y V K A S A F I D M
T S U Y J X D E S E T Z V
N O M Y B G L T G I R Y O
A C P C I P E K A D V G T
I M E K M I M M E N S E G
G U R A N C G F D G Z I V
```

466

IN THE MAIL

- BILLS
- BROCHURE
- CIRCULAR
- CLAIM FORM
- EXAM RESULTS
- FINAL NOTICE
- INVOICE
- JUNK MAIL
- LEAFLET
- LETTER
- MAGAZINE
- MANUSCRIPT
- MISSIVE
- OFFER
- PARCEL
- POSTCARD
- PRESENT
- RECEIPT
- REMINDER
- STATEMENT
- SUMMONS
- VOUCHER

```
T P I E C E R U H C O R B
Q X M A G A Z I N E V R T
L B T P I R C S U N A M S
E V I S S I M D T L E L T
A R F L A W R I U C M I L
F E R R L A U C I S R A U
L H M E C S R T N N O M S
E C C T D I O U V O F K E
T U S T C N I B O M M N R
N O R A L E I L I M I U M
P V O A O E E M C U A J A
I V N F L C T C E S L A X
F I F H R I B T Q R C S E
F E J A S T A T E M E N T
R B P R T N E S E R P Y F
```

467

ENOUGH IS ENOUGH

- ABUNDANT
- ADEQUATE
- AMPLE
- BIG
- BROAD
- COPIOUS
- ENORMOUS
- EXUBERANT
- FULL
- GALORE
- GREAT
- LARGE
- LAVISH
- MASSIVE
- PLENTIFUL
- PROFUSE
- RAMPANT
- RICH
- ROOMY
- SUBSTANTIAL
- TEEMING
- WIDE

```
S X R E Q R H W Y J W G C
K F L C X S P A U M C N X
G M T H A U U L M A A I P
B S L N S D B O J P E M L
B Y Y A A I E E I X L E E
W I D E I D V Q R P W E N
Y S M J G T N A U A O T T
K P U R J R N U L A N C I
L R X O M B E A B L T T F
A O A O M A S A T A L E U
R F T M H R S B T S D U L
G U S Y P B O S R R B H F
E S B J I A G N I O O U F
E E C G O F N C E V A A S
E R O L A G H T K V E D O
```

468

FUNGI

- ANNULUS
- BOLETI
- BROWN CAP
- BUTTON
- CEP
- CORAL
- CRESTED
- ENOKI
- FAIRY RING
- FLAT CAP
- FLY AGARIC
- GILLS
- INK-CAP
- JELLY
- OVOLO
- OYSTER
- RUSTS
- SHELF
- SMUTS
- STIPE
- TRUMPET
- VOLVA

```
C R I T S F H E G V W I A
I B S R N D L N Z T Q K V
R R G T T O I E M L I O L
A O V R U R T O H T C N O
G W C E Y M C T E S R E V
A N F R F B S L U A E I P
Y C I P A L O L G B S N Y
L A U A L B U O M J T K E
F P S C M N P L V R E C P
S J H T N A E B U O D A I
L W Y A S T Z M I Y L P T
L O O L A U P T J S A O S
I S T F L E R O W T M N I
G O G F T E G C R E C Q C
Y L A R O C J E W R R Y F
```

469　GREEK ISLANDS

- ◇ AEGINA
- ◇ ANDROS
- ◇ CHIOS
- ◇ CORFU
- ◇ CRETE
- ◇ FOLEGANDROS
- ◇ KARPATHOS
- ◇ KASOS
- ◇ KEFALONIA
- ◇ KYTHNOS
- ◇ LEMNOS
- ◇ LESBOS
- ◇ MILOS
- ◇ NAXOS
- ◇ PAROS
- ◇ RHODES
- ◇ SAMOS
- ◇ SANTORINI
- ◇ SKYROS
- ◇ THASSOS
- ◇ TINOS
- ◇ ZAKYNTHOS

```
S K A G J Y T L K L X H R
O Y S I S M S H S A R R V
R T C L N O R O A V S P G
D H T Y Z O H H X S H O L
N N X G S T L T O A S N S
A O X O A S S A N D N O C
S S M P S O M O F Y E T S
G A R O C N M P B E K S B
S A N H X M Q U A S K A Y
K I I T I E K F I R E M Z
T O A L O L V R N X O L C
S N O H Z R S O R Y K S H
Q S S C T K I C E T E R C
D F O L E G A N D R O S Q
M K A E G I N A I I J E V
```

470　CIRCUS FUN

- ◇ ACTS
- ◇ CLOWN
- ◇ COSTUME
- ◇ CROWD
- ◇ DOGS
- ◇ FEATS
- ◇ FLYING
- ◇ GASPS
- ◇ GLAMOROUS
- ◇ HOOPS
- ◇ JUGGLER
- ◇ KIDS
- ◇ LAUGHTER
- ◇ MAGIC
- ◇ MENAGERIE
- ◇ RED NOSE
- ◇ STARS
- ◇ STRONGMAN
- ◇ TENSION
- ◇ TENT
- ◇ TREAT
- ◇ TRICKS

```
D S F V S R C C E V O E D
S A I B P M B O I C A C D
R E D N O S E H S G R F S
A S L F O B C T S T A E F
T O U A H B C R C S U M P
S N E O U A F D O G S M T
J W C I R G F L G W M I E
U O H L R O H L Y T D S N
G L G T O E M T R I C K S
G C T A R D G A E H N U I
L H F E S E G A L R Y G O
E I A O N P A T N G E A N
R P S E F T S T B E T P N
G S T R O N G M A N M D Y
U R G M S D I K A N F O C
```

471   ENGLISH TOWNS AND CITIES

- BATH
- BIRKENHEAD
- BIRMINGHAM
- BLACKPOOL
- CHESTER
- DERBY
- DURHAM
- ELY
- EXETER
- HULL
- IPSWICH
- LEEDS
- LINCOLN
- LONDON
- NORWICH
- NOTTINGHAM
- OXFORD
- PETERBOROUGH
- RIPON
- TRURO
- WELLS
- YORK

```
M D R O F X O K E Z A G V
A A E R E T E X E N I A J
R L H W B V D R X U T Q H
Y N O R W I C H G J D L G
Q O X N U M N T S A D O U
M J R X O D S D E E L O O
A T Q K O D Y H T N A P R
H N O T T I N G H A M K O
G R O T R E P O U S B C B
N B T P K U G S L L H A R
I U A R I W R Y W E C L E
M P I T E R B O S I L B T
R B W L H R B T B U C B E
I P L S E L E P H G H H P
B S M D W R N L O C N I L
```

472   AT THE MUSEUM

- ABSTRACT
- ANCIENT
- ARTEFACT
- BROCHURE
- CARVING
- CASES
- CLOTHES
- DISPLAY
- EGYPTIAN
- HISTORY
- LEARNING
- MILITARY
- MOSAIC
- MUMMY
- RECORDS
- RELICS
- ROMAN
- SCHOOL TRIP
- SOUVENIR
- TOURIST
- TUDOR
- WEAPONS

```
E A Y Y N A I T P Y G E P
T N H R M N Q N I C J H P
C C V Y O M S C I L E R I
A I Y C W T U N A M O R R
R E A A Z E S M N L T M T
T N I S L H A I B E O I L
S T M E A P G P H A U M O
B O E S S N S A O R R I O
A Y U R I E R I S N I L H
M Y R V Y T H K D I S I C
K O R O E D C T R N T T S
G A S F D N F E O G J A X
C S A A C U I O C L G R C
U C C W I Q T R E W C Y D
T Q B R O C H U R E D M J
```

473

SHIFTY WAYS

- ARTFUL
- BOGUS
- CHARLATAN
- CHEAT
- CHICANERY
- DECEIT
- DELUDE
- DODGY
- DUPE
- FAKERY
- FALSITY
- FRAUD
- HOAX
- HUMBUG
- HYPOCRITICAL
- PERJURY
- PHONEY
- PRETEND
- SPOOF
- TREACHERY
- TREASON
- TRICK

```
I Y R E H C A E R T C T E
A R T F U L J H V H N R W
F E G I M V E F A J Y I J
F G I E B D P R E T E N D
Y R P O U R L J I Y T S R
G U A L G A A S R F R U K
D O E U T S L E A T I N X
O D V A D A N K K I C O A
D K N D F A E N J E K B O
H Y P O C R I T I C A L H
C A Z I Y N A F W E Z A S
D H H Y E N O H P D L D U
U C E R N O S A E R T Y G
X Q X A P A X X U X F R O
Q P H S T Y R U J R E P B
```

474

SAILING

- BEAM
- BOATS
- BOOM
- COURSE
- CRUISING
- DEPTH
- HULL
- KEEL
- MARINA
- MAST
- MOORING
- NAVIGATION
- PORTHOLE
- PROW
- REEF
- ROLL
- SPINNAKER
- STARBOARD
- SURF
- TARPAULIN
- VESSEL
- WASH

```
F M Y E D R A O B R A T S
Y E U D Q A I J Z S H P B
N Q E S T A R B A O R H C
N T A R P A U L I N L T H
O B U J S E B Q V U E P A
I S P I N N A K E R S E L
T M S W A S H L L B S D L
A O J F L L O R G L E E K
G O T J R H Y G N I V A L
I B G S T U P N I F M C M
V N O R A K S I S J V L L
A N O A P M A R I N A L J
N P K R T L S O U L U Q V
C C O U R S E O R H Q R H
A W V X V O S M C E O D L
```

475

LIGHTWEIGHT

- AIRY
- CASUAL
- EASY
- ETHEREAL
- FICKLE
- FLIMSY
- FLOATY
- FRAGILE
- FROTHY
- LIGHT
- LOOSE
- MINOR
- PALTRY
- PAPERY
- PETTY
- POROUS
- SANDY
- SHADOWY
- SLIGHT
- THIN
- TRIVIAL
- WEAK

```
R B G W V R Y Y T A O L F
A F Z O P T P T L S Q H W
Y H T O R F Y O T O N T Y
E E Y K A X O J R E H B R
L L K C R S U D H O P C E
P K D O E I E W E F U A P
B C N D L H C T K T T S A
H I C I P C H H A Q E U P
M F G A H E D Z E Y E A Y
Q H I B R T S Q W S A L R
T R S E S T U O L O S L T
Y M A Q E N D I K Z Y F L
E L N F R A G I L E R M A
I I D V H H Y S M I L F P
H T Y S T L A I V I R T E
```

476

BRAINBOX

- ACUMEN
- ACUTE
- AXONS
- BRAINY
- GENIUS
- GREY MATTER
- IDEAS
- IMAGINATION
- INTELLECT
- KNOWLEDGE
- LOBES
- MEDULLA
- MEMORY
- MENTAL
- NOTIONS
- PINEAL
- RUMINATE
- SENSE
- SHREWDNESS
- SKULL
- STIMULUS
- SUBCONSCIOUS

```
S S E N D W E R H S F H K
U E M V L Y C P L L U K S
B G N E V F R P I C L C X
C D Q S N S S O S N O X A
O E E R E T T A M Y E R G
N L T U N N A I S E I A A
S W U M Q G Y L M N M C L
C O C I E N C L T U U E A
I N A N I J O E O M L A Y
O K I A G Z L T E B M U Z
U U R T Q L S N I Q E Q S
S B L E E A L I G O O S O
Y U F C E T A F A K N C Z
X I T D A L L U D E M S N
N O I T A N I G A M I O N
```

477   SALAD

◊ CAESAR   ◊ LETTUCE

◊ CELERY   ◊ MAYONNAISE

◊ CHEESE   ◊ OLIVE

◊ CHICORY   ◊ PEAS

◊ CHIVES   ◊ PEPPERS

◊ CRESS   ◊ POTATO

◊ CROUTON   ◊ RADISH

◊ CUCUMBER   ◊ ROCKET

◊ FENNEL   ◊ SPRING ONION

◊ HERBS   ◊ TOMATO

◊ LEMON JUICE   ◊ VINAIGRETTE

```
P V Y B Y Z E X V T N A C
T E K C O R K L O E O F U
O B P E W M O L C S T O C
T T S P X T I C H E U V U
T G A S E V I Z I E O I M
L S T M E R O C V H R N B
P E A S O R S T E C C A E
Z O M W T T C T S L Y I R
M A Y O N N A I S E E G P
S P R I N G O N I O N R V
B U I B L J W T E J W E Y
R A S E A C U G A O O T S
E C U T T E L I E T W T Z
H S I D A R D Z C B O E P
N I Y L E N N E F E K P V
```

478   IT'S ALL SO CLEAR

◊ CERTAIN   ◊ PERCEPTIBLE

◊ CLARITY   ◊ PLAIN

◊ CLEAN   ◊ POSITIVE

◊ CRYSTAL   ◊ PURE

◊ EVIDENT   ◊ PURIFY

◊ FAIR   ◊ REFINED

◊ FILTERED   ◊ SEE-THROUGH

◊ GLASSY   ◊ SHARP

◊ LIGHT   ◊ TRANSPARENT

◊ LIMPID   ◊ UNIMPEDED

◊ PATENT   ◊ UNMIXED

```
Q D E L B I T P E C R E P
T L E I J P D T T R U Y O
N N A D L R C E N K L B N
E F E A E E I B X E B T B
D M I P R P V A L I T R N
I N U T Y L M A F F M A J
V R A Q I L T I H W E N P
E I E M I S L I N L V S U
N L P G Y T B C C U I P G
T I H R E F I N E D T A Y
D T C R Z R I P D P I R F
O X E Y T I R A L C S E I
O D F S C A C O H O O N R
S E E T H R O U G H P T U
X W Y S S A L G L O D U P
```

479

- AMBIDEXTROUS
- CLAPPING
- CUTICLE
- DIGITS
- FINGERS
- FIST
- GRASPING
- GRIPPING
- HOLDING
- KNUCKLES
- LEFT
- MANUAL
- METACARPUS
- NAILS
- PALM
- POLLEX
- PRINTS
- RIGHT
- THUMB
- WAVING
- WRIST
- WRITING

```
V S T N I R P N T K H C U
Z V H S T E B S W Z F G P
T N X X U H F F T G I N P
Q J W E N P G I N I N I H
C B D L M Y R I S C G T O
M L R L C L P A R T E I L
A B A O N S B W C S R R D
N M D P A F E G R A S W I
U U K R P L R H D I T U N
A H G T C I N A I L S E G
L T F I P A N U M M S T M
E E T P Y E R G N T L G P
L U I C G N I V A W R A B
C N S U S E L K C U N K P
G S U O R T X E D I B M A
```

480

HARRY POTTER

- AVERY
- BASIL
- BERTIE BOTT
- BOGROD
- BRADLEY
- DOBBY
- DUMBLEDORE
- FIRENZE
- GOBLET OF FIRE
- GOBLIN
- HEDWIG
- HOKEY
- LORD VOLDEMORT
- MR BORGIN
- MUGGLE
- PARSELTONGUE
- ROWLING
- SECRETS
- SEPTIMUS WEASLEY
- STONE
- TONKS
- WIZARD

```
O S E Y T Y B B O D U U E
M E N E O S V U L C V K Z
E P O K N G O B L I N B N
U T T O K S O M O B R R E
G I S H S G S L R A X O R
N M N C R T I R D W F W I
O U R O E S W L V I D L F
T S D R A V E S O Z N I F
L W C B O Y H Z L A Y N O
E E L G G U M H D R B G T
S A B D U M B L E D O R E
R S W S Q S C V M D J T L
A L P M K W A I O J W A B
P E N I G R O B R M F I O
T Y T T O B E I T R E B G
```

481 — FULL OF NOISE

- ◊ BANG
- ◊ BARK
- ◊ BLAST
- ◊ CHIME
- ◊ CLINK
- ◊ CRUNCH
- ◊ DRUMMING
- ◊ ECHO
- ◊ HISS
- ◊ HOWL
- ◊ KNOCK
- ◊ PEALING
- ◊ REVERBERATION
- ◊ RINGING
- ◊ SCREECH
- ◊ SLAM
- ◊ THUD
- ◊ TWEET
- ◊ WAIL
- ◊ WHAM
- ◊ WHINE
- ◊ YELP

```
N D W K G L S I Q E O S G
O U N X T E E W T Z J E N
I H H C E E R C S D Y J A
T T O X Q D B H A O B D Z
A I W K D K C Q L O V U T
R O L O R N H A B D L S H
E F U A U T G I U M S S X
B K B R M H K N W W A I A
R Q C O M N H C I W O H H
E Z H O I Y I N H G V O W
V C B L N P E A L I N G A
E S C E G K N L Y G M I A
R W H I N E Y F P U A E R
X H L I A W H D D A L U I
G O Q J B U S I F L S C H
```

482 — CURTAINS AND DRAPES

- ◊ CHINTZ
- ◊ CLOSED
- ◊ COTTON
- ◊ DRAPERY
- ◊ DRY CLEAN
- ◊ FABRIC
- ◊ FRILL
- ◊ HOOKS
- ◊ LACE
- ◊ LINED
- ◊ NETS
- ◊ PATTERN
- ◊ POLYESTER
- ◊ RAILS
- ◊ SAFETY
- ◊ SHOWER
- ◊ SINGLE
- ◊ TRACK
- ◊ VALANCE
- ◊ VELVET
- ◊ WASHABLE
- ◊ WINDOW

```
R A E Q C P Y R E P A R D
A M B L Q L A J K L E C B
I T D R B K O T W I A U N
L G S R F A C S T N W C W
S T E N Y R H A E E G T E
R I E T V C I S R D R V L
E Y N H L Q L L A T Y N Y
T T E G Y F W E L W C F E
S E B U L E C N A L A V R
E F V C N E S H C N H G E
Y A E O J A K W I N D O W
L S L T W Y O G R N Z Y O
O G V T C O O C B E T W H
P N E O T F H Y A J A Z S
Q J T N I H M Y F L S B U
```

483

- ADOLESCENT
- BABY
- BAMBINO
- CHERUB
- CHILD
- DAUGHTER
- HOYDEN
- INFANT
- KID
- LADDIE
- LASSIE
- MINOR
- NIPPER
- OFFSPRING
- PUPIL
- SHAVER
- STEPSON
- STUDENT
- TODDLER
- URCHIN
- WEAN
- YOUNGSTER

```
E R F T N E D U T S Y P N
I O V B E L U O X O U V E
D N Y C I P L N N P N T D
D I B H E A H I I A O A Y
A M C A S N B L R P S C O
L A O S D M Y E C W P H H
O O I F A O T C P Q E E J
G E N B F H L K B D T R R
Y O U N G S T E R A S U E
I L T U N E P U S K B B V
N C A A M S R R N C I Y A
F D E F H C K I I D E D H
A W V Y H W T U Z N L N S
N I J I Q Z Q L O X G G T
T W N A R E L D D O T K T
```

484

- ACCOMPLICE
- ACQUAINTANCE
- ADVOCATE
- ALLY
- ASSOCIATE
- BROTHER
- BUDDY
- CHAMPION
- CHUM
- COHORT
- COMRADE
- CRONY
- FAMILIAR
- LOVER
- LOYALIST
- PARTISAN
- PEN PAL
- PLAYMATE
- SIDEKICK
- SUPPORTER
- SYMPATHISER
- WELL-WISHER

```
E N C V Z N O I P M A H C
D E T A C O V D A Y C Z B
A E T A I C O S S A Q R K
R E H S I W L L E W U E C
M H T R O H O C H B A S I
O R A T O P V V B I I I K
C E A C S O E Y U L N H E
X H L I C I R L D I T T D
Y T A W L O L L D P A A I
N O P R D I M A Y M N P S
O R N W A L M P Y P C M B
R B E V X R B A L O E Y M
C S P G G B L U F I L S U
R E T R O P P U S S C A H
Y K N A S I T R A P F E C
```

485

KEEP IN TOUCH

◊ ACKNOWLEDGE
◊ AIRMAIL
◊ CALL UP
◊ COMMUNE
◊ COMMUNICATE
◊ CONTACT
◊ CONVEY
◊ DELIVER
◊ ENQUIRE
◊ EXCHANGE
◊ GREET

◊ HEAR FROM
◊ IMPART
◊ INFORM
◊ LISTEN
◊ ORATE
◊ TALK TO
◊ TEXT
◊ TOUCH
◊ TRANSFER
◊ TRANSMIT
◊ WRITE

```
H E T A C I N U M M O C E
Y U E R P E O W Q O K T G
U I F O P U W G R E E T N
A C K N O W L E D G E F A
Y B K T Q U V L M G C T H
E J J I X I M O A U O R C
V N B C L E R R N C M A X
N T Q E O F T E O V M N E
O O D U R N T E J F U S T
C U G A I S T T J X N M T
E C E A I R M A I L E I R
T H I L L K E R C C M T A
I O T K L A T O H T P O P
R I S G R E F S N A R T M
W B R Y T C K A B E S T I
```

486

MOTORCYCLE MANUFACTURERS

◊ APRILIA
◊ BIMOTA
◊ BRITTEN
◊ BUELL
◊ CAGIVA
◊ CHEETAH
◊ DUCATI
◊ GAMBLER
◊ GAS GAS
◊ HARLEY DAVIDSON
◊ HONDA

◊ KAWASAKI
◊ KODIAK
◊ LAVERDA
◊ LONCIN
◊ MERCH
◊ RIDLEY
◊ TITAN
◊ TRIUMPH
◊ VICTORY
◊ WHIZZER
◊ YAMAHA

```
T B O D H A T E E H C W D
G I O E U Z M M A A K H N
J A T R I U M P H R O I I
V O M A D R E V A L D Z C
K U C B N L B B M E I Z A
Y A Y E L D I R A Y A E G
R G W O H E C I Y D K R I
O N W A T G R T Y A E H V
T V B P S Z K T D V N A A
C G Y R B A X E U I A T D
I A H I U J K N C D H O M
V S Q L E O C I A S O M E
H G U I L H H X T O N I R
P A P A L O N C I N D B C
P S S Z B J O Z L D A G H
```

487

THE COMPOST HEAP

- ◊ BACTERIA
- ◊ BERRIES
- ◊ BONFIRE ASH
- ◊ DEBRIS
- ◊ DECAY
- ◊ EGGSHELLS
- ◊ FEATHERS
- ◊ FLOWERS
- ◊ GRASS CUTTINGS
- ◊ LAYERING
- ◊ LEAVES
- ◊ MANURE
- ◊ NEWSPAPER
- ◊ ORGANIC
- ◊ PLANTS
- ◊ SAWDUST
- ◊ SCRAPS
- ◊ SEAWEED
- ◊ STRAW
- ◊ VEGETATION
- ◊ WOOD CHIPS
- ◊ WORMS

```
G H S A E R I F N O B W D
O R C I N A G R O N O U S
S D A K E E Q V B O Y H I
R C V S W C A N D J F P R
E X E A S I Z C N E L S B
W B G W P C H N A A A L E
O A E D A I U T N I Y L D
L C T U P B H T Z X E E A
F T A S E E S D T N R H E
W E T T R R T E R I I S W
O R I S U R W C V F N G A
R I O F R I A A S A G G E
M A N U R E W Y R I E E S
S P A R C S A L U T X L N
R R L D E E W A E S S E S
```

488

COUGHS AND SNEEZES

- ◊ ALLERGY
- ◊ ASTHMA
- ◊ CATARRH
- ◊ CHILL
- ◊ CORYZA
- ◊ COUGHING
- ◊ DUST
- ◊ EUCALYPTUS
- ◊ EXPECTORATE
- ◊ HACKING
- ◊ IPECACUANHA
- ◊ POLLEN
- ◊ REACTION
- ◊ RED NOSE
- ◊ RHINITIS
- ◊ SMOKE
- ◊ SYRUP
- ◊ TISSUES
- ◊ TROCHE
- ◊ TUSSIS
- ◊ VIRUS
- ◊ WATERY EYES

```
E N D X G L N E L L O P G
C E O J V K L M M G T N T
A O Y I K R N I N V I W E
E H R R T Q E I H K S A T
U U N Y Y C H D C C S T A
S G C A Z G A A N T U E R
M Z E A U A H E H O E R O
O R H O L C I M R S S Y T
K S C R A Y A F M Y S E C
E I O B R L P C W R C Y E
S S R C B A L T E U W E P
D S T Q M U T E U P F S X
E U N B J Y A A R S I R E
I T S L N L P S C G W T G
L S I T I N I H R Q Y L G
```

489

DOUBLE 'N'

- ANTENNA
- CANNOT
- CONNECTION
- DINNER
- FENNEL
- FINNISH
- GRANNY
- HENNA
- INNATE
- LINNET
- MANNERS
- MILLENNIUM
- MINNOW
- PERENNIAL
- SKINNY
- SONNET
- SPANNER
- SUNNY
- TENNIS
- TUNNEL
- TYRANNY
- ZINNIA

```
M R M S J J A X O N M E G
M I L L E N N I U M R B O
N I J I N C T A V L G J Y
O R N E N K O N L E J Z X
I R H N T N S N Y N L R V
T M E S O H E E N N E E Y
C W P N P W U T N E Y N U
E T U N N E L N I F N N R
N S Y L K I R A K U N A A
N I Q R V Z D E S U A P I
O N L A A M A N N E R S N
C N F I N N I S H N G P N
K E E T A N N I I A I S I
G T E N N O S Y X K Y A Z
E Z G U U T O N N A C V L
```

490

POTATO VARIETIES

- AGRIA
- ANYA
- CARA
- CHARLOTTE
- DRUID
- DUKE OF YORK
- EMBLEM
- FIANNA
- GOLDEN WONDER
- MARIS BARD
- NICOLA
- RECORD
- REMARKA
- ROCKET
- RUDOLPH
- SANTE
- SAXON
- SLANEY
- SOFIA
- SUNSET
- VERITY
- WILJA

```
K R O Y F O E K U D S F C
X J G A I F O S H T U S R
G Y P T A G R I A F N K E
R K J E N Q N E M D S A T
E B Y K N Z Y C M A E F T
D M Y C A T Q J N A T X O
N R A O I D R T Z X R U L
O Q U R O S E I M Z Z K R
W Q E I I D D E P S A Q A
N V A Y D S L R A J Y W H
E W L U E B B X O R N U C
D I O O M N O A X C A O T
L L C E G N A N R M E C M
O J I Q K H P L O D U R C
G A N I F E V L S Q W L Y
```

491

◊ ARMCHAIR   ◊ HATSTAND

◊ BUNK BED   ◊ HI-FI UNIT

◊ BUREAU   ◊ LARDER

◊ CARVER   ◊ OTTOMAN

◊ CHEST   ◊ OVEN

◊ CLOCK   ◊ PIANO

◊ CLOSET   ◊ SCREEN

◊ COMMODE   ◊ SETTEE

◊ COUCH   ◊ SOFA

◊ DESK   ◊ STOOL

◊ DRESSER   ◊ WHATNOT

```
F I H H P A R E V R A C Y
V B G I E F R U G I G L S
E U A G G O A M L W V V X
D N H Z S S V O C Y P Y H
O K D I K C O L C H Z C N
M B J E F T R A L E A E L
M E T T S I A E V W V I D
O D C L R K U E E O U N R
C O T T O M A N S N A O R
C W U O S H R E I T E Z E
Z L C P N E T E S T R W S
T R O Y D T H T D M U O S
J X U S E L A C D R B K E
D N C E E H T H M Q A X R
Y W H Y Q T U O W Z F L D
```

492

◊ AUSTEN   ◊ LEWINSKY

◊ BOUDICCA   ◊ MANDELA

◊ CAVELL   ◊ MEIR

◊ CHRISTIE   ◊ MONROE

◊ CLEOPATRA   ◊ PANKHURST

◊ CLINTON   ◊ PERON

◊ CURIE   ◊ RODDICK

◊ EARHART   ◊ SALOME

◊ GANDHI   ◊ SHELLEY

◊ GARBO   ◊ THATCHER

◊ JOAN OF ARC ◊ WOOLF

```
R N T S R U H K N A P D P
E A R H A R T V N M S U E
O J O A N O F A R C S S O
J C A E L R E H C T A H T
W D L R M L V H K N K O R
Y W R I T O E X F P A I M
K N O M N A L V V W E J B
S I D O M T P A A M V O Y
N R D N L A O O S C U A E
I G I R P F N N E D G U L
W A C O M E P D I L P S L
E N K E B E R C E Q C T E
L D E I R U C O H L Q E H
K H H A R A C W N U A N S
E I T S I R H C O B R A G
```

493 — NOVELISTS

- ◊ ADAMS
- ◊ AUDEN
- ◊ BARRIE
- ◊ BOWEN
- ◊ BRADBURY
- ◊ CHARTERIS
- ◊ CONAN DOYLE
- ◊ COREY
- ◊ CORNWELL
- ◊ DICKENS
- ◊ ELTON
- ◊ JOYCE
- ◊ ORWELL
- ◊ PINTER
- ◊ RENDELL
- ◊ RUSHDIE
- ◊ SCOTT
- ◊ STEVENSON
- ◊ TOLKIEN
- ◊ WHEATLEY
- ◊ WOOLF
- ◊ YATES

```
S N Y I F S K H Y Y T G H
O N O L B S E A A U D E N
E Y E S A U M T S W C Q E
L I W K N B B S A Y W I S
Y L M W C E S N O Y D C A
R E E H H I V J O H O D R
U B L W S E D E S T A L E
B Y K Y N I A U T M L L T
D R E E O R R T S S M E N
A W W R X D O E L Y R D I
R O K L O L N C T E Q N P
B O B U K C J A Y R Y E O
N L U I D C B H N X A R T
U F E C L L E W R O J H I
C N E I R R A B J Z C C C
```

494 — RED THINGS

- ◊ APPLES
- ◊ BLOOD
- ◊ BRICK
- ◊ BURGUNDY
- ◊ CHERRY
- ◊ CLARET
- ◊ FUSCHIA
- ◊ GRAPE
- ◊ INK
- ◊ LIPSTICK
- ◊ MARS
- ◊ PILLAR-BOX
- ◊ PLUMS
- ◊ RASPBERRY
- ◊ ROSES
- ◊ ROUGE
- ◊ RUBY
- ◊ STRAWBERRY
- ◊ SUNSET
- ◊ TOMATO
- ◊ TRAFFIC LIGHT
- ◊ WINE

```
M T E R A L C S C X Q W H
E A W K Y B U R Q M A I Y
X Y R U N Y R C V P K N R
L I P S T I C K P C W E R
T R A F F I C L I G H T E
X E P A R G E R X U Y Q B
R G T M A S B O O D P F P
Y U Z O C I B Y N C J U S
R O S D T R H U B O S S A
R R M L A A G C R E H U R
E U U L J R M U S E Q N P
H R L X U X T O J U C S S
C I P B F N R Q T I F E Q
P F X Y R R E B W A R T S
I N D O O L B S O S E R E
```

495

- ◊ CLOSE
- ◊ ROOTED
- ◊ DENSE
- ◊ SOLID
- ◊ DOGGED
- ◊ STABLE
- ◊ EMBEDDED
- ◊ STEADY
- ◊ FAST
- ◊ STIFF
- ◊ FIXED
- ◊ STRONG
- ◊ GLUED
- ◊ STUCK
- ◊ IMMOBILE
- ◊ STURDY
- ◊ JAMMED
- ◊ TENACIOUS
- ◊ MOTIONLESS
- ◊ TIGHT
- ◊ RIGID
- ◊ WELDED

```
D D E D D E B M E N J H B
E N O R L F L K S G G C R
T G C G S H I K O D M S Z
O X L T G Q V E L E S N K
O V U U E E O Q C E U W E
R C X Q E O D T L G O L G
K R S Y J D E N D C I J N
L D L E G A O J N B C U O
Y E Y K H I M F O N A T R
G D W S T T S M A P N I T
D L R O T O M D E S E G S
T E M U L I I W M D T H U
A W N I T G F Y D A E T S
R C D S I S F F I X E D G
X D U R E L B A T S Q P O
```

496

IRONING SESSION

- ◊ CHORE
- ◊ PLEATS
- ◊ CLOTHES
- ◊ PRESSURE
- ◊ CONTROL
- ◊ REVERSE
- ◊ COTTON
- ◊ SCORCH
- ◊ CREASES
- ◊ SEAMS
- ◊ CUFFS
- ◊ SLEEVES
- ◊ FLATTEN
- ◊ SOLEPLATE
- ◊ FLEX
- ◊ STAND
- ◊ LINEN
- ◊ STEAM
- ◊ NYLON
- ◊ SYNTHETICS
- ◊ PILOT LIGHT
- ◊ TROUSERS

```
F C T A G H P W N S N T Z
O P H J V L V S E E H A S
N O T T O C Y V T G N E P
L S M A E S E T I E Y I S
O Z E Y S E A L D E A Y L
R S E N L L T W Z S N M P
T E Z S F O I M R T S E L
N H F H L H S E H O R R E
O T K I C V S E L U E O A
C O P R A U T E S V S H T
N L O F O I P S E A X C S
K C L R C L E R F A E T N
S E T S A R S M T F A R G
X D P T P E Q C Y N U K C
E Q E N O L Y N D H M C L
```

497

- AEGIR
- FORSETI
- FREYA
- FRIGG
- GEFJON
- HEL
- HERMOD
- LOKI
- MANI
- NANNA
- NJORD
- NOTT
- ODIN
- RAN
- RINDR
- SIGYN
- SKADI
- SOL
- THOR
- TIW
- TYR
- VILLI

```
V R T F V L R O A M Z M P
N O I Z X I O Q U R I Z O
O N W C G B D S D T W G T
J J A E R K U N E E M T A
F O A R T C I S N W O A H
E R V M Y R R E R N R W A
G D I T R O H E R M O D H
I Y L G F P E X J D R F H
D N L B G K M N I I K E I
A S I G Y N X N L D L M V
K U A O I F R E Y A D T R
S Q A R B K G O T R P S M
A A T G V P O H A N N A N
B Y J Q V B O L U F N L K
C A R F M R V X Q I R T Z
```

498

- BAKING
- BLOTTING
- BROWN
- CARBON
- CREPE
- FILTER
- GRAPH
- GREASEPROOF
- GREEN
- LEGAL
- LINEN
- LITMUS
- MANILA
- NEWS
- TISSUE
- TOILET
- TRACING
- VELLUM
- WALL
- WAXED
- WHITE
- WRAPPING

```
G N I K A B U R J L O F P
E G R A P H E M B I Q W N
B N R R T T S A R Q S S X
G L S E L O W N O C U S K
N R O I A Q I I W U M C H
W E F T N S T L N Q T K O
H P N Z T R E A E F I K T
I E U I A I L P E T L N V
T R U C L E N F R A V E S
E C I L G N Z G G O Z W M
N N A A W K T V G H O S U
G W L M N O B R A C D F L
W A X E D X W N J B I P L
T I S S U E Z U J B C U E
H D J G N I P P A R W B V
```

499

- BENEDICT
- BOOTH
- BUDDHA
- CRANMER
- ERASMUS
- EUSEBIUS
- GRAHAM
- IGNATIUS
- JESUS
- KHOMEINI
- LOYOLA
- LUCIUS
- LUTHER
- MAKARIOS
- MOHAMMED
- RUSSELL
- SCHWEITZER
- SWEDENBORG
- WESLEY
- WOLSEY
- ZARATHUSTRA
- ZWINGLI

```
P V R E M N A R C R E H G
N L O L U B T I E I T R U
S U I C U L N Z G O A S S
K P J D U I T N O H Z W D
U U D T E I A B A A E S E
Y H H M E T T M R D U O M
A E O W I C W A E I V S M
R H H U J O T N B T S U A
K C S E L H B E W P R M H
S G S S U O S E M A J S O
D U E S R U S S E L L A M
S Y T G E L O Y O L A R Q
S R H B E N E D I C T E T
A H K Y S O I R A K A M C
S U I L G N I W Z O J W Y
```

500

- ADDRESS BOOK
- ALARM
- ANTENNA
- CAR KIT
- CELLULAR
- COVERAGE
- DIGITAL
- DIRECTORY
- FEATURES
- GAMES
- GPRS
- MEMORY
- MESSAGING
- OFF-PEAK
- PEAK TIME
- SIGNAL
- SKINS
- SMART
- SPEAKER
- TOP-UP
- VIBRATOR
- WIRELESS

```
D L Y E S Y S N I K S S Q
T A R K G M R A L A S J Q
I N O F E A T U R E S P X
K G T B S S R Z L P Q E I
R I C I M X P E G F N A N
A S E A V E R G V F A K M
C S R I M I A X M O O T E
F T I K W M Y E S X C I M
A D D R E S S B O O K M O
I O I S A S S P E A K E R
L I E G A S I L K P S L Y
S R L G I R O T A R B I V
S M I Q T T P U P O T Y E
A N N E T N A G B R Z Z H
G V V R A L U L L E C W I
```

501 DECORATING

- BLOWLAMP
- BUCKET
- COVING
- DESIGN
- FITTINGS
- GLOSS
- HANGING
- INTERIOR
- LADDER
- LINING PAPER
- MATT
- MIXING
- PAINT
- PASTE
- PLANS
- RAGS
- ROLLER
- SIZING
- TOPCOAT
- VARNISH
- VINYL
- WHITE SPIRIT

```
S G N I T T I F I X R G V
P M A L W O L B N N E N D
S T D L S Z X Z T G L I V
G S A E A Q K G E N L X A
R N O O S D D D R I O I R
W E I L C I D E I G R M N
Q M P Z G P G E O N K W I
S Y M A I T O N R A A O S
T I R I P S E T I H W Q H
T X I N T G U K U V T J E
P H C N P O N O C H O V T
M L I H M Y V I Y U I C S
J A A A D A C I N N B G A
P Y T N Z M B Z Y I A M P
Q B T T S F S L B R L J V
```

502 CARNIVAL FUN

- BANDS
- CHARITY
- CHILDREN
- DANCERS
- DRUMS
- FESTIVAL
- FLAGS
- FUNFAIR
- GUILDS
- HOLIDAY
- HORSES
- JUDGES
- JUGGLERS
- LORRIES
- MAJORETTES
- MOTORCYCLES
- MUSIC
- PENNANTS
- POLICE
- SPECTATORS
- STREAMERS
- YOUTH CLUBS

```
S R E M A E R T S G F G M
E A C C S E I R R O L Y D
T Y A D I L O H D E A T C
T Z F L F L G A P Z G I N
E M C G A U O U P C S R B
R S O H U V N P I U V A S
O C B T I J I F M L N H R
J D H U O L U T A D D C E
A L R O L R D G S I C S C
M D B U R C C R G E R S N
C R E K M S H Y E L F M A
J U D G E S E T C N E O D
T I J Y W T P S U L X R P
S T N A N N E P G O E T S
S R O T A T C E P S Y S U
```

503

HAUNTED HOUSE

- ◊ BANSHEE
- ◊ BLACK KNIGHT
- ◊ CLAIRVOYANT
- ◊ CLANKING
- ◊ COBWEBS
- ◊ CREAKING
- ◊ CURSE
- ◊ FRIGHT
- ◊ GHOST
- ◊ LABORATORY
- ◊ MYSTERY
- ◊ NOISES
- ◊ OUIJA BOARD
- ◊ PHOTOGRAPH
- ◊ SCARED
- ◊ SCREAMS
- ◊ SPECTRE
- ◊ SPELL
- ◊ TERROR
- ◊ THUNDERSTORM
- ◊ VAMPIRE
- ◊ WAILING

```
P P S M A E R C S J S T B
Y H C R E A K I N G E N A
R A O O E Q T E C R G A N
O E B T L S B P R F S Y S
T R W S O R R O Q P B O H
A T E R U G R U E G L V E
R C B E I C R L C H A R E
O E S D J N L A F M C I Q
B P C N A O P A P V K A I
A S A U B I F I N H K L E
L G R H O S R R V K N C F
O H E T A E G N I L I A W
L O D T R S T H A G G N I
R S W A D D D M E L H S G
C T Y R E T S Y M R T T J
```

504

BRIDGES

- ◊ AKASHI-KAIKYO
- ◊ BLACKFRIARS
- ◊ BROOKLYN
- ◊ CLIFTON
- ◊ FORTH
- ◊ FREMONT
- ◊ GREAT BELT
- ◊ HOGA KUSTEN
- ◊ HUMBER
- ◊ KOTHUR
- ◊ LONDON
- ◊ MINATO
- ◊ PONTE VECCHIO
- ◊ RIALTO
- ◊ RIO GRANDE
- ◊ SEVERN
- ◊ TAY
- ◊ TOWER
- ◊ TSING MA
- ◊ TYNE
- ◊ VERESK
- ◊ YANGPU

```
O A Q K S E R E V N U T R
Y B K C J U K X Y U N U H
K L U U T R P L P O H O R
I A N O N D K G M T I E I
A C H H T O N E O H W N O
K K U T O A R K C O Z R G
I F M R Y F Y C T N M E R
H R B O U O E T O T D V A
S I E F X V T D W T S E N
A A R G E S N L P U Y S D
K R R T I O J T A A C N E
A S N N L N O T F I L C E
H O G A K U S T E N R M Q
P M Q G T L E B T A E R G
A G O T A N I M W R E S K
```

505   FELINE FRIENDS

- ◊ BASKET
- ◊ BIRDS
- ◊ CATNIP
- ◊ COLLAR
- ◊ CURIOSITY
- ◊ CUTE
- ◊ FELIX
- ◊ FLEAS
- ◊ GOOD EYESIGHT
- ◊ HAIRS
- ◊ KITTY
- ◊ MANX
- ◊ MARMALADE
- ◊ MIAOWING
- ◊ MOUSE
- ◊ PAWS
- ◊ QUEEN
- ◊ SINGING
- ◊ TAIL
- ◊ TOMCAT
- ◊ WARMTH
- ◊ WHISKERS

```
G Y D T E K S A B R Y C G
K O A X M K Z G K T X O M
N T O M C A X N L Y I L G
E E I D C A L I H T L L N
D K E E E I T G T A E A I
A S I U A Y A N M F F R W
L A S T Q J E I I S I A O
A R C A T Q F S D P R T A
M O U S E Y M R I M C B I
R H E M T L I G T G Z A M
A U A P U B F H S G H M H
M N A N C U T A C M O T C
X W H I S K E R S H X G F
S G E X H R C S R I A H C
T K Y T I S O I R U C C S
```

506   HELLO, HELLO, HELLO

- ◊ ALOHA
- ◊ BONJOUR
- ◊ BUENAS TARDES
- ◊ BUON GIORNO
- ◊ CIAO
- ◊ GOOD AFTERNOON
- ◊ GOOD DAY
- ◊ GOOD EVENING
- ◊ GOOD TO SEE YOU
- ◊ GREETINGS
- ◊ GRUSS GOTT
- ◊ GUTEN TAG
- ◊ HELLO
- ◊ HIYA
- ◊ HOLA
- ◊ HOLLOA
- ◊ HOWDY
- ◊ SALAAM
- ◊ SALVE
- ◊ SHALOM
- ◊ S'MAE
- ◊ WELCOME

```
E S G N I T E E R G H B H
G F E L O A I C I C I U O
N U G D V Z O L L E H O L
O A O D R U O J N O B N A
O E O Y G A T N E T U G Z
N M D L E R T S D A Y I H
R O E E L E U S Q V Y O I
E C V V J O S S A K R R H
T L E L L G H O S N C N G
F E N A H O W S T G E O X
A W I S Y O N H A D O U Y
D S N S N D E A J L O T B
O M G W B D W L F B A O T
O A G P Y A L O H A B A G
G E F B L Y K M H B R G M
```

507

- APRON
- BIKINI
- BOOTS
- BRASSIERE
- DRESSING-GOWN
- FEDORA
- GLOVES
- JACKET
- KILT
- LEG WARMERS
- NECKSCARF
- OVERCOAT
- PANTS
- SARI
- SHOES
- SHORTS
- SKIRT
- SOCKS
- STOCKINGS
- TRAINERS
- VEST
- YASHMAK

```
N D L F S U I B Y T S G I
N E H O V T F E D O R A N
J A C K E T R T V S D C W
S K V K E D V E S T E R O
S K O I S C R M M E R D G
S I I O L C G L O V E S G
R L U R O S A K D A C H N
E T F A T B A R N P H O I
N P T O C M I S F R C R S
I S O T H M H K T O C T S
A B A S T O C K I N G S E
R T A R E R A U M N A R R
T Y N S I E G A V E I P D
B R A S S I E R E R F D S
E G B S R E M R A W G E L
```

508

- AMSTERDAM
- BRILLIANCE
- CARATS
- CENTENARY
- CLARITY
- CROWN
- CULET
- CUTTER
- FACET
- FLAWLESS
- GIRDLE
- JEWELS
- MINING
- NECKLACE
- PENDANT
- RINGS
- ROSE CUT
- ROUGH
- SCINTILLATION
- TIARA
- VALUABLE
- WEIGHT

```
D S H E C N A I L L I R B
P O S F G X E D W M I D N
E F R E T T U C I N D O G
N S A M L E W Y G N I J Y
D L T C Q W L S W T F G R
A E B T E H A D A Y L L A
N W O R C T B L R R M M N
T E L E W E L Y F I S H E
A J N J Y I Y T N T G G T
R W T Y T H G I E W P U N
A C J N E B N R E L Q O E
I N I A A G D A V D U R C
T C E L B A U L A V E C F
S X J V M N E C K L A C E
T U C E S O R S T A R A C
```

509

ISLANDS OF THE CYCLADES

◊ AMORGOS
◊ KYTHNOS
◊ ANAFI
◊ MILOS
◊ ANDROS
◊ NAXOS
◊ ANTIPAROS
◊ PAROS
◊ DELOS
◊ SANTORINI
◊ DONOUSSA
◊ SCHOINOUSSA
◊ FOLEGANDROS
◊ SERIFOS
◊ IOS
◊ SIFNOS
◊ KEA
◊ SIKINOS
◊ KEROS
◊ SYROS
◊ KIMOLOS
◊ TINOS

```
S O N F I S R W M Y A S J
M E R Z P A Z I S S O U M
V R Q A N F M O S L I K F
X K R D I S R U O N Y O M
Z O R I A A O M I T L S X
S O O N P N I R H E A D G
S S A I O K O N G S E A S
V F T D N T O A I L K Z S
I N O A N S N K O E K O O
A V X A O D I S R G L T F
M O S R R N S O N I T T I
S Q Y O O F S E M C E N R
I S S S Q O Y T C H U T E
U V A S S U O N I O H C S
K U G S O G R O M A W L K
```

510

WORKOUT AT THE GYM

◊ BARBELL
◊ PILATES
◊ BENCH
◊ PULLEYS
◊ DANCE
◊ SAUNA
◊ EXERCISE
◊ SHOWER
◊ GYMNASIUM
◊ STEPS
◊ HORSE
◊ TRAINING
◊ INSTRUCTOR
◊ TRAMPOLINE
◊ JOGGING
◊ TREADMILL
◊ LEOTARD
◊ WARMING UP
◊ MASSAGE
◊ WEIGHTS
◊ MUDPACK
◊ YOGA

```
P Y I L G S V Y A Z B S F
Y E N E T J E M M M S Y K
H N S O X E O T S Q R E C
C I T T G E E G A A S L A
N L R A R Y R G G L S L P
E O U R Q E M C A I I U D
B P C D P F A N I S N P U
A M T Y M U S D A S S G M
G A O X H T G S M S E A C
O R R O H S I N I I I T M
Y T R G S A G Y I G L U U
R S I T B U N Q M M D L M
E E E Q G N I N I A R T B
W P Z A B A R B E L L A G
S E C N A D R E W O H S W
```

511 BRIGHT

- BEAMING
- BLAZING
- FIERY
- FLAMING
- GLARING
- GLEAMING
- GLISTENING
- GLORIOUS
- GLOWING
- INTENSE
- IRIDESCENT
- LUSTROUS
- PELLUCID
- RADIANT
- SHIMMERING
- SHINING
- SILVERY
- SPARKLING
- SPLENDID
- SUNNY
- TWINKLING
- VIVID

```
M I G N I N E T S I L G G
T E S N E T N I Q G N W N
N G R J C G L O W I N G I
E F A F R B E A M I N G N
C L D I X A T A G D N D I
S A I E G M E N A I L I H
E M A R E L I G R D G C S
D I N Y G L L E Y N N U S
I N T I K O M O J E I L U
R G D N R M C Z E L L L O
I P I I I O O I L P K E R
K W O H V J X S N S R P T
T U S G N I Z A L B A N S
S D P Y R E V L I S P U U
K G N I R A L G N J S Q L
```

512 MUSIC LESSON

- ARRANGEMENT
- BASS CLEF
- BREVE
- BRIDGE
- DOMINANT
- MINIM
- PITCH
- PLECTRUM
- POSTURE
- QUAVER
- RUBATO
- SCALES
- SHARP
- SOFT PEDAL
- STACCATO
- STAVES
- SUITE
- SYNCOPATION
- TEMPO
- TENSION
- TWO-STEP
- WALTZ

```
Q K C S E O N O I S N E T
S B Y T E V E R B J C V Q
O E I M D O U S E V A T S
G U L G I B P R A H S G O
S T M A A N I M M L H S N
S S N T C Q I G E U C T O
E T O E Y S U M W T T W I
G A D O M I N A N T I O T
D C K M W E L Z V D P S A
I C K Y D T G G K E G T P
R A T R Z P U N B Z R E O
B T F E L C S S A B Z P C
P O E R U T S O P R N R N
C M U R T C E L P G R V Y
I L A D E P T F O S O A S
```

MOVIE-MAKING

- ACTOR
- ACTRESS
- BEST BOY
- BUYER
- CUTTER
- DESIGNER
- DIRECTOR
- DUBBING
- EXTRA
- HAIRDRESSER
- KEY GRIP
- LIGHTS
- LOADER
- MAKE-UP
- MOULD MAKER
- PRODUCER
- PROMPT
- READER
- RECORDIST
- STAND-IN
- STUDIOS
- TRAILER

```
A R E N G I S E D P Y P U
S R P U H C X X I V O U G
S N E Y P T R D B U B E N
E D L K R R P E G L T K R
R I I A A E O M Y G S A E
T E M R V M D D O U E M C
C X S F E R D A U R B F O
A R Q S K C E L O C P S R
S E B T E T T T U L E M D
T S S U Y R C O T O O R I
A I T D G A D U R U M E S
N G H I R I N R V M C S T
D N G O I L G N I B B U D
I E I S P E Z R E A D E R
N R L Y R R G O X O H O D
```

OLYMPIC SPORTS

- BASEBALL
- CANOEING
- CYCLING
- DECATHLON
- DISCUS
- DIVING
- EVENTING
- FENCING
- FOOTBALL
- HAMMER
- HOCKEY
- JAVELIN
- LONG JUMP
- MARATHON
- PENTATHLON
- RACE-WALKING
- ROWING
- SHOT PUT
- SAILING
- SOFTBALL
- TRAMPOLINE
- VOLLEYBALL

```
Q G D E V E N T I N G V G
G L N D N N H U U O S L N
N L L I W I O E R H U L I
I A O F E L L Z E T C A W
K B N R F O A E U A S B O
L Y G Y E P N Q V R I T R
A E J B N M B A O A D F T
W L U A C A M J C M J O U
E L M S I R K A K Z W S P
C O P E N T A T H L O N T
A V J B G G N I L I A S O
R L L A B T O O F R F Y H
O W X L H E G N I V I D S
C Y C L I N G Y E K C O H
N N O L H T A C E D E C L
```

515 GROUP NOUNS

- ARRAY
- BEVY
- CHARM
- CLASS
- CLUB
- CROP
- FLOCK
- HERD
- KNOT
- MIXTURE
- MOB
- MURDER
- OSTENTATION
- PARLIAMENT
- POD
- POOL
- SCHOOL
- SHOAL
- SKULK
- SLEUTH
- STOCK
- WHOOP

```
L J U O C L L T V I M L R
O U U F O C B P O E P O Q
O P A R L I A M E N T O B
H R O U P O P O R C K P P
C I B Z U E C X J D V O R
S Y M N R D B K L Y D E S
X F H S X E V V K M D S O
D Z T P V S N C I R A X H
T R U Y K U O X U L Q O J
W Y E U O T T M C G R L R
P M L H S U E D H H W L M
O K S G R I H W A Y A Q E
O S T E N T A T I O N R J
H Y A R R A C F H K E N M
W K O X S B Z S U K N J Z
```

516 HELD IN PLACE

- ADHESIVE
- BUCKLE
- CABLE TIE
- CHAIN
- CLASP
- CLEAT
- DRAWING PIN
- HAIRSLIDE
- KIRBY GRIP
- KNOT
- LINK
- NAIL
- PADLOCK
- PAPERCLIP
- ROPE
- SCREW
- STRAP
- STRING
- SUPERGLUE
- TACK
- VICE
- ZIPPER

```
D A D E V I S E H D A P C
P R A C C Y X I C K Q L F
I C A B L E T I E I E R K
L C S W U U Q S F A V E N
C Q H U I C F D T R X P I
R G K A P N K U Q R Z P L
E Y N V I E G L O Q X I E
P Y K I B N R P E P A Z N
A C I C R S E G I N M G K
P L T Z O T T B L N Q E I
J A A P D L S R O U Q R T
N S C R E W D N A M E O B
G P K V P A E A P P N F Y
K I R B Y G R I P K T O T
W E D I L S R I A H H C X
```

SOLUTIONS

SOLUTIONS

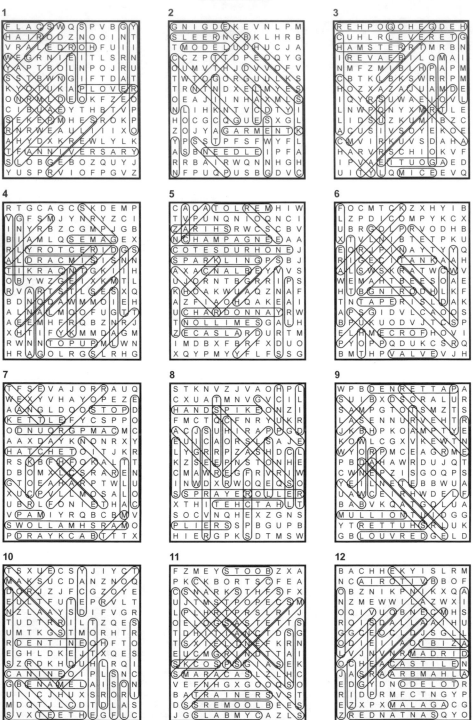

SOLUTIONS

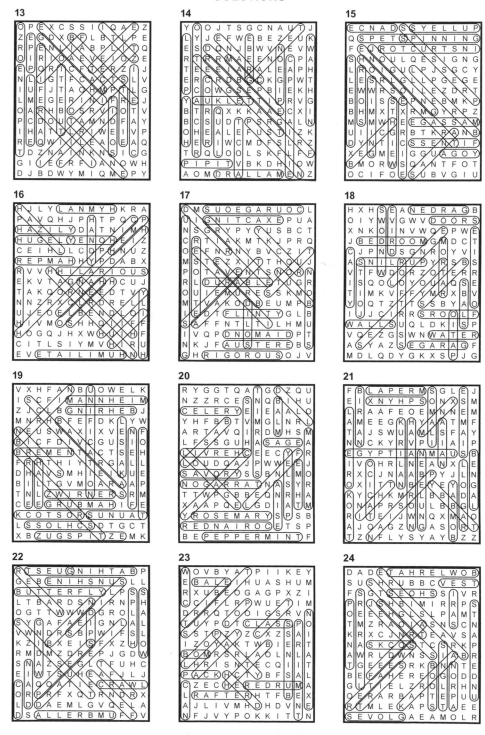

263

SOLUTIONS

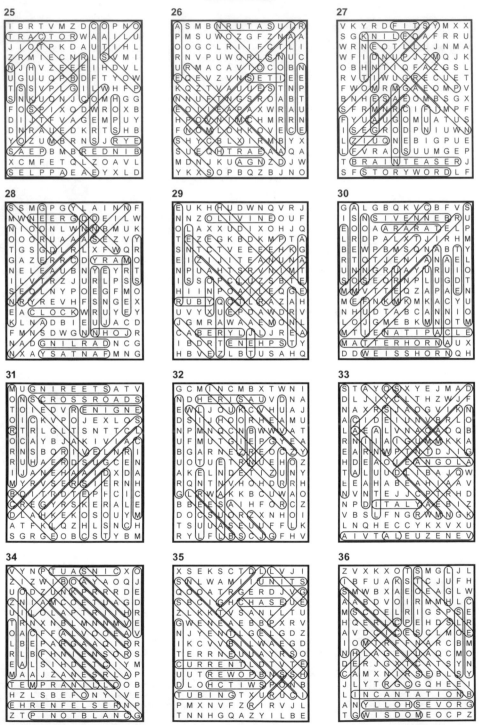

SOLUTIONS

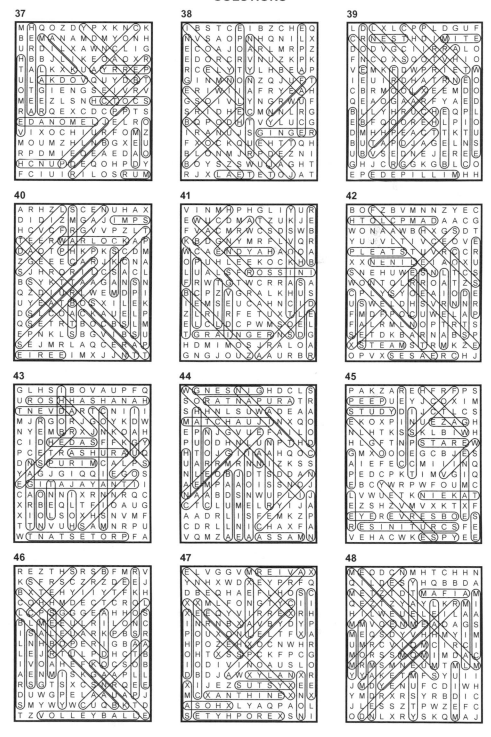

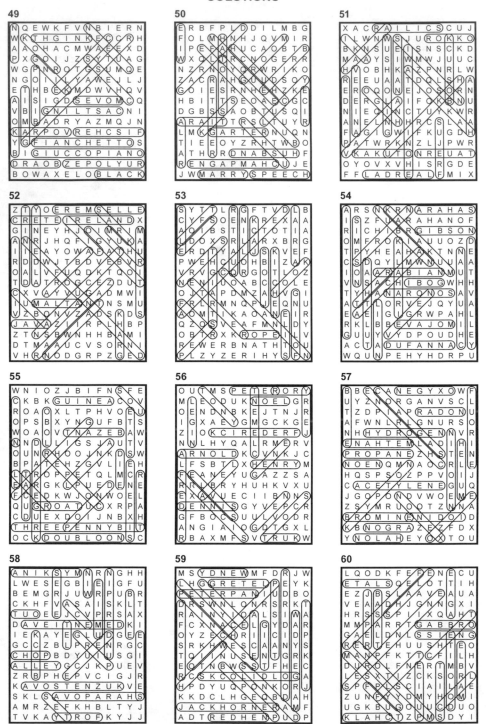

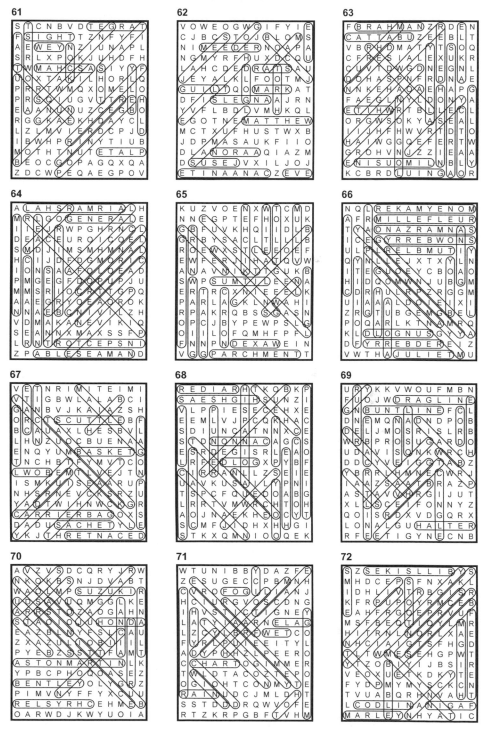

SOLUTIONS

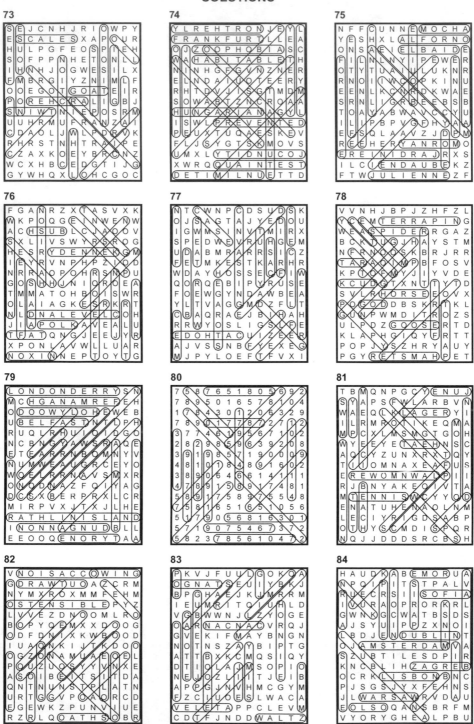

SOLUTIONS

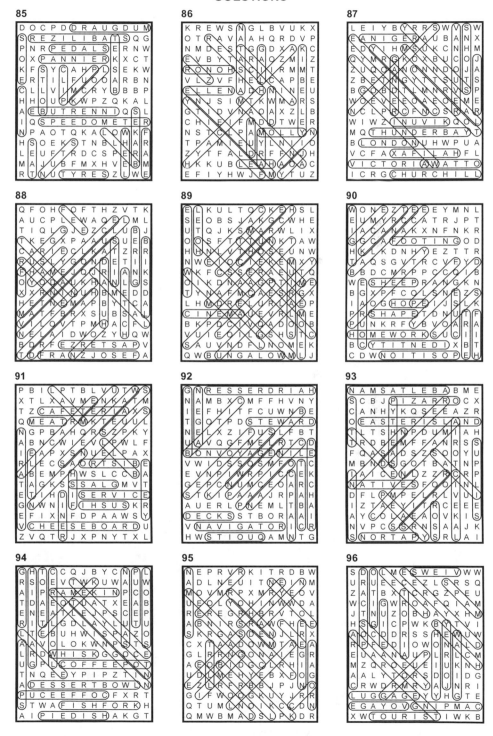

SOLUTIONS

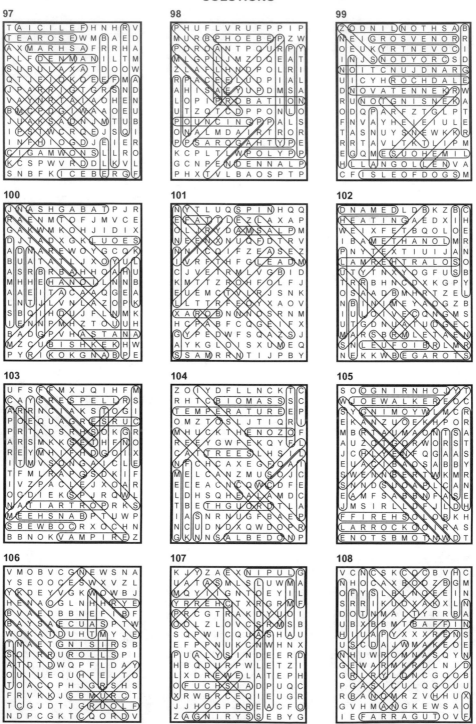

SOLUTIONS

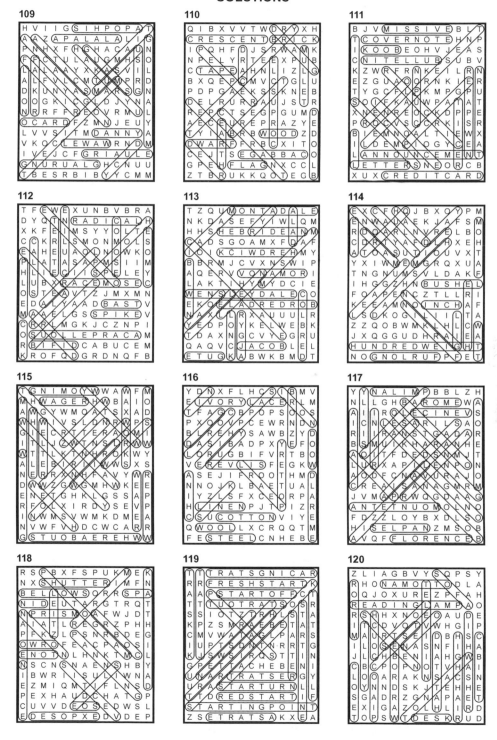

SOLUTIONS

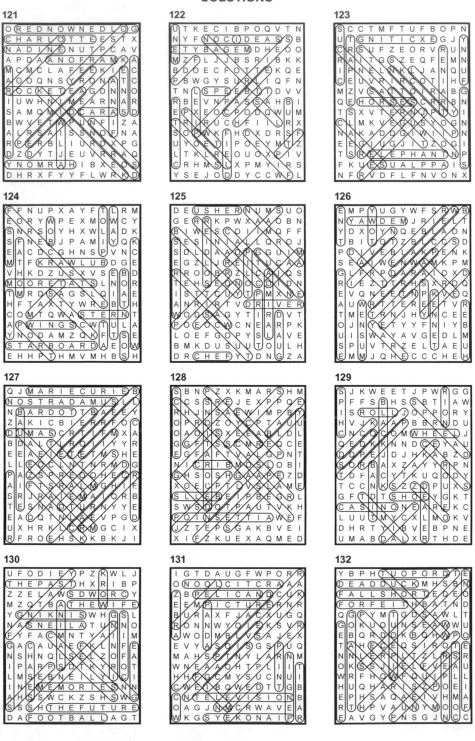

SOLUTIONS

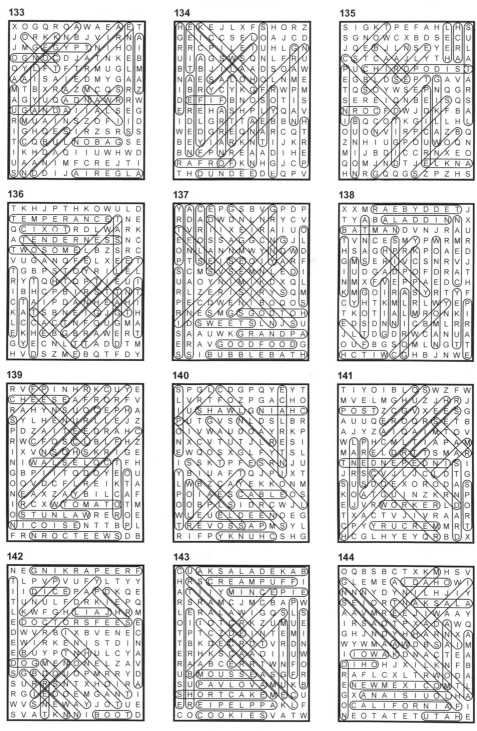

SOLUTIONS

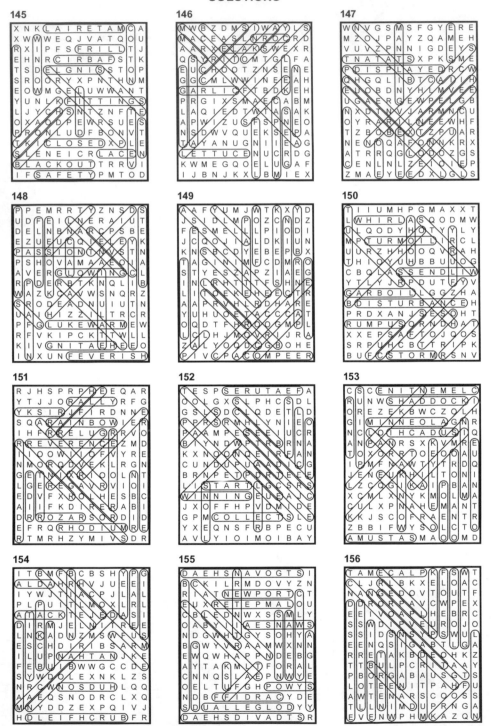

274

SOLUTIONS

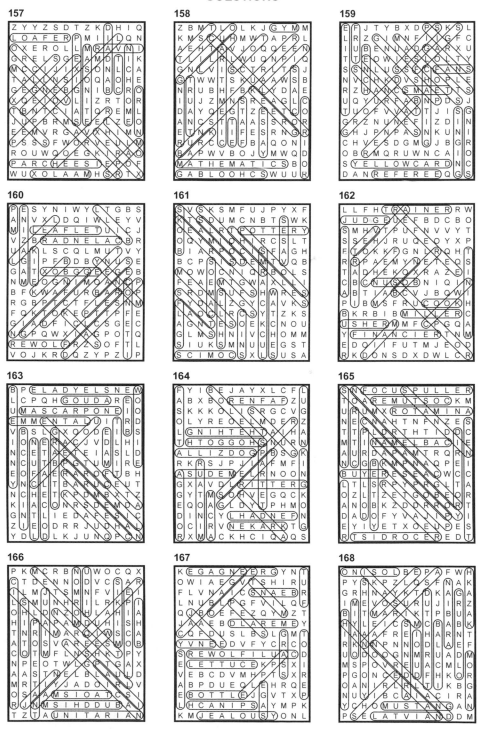

SOLUTIONS

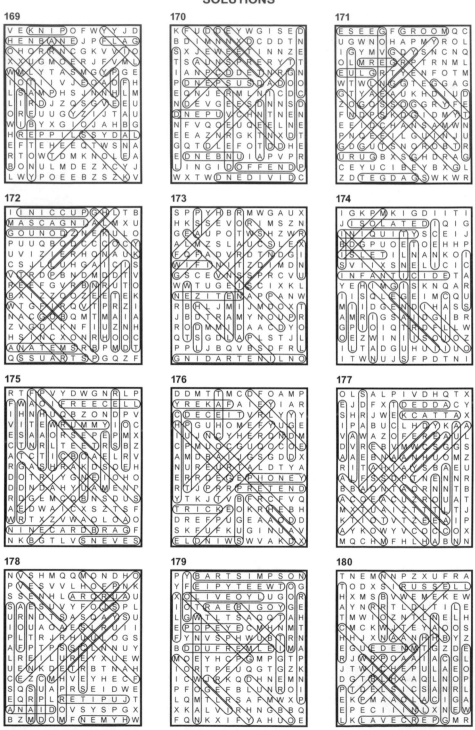

SOLUTIONS

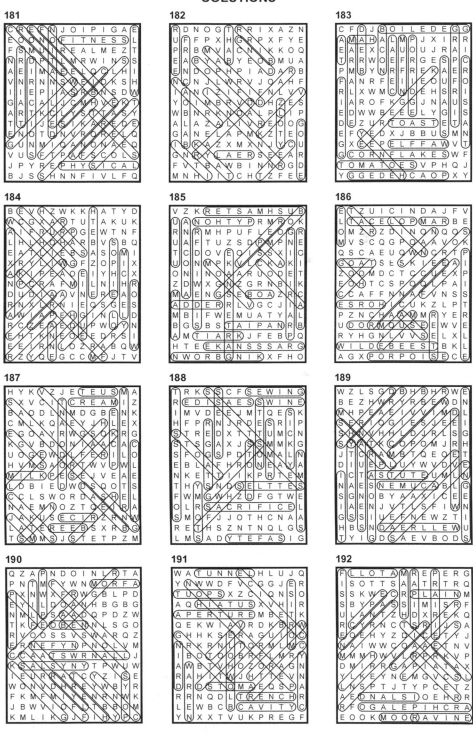

SOLUTIONS

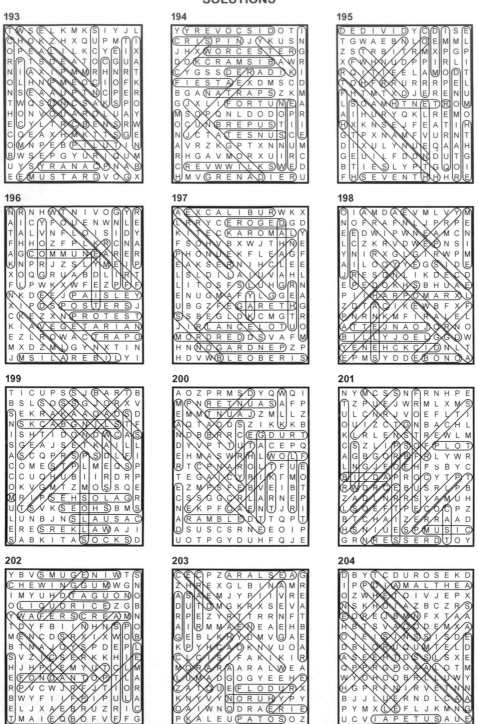

SOLUTIONS

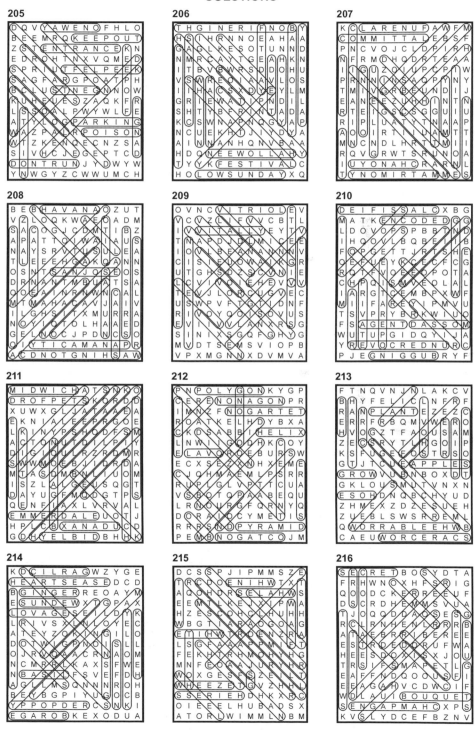

SOLUTIONS

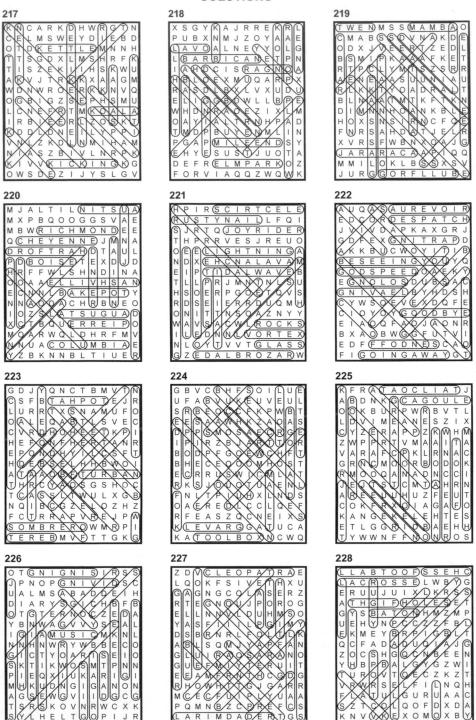

280

SOLUTIONS

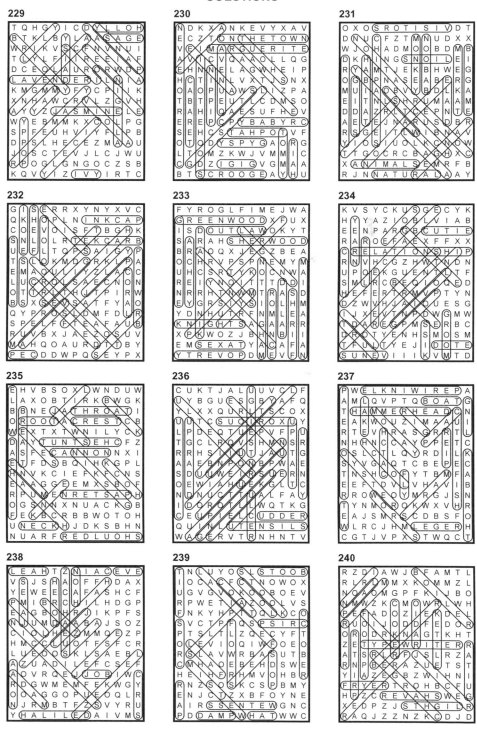

SOLUTIONS

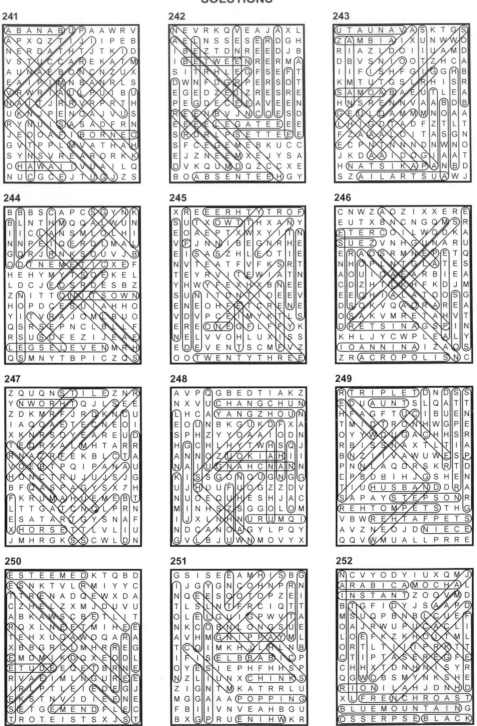

SOLUTIONS

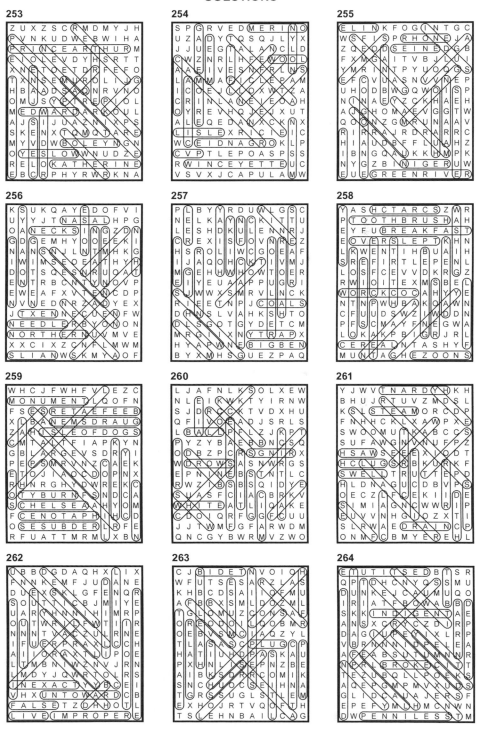

253

254

255

256

257

258

259

260

261

262

263

264

SOLUTIONS

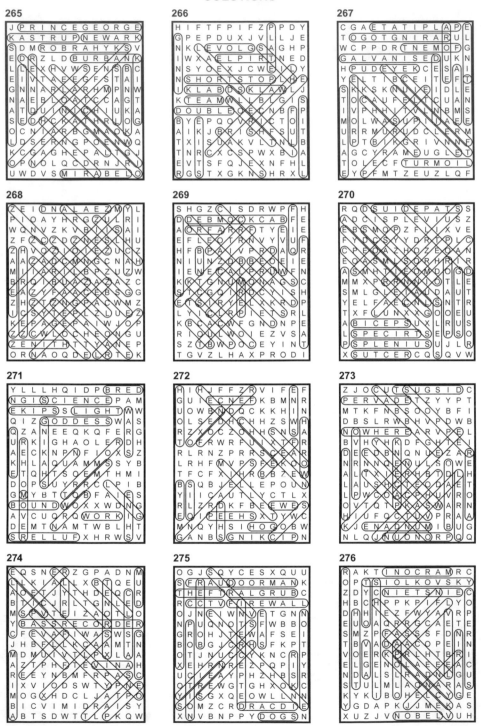

277

278

279

280

281

282

283

284

285

286

287

288

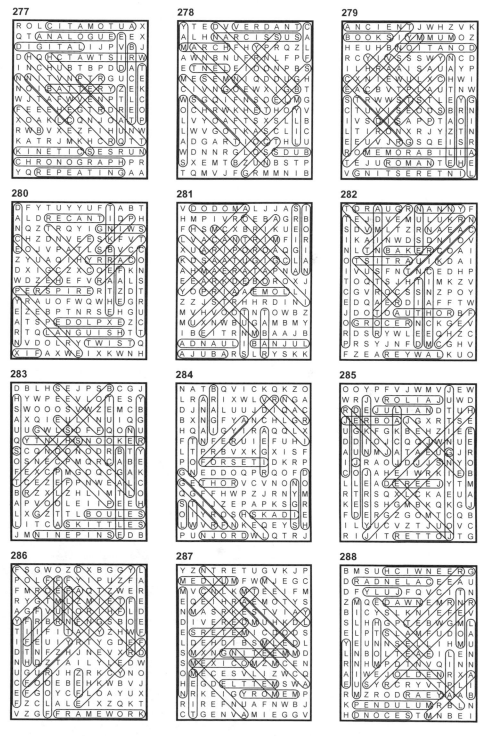

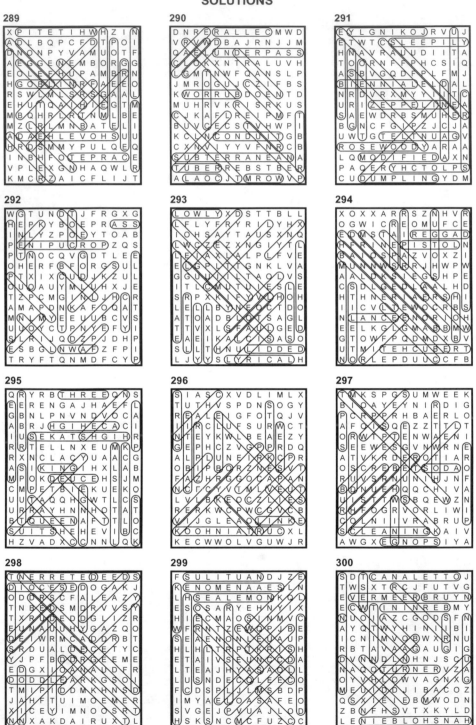

SOLUTIONS

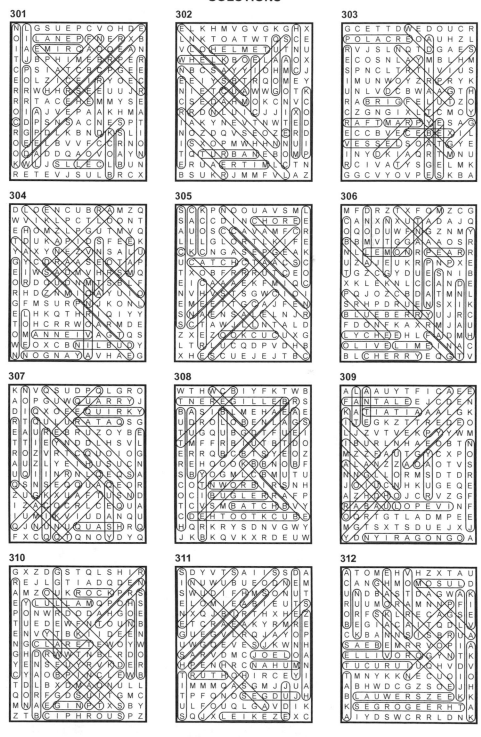

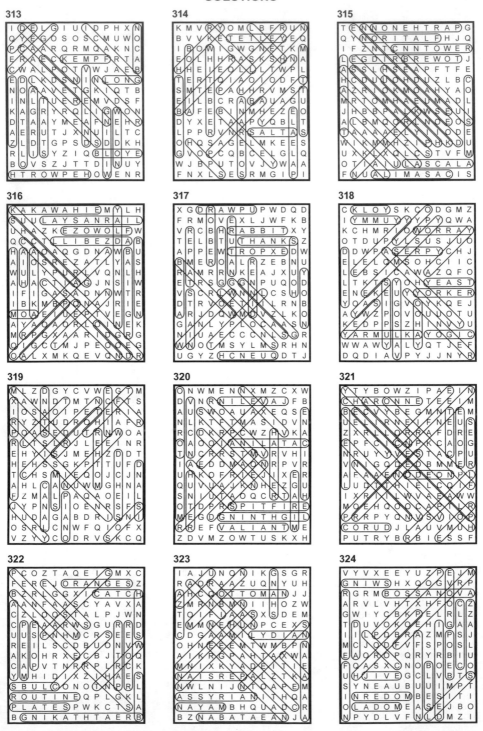

SOLUTIONS

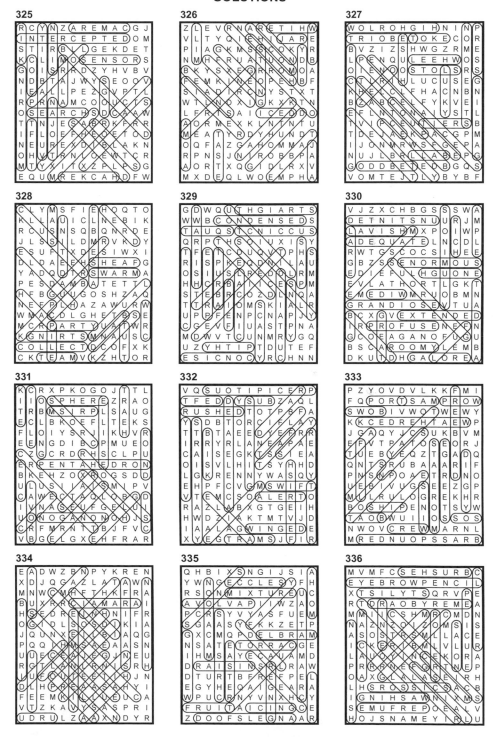

SOLUTIONS

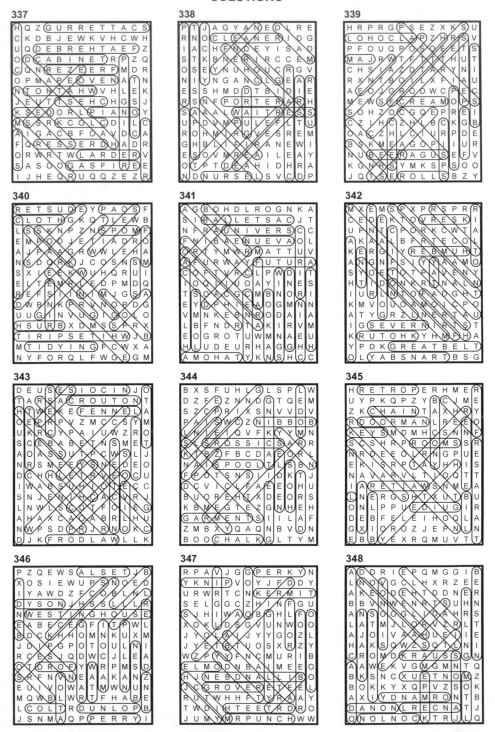

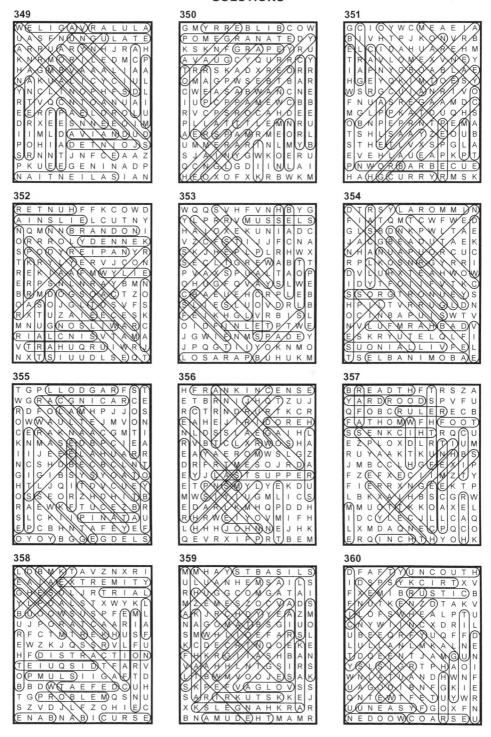

SOLUTIONS

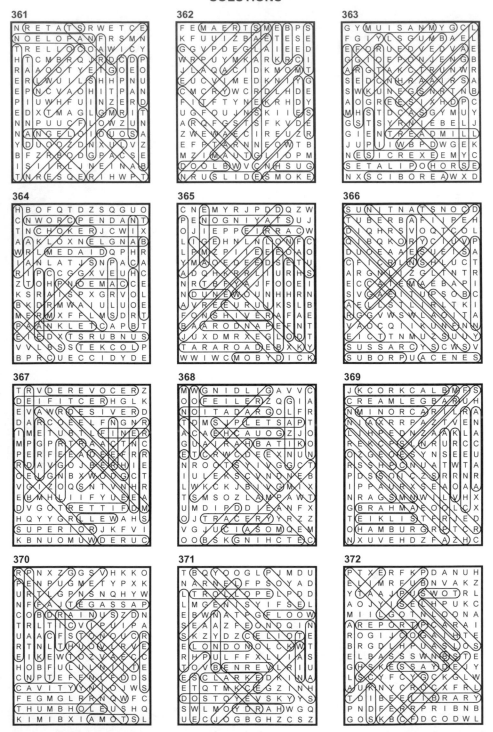

SOLUTIONS

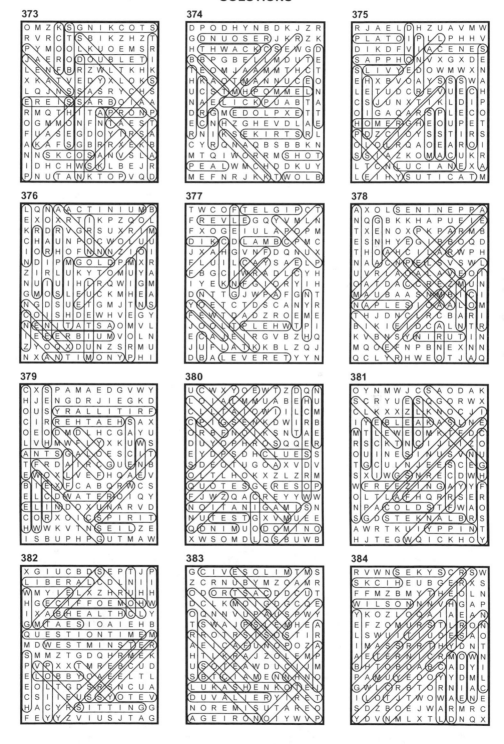

SOLUTIONS

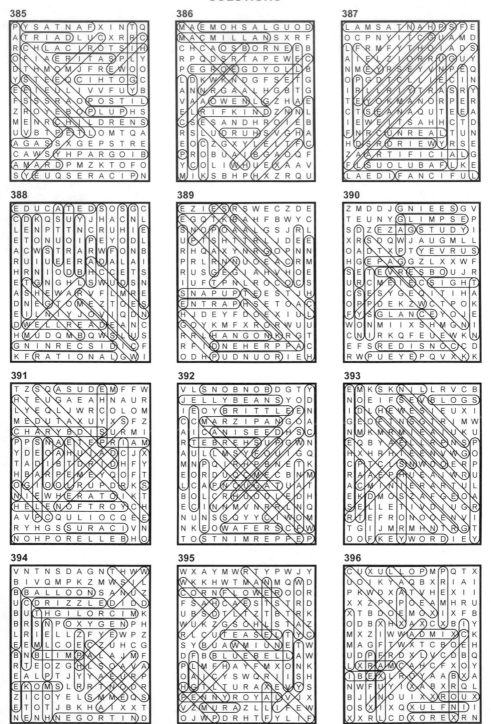

SOLUTIONS

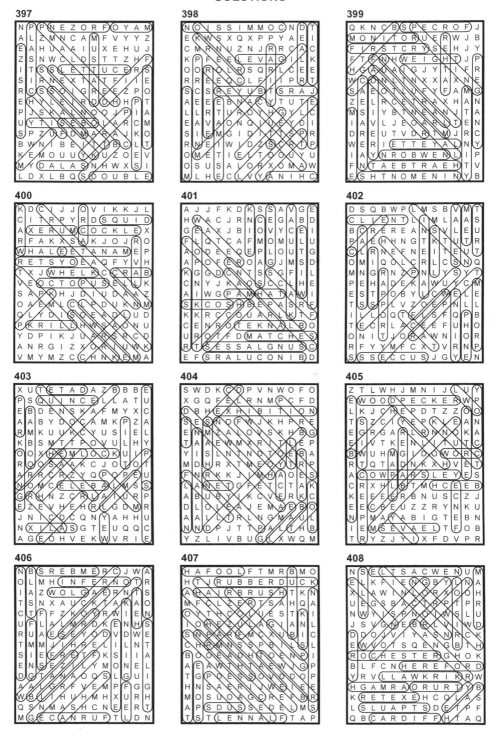

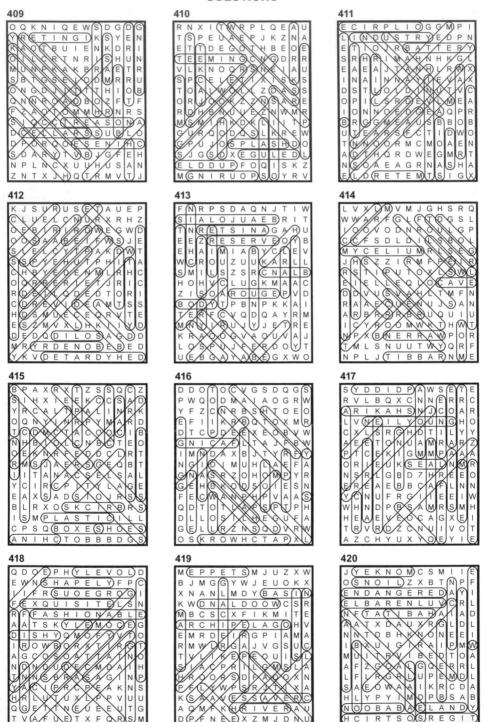

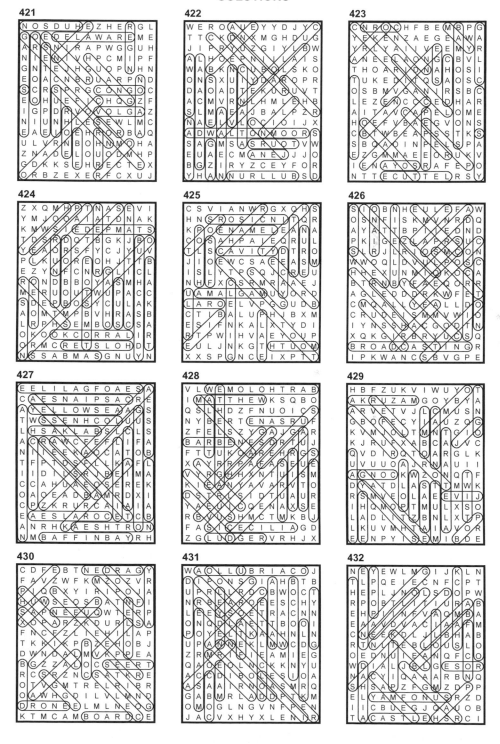

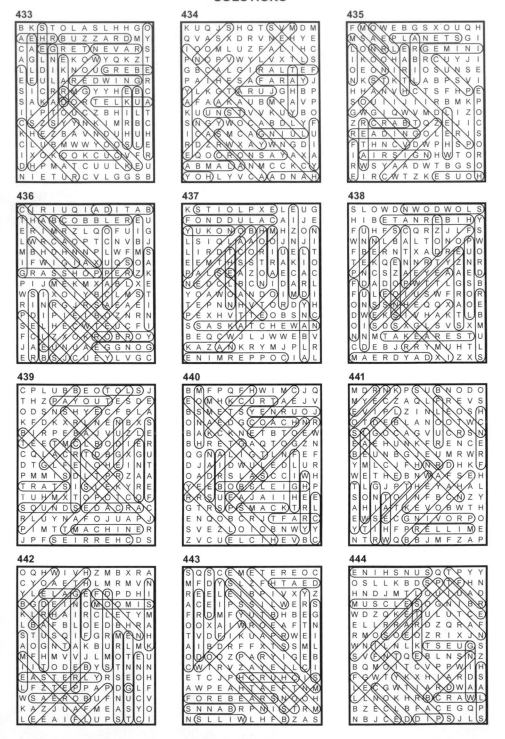

SOLUTIONS

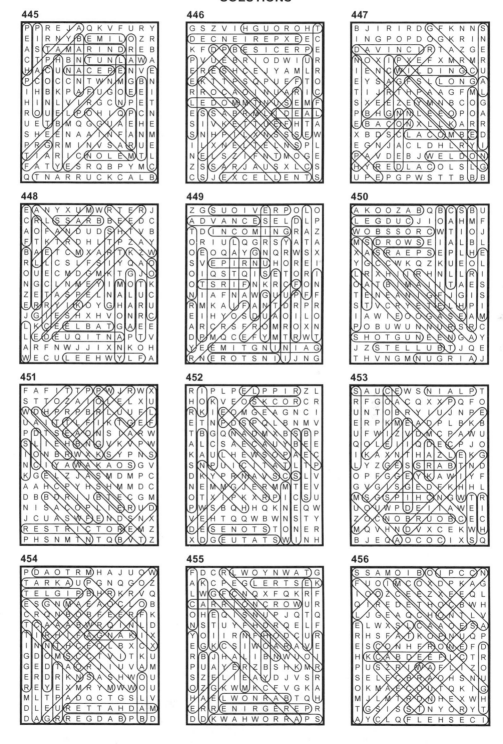

SOLUTIONS

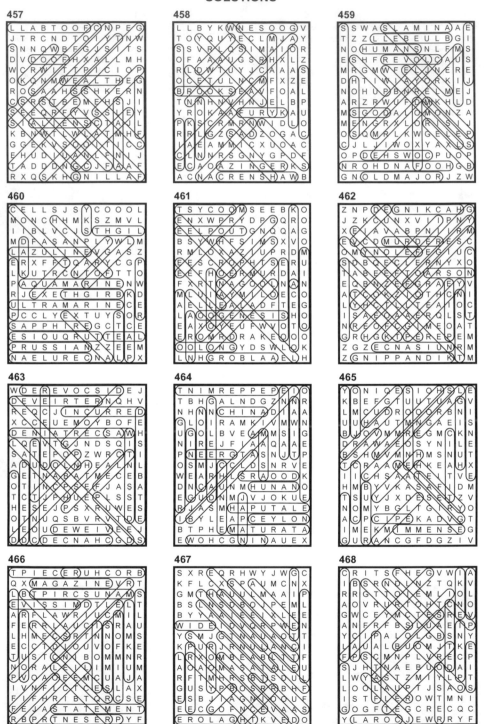

SOLUTIONS

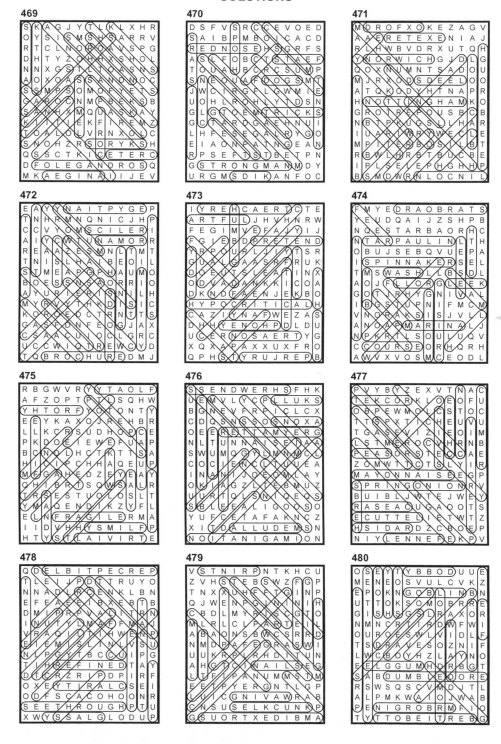

SOLUTIONS

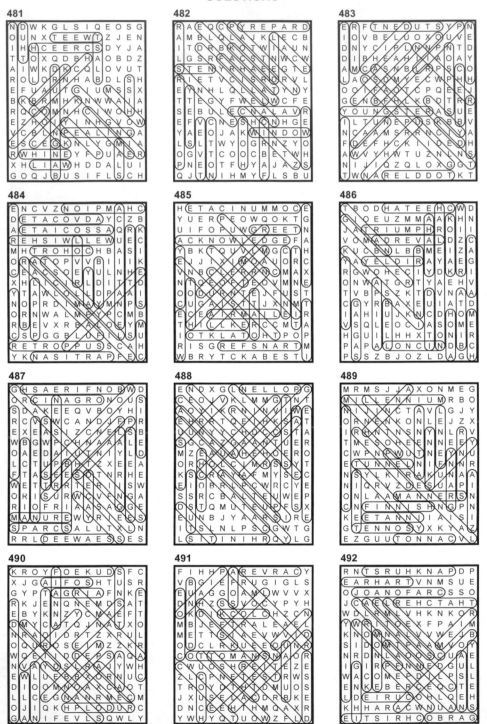

SOLUTIONS

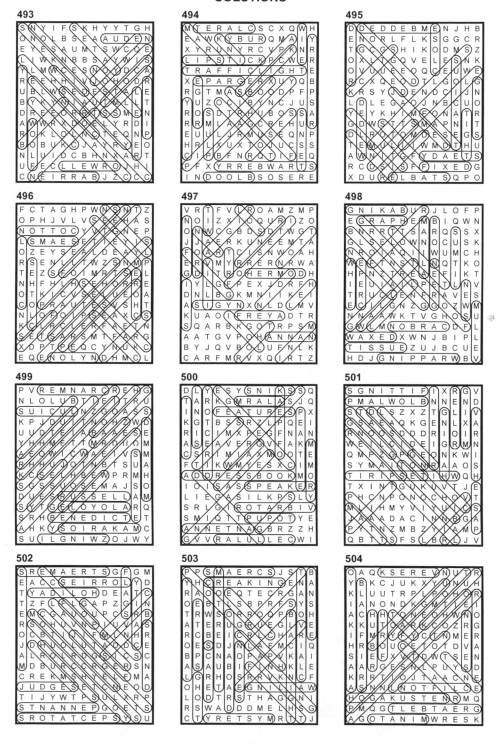

SOLUTIONS